SCHERZ

INGO BOTT

PIRLO

GEGEN ALLE REGELN

Kriminalroman

SCHERZ

Aus Verantwortung für die Umwelt hat sich der S. Fischer Verlag zu einer nachhaltigen Buchproduktion verpflichtet. Der bewusste Umgang mit unseren Ressourcen, der Schutz unseres Klimas und der Natur gehören zu unseren obersten Unternehmenszielen.

Gemeinsam mit unseren Partnern und Lieferanten setzen wir uns für eine klimaneutrale Buchproduktion ein, die den Erwerb von Klimazertifikaten zur Kompensation des CO_2-Ausstoßes einschließt.

Weitere Informationen finden Sie unter: www.klimaneutralerverlag.de

FSC www.fsc.org
MIX
Papier aus verantwortungsvollen Quellen
FSC® C083411

Erschienen bei FISCHER Scherz

Dieses Werk wurde vermittelt durch
die Agentur copywrite GmbH, Frankfurt am Main.

Redaktion: Ilse Wagner
Satz: C.H.Beck.Media.Solutions, Nördlingen
Druck und Bindung: CPI books GmbH, Leck
Printed in Germany
ISBN 978-3-651-00104-6

Ein Mensch ist nie mehr allein, als während der Haft.
Manchmal ist es nur noch der Verteidiger, der einem zur Seite steht.
Ob er einem auch glaubt, mag auf einer anderen Seite stehen.
Genauso wie die Frage, ob das eigentlich wichtig ist.

Werner Arland in: Philosophie der Strafverteidigung, 1992

PROLOG

Kokain

Solche Geschichten fangen nie zum bestmöglichen Zeitpunkt an. Hier ist das nicht anders. Sie rasen durch die Nacht, Ahmid am Steuer, Mahmed auf dem Beifahrersitz. Er tastet vorsichtig nach seinem Bauch. Dort, wo ihn die Kugel getroffen hat, ist alles voller Blut.

Kurz vorher war das mit den Kroaten. Die beiden Männer mit den Türsteherfiguren gingen langsam zu dem alten Golf, der auf dem Supermarktparkplatz im Gewerbegebiet von Düsseldorf-Eller stand. Eigentlich war die Sache ganz einfach: Das Auto war ein toter Briefkasten, im Kofferraum eine Sporttasche, darin das Kokain. Der Auftrag: Hingehen, das Kokain nehmen, abhauen, das Kokain abliefern. Es wäre alles reibungslos gelaufen, wenn nicht Mahmed und Ahmid Khatib einen Tipp bekommen hätten. Und wenn danach nicht alles, aber wirklich alles, schiefgelaufen wäre. Als die Kroaten die Tasche aus dem Kofferraum genommen hatten, stürmten Mahmed und Ahmid aus ihrem Versteck. Strumpfmasken über dem Kopf. Pistolen im Anschlag. Das Problem war nur, dass sie nicht die Einzigen waren, die einen Überfall geplant hatten. Hinter den Kroaten waren drei andere Kerle aufgetaucht, alle drei klein, drahtig. Und schnell. Der erste Kroate lag sofort am Boden, der zweite konnte immerhin noch zum Schlag ausholen, ehe ihn ein Baseballschläger niederstreckte. Die Tasche mit dem Kokain wechselte den Besitzer. An sich hätte die Sache damit erledigt sein können. Außer, dass jetzt auch Mahmed und Ahmid da waren. Mahmed schoss in die Luft und schrie, dass sich alle verpissen sollten. Für einen Moment tat keiner irgendetwas. Dann zückte einer der drei Typen ein Kleinkaliber und schoss Mahmed in den Bauch. Ahmid fing an zu schreien, Mahmed klappte zusammen, und die Typen machten sich mit der Tasche aus dem Staub.

Danach, im Mercedes, flattern die Nerven. Ahmid redet auf Mahmed ein. Er flüstert, schreit, lacht und weint, alles, um Mahmed irgendwie wach zu halten. Mahmed antwortet aber nicht. Ahmid schließt die Augen. Denkt an das Blut. An das Kokain. Daran, dass sie jetzt ein richtig großes Problem haben. Dann denkt er gar nichts mehr. Es gibt auch keinen Grund dafür, jetzt, wo alles so unfassbar beschissen ist.

ERSTER TEIL
SEPTEMBER

1

EIN LEERER STUHL. EIN KLEINER SIEG.

1. September. Prozessauftakt.

Pirlo kommt nicht. Spätestens als die Richter den Raum betreten, kann Sophie sein Fehlen nicht mehr ignorieren. Er ist einfach nicht da. Im Aufstehen pustet Sophie eine Haarsträhne aus der Stirn. Eine Übersprungshandlung, klar, die ihr dabei hilft, nicht völlig auszurasten. Sie hat für diesen Moment ihr ganzes Leben auf den Kopf gestellt. Sie hat gekämpft, gelitten und gearbeitet, sich mehrfach bis auf die Knochen blamiert und noch öfter in Gefahr gebracht. Alles für diesen Augenblick, in dem es endlich losgeht. Der Prozess ist da. Pirlo nicht. Der Arsch.

Sophie atmet durch. Sie beschließt, dass ihr das völlig egal ist. Ob Pirlo kommt oder nicht. Alles andere sowieso. Sie wird das hier gut machen. Einfach, weil sie es kann. Dann huscht ihr Blick doch noch einmal zu der breiten Flügeltür am Ende des Saals. Es hilft nichts. Pirlo spaziert nicht einfach herein. Die Tür bleibt zu.

»Bitte setzen Sie sich«, sagt der Vorsitzende Richter. Überall knirscht es. Im Schwurgerichtssaal des Landgerichts Düsseldorf gibt es noch Holzstühle. Jeder einzelne davon ist besetzt.

»Wir hätten Eintrittskarten verkaufen sollen. Für ein paar gute Mittagessen hätte das locker gereicht«, murmelt Sophie nach rechts. Es soll witzig sein. Die Atmosphäre auflockern. Marlene von Späth reagiert nicht. Sophies Mandantin hält den Kopf gesenkt und starrt auf ihre Hände. Einen Moment fragt sich Sophie, wie die von Späth im Knast eine bessere Maniküre hinbekommt als sie selbst draußen. Kurz überlegt sie, ob sie auch dazu etwas sagen soll, sieht aber ein, dass das nichts bringt. Was sie sich außerdem eingestehen muss, ist, dass sie nervös ist. Das passt nicht zu ihr. Zumindest nicht nach ihrem eigenen Selbstverständnis. Trotzdem kann sie ihre Anspannung schlecht leugnen. Zumal sie jedem hier klar sein dürfte.

Ihre Mandantin ist zwar mit sich selbst beschäftigt. Grobulla allerdings nicht. Der Oberstaatsanwalt grinst zu ihr herüber. Sogar im Sitzen wirkt er groß. Eine schwarz gerahmte Brille nimmt das halbe Gesicht ein. Die Frisur ist militärisch kurz. Die Unterlippe vorgeschoben. Sophie hat alles über ihn gelesen, was irgendwo zu finden war. Grobulla gilt als harter Hund und hat auch einige Freude an diesem Ruf. Dass er sie jetzt fast mitleidig ansieht, ist kein gutes Zeichen. Wobei: Genau genommen schaut er auf den leeren Platz neben ihr. Genau wie der Vorsitzende und so gut wie jeder andere im Saal, außer Marlene von Späth, die auf ihre Hände starrt, und Sophie selbst, die nach vorn schaut und versucht, die Contenance zu wahren. Was neben ihr ist, weiß sie sowieso. Nichts. Vor allem kein Pirlo.

Dann gibt sich der Vorsitzende Richter einen Ruck. Pirlo ist bis jetzt nicht gekommen. Es spricht wenig dafür, dass es etwas nutzt, noch länger zu warten. Bernd Adams rückt die Brille zurecht und beugt sich vor. Er sieht nicht glücklich aus. »Frau Rechtsanwältin Mahler?«

»Ja?«

»Sie vertreten die Verteidigung heute allein?«

Sophie blickt auf den Stuhl neben sich. Dann nickt sie.

»Kommt Herr Dr. Pirlo heute nicht mehr?«

Sophie könnte darauf einiges antworten. Zum Beispiel, dass sie das auch gern wüsste. Beziehungsweise, wo der Mistkerl gerade ist. Allerdings ist der Mistkerl eben auch ihr Chef, deshalb sagt sie einfach nur: »Nein. Er kommt nicht mehr. Ich vertrete Frau von Späth allein.«

»Gut«, sagt Adams, »dann fangen wir an.«

Sophie lächelt schmal und rückt ihren Stuhl zurecht, bereit für alles, was kommen mag. Marlene von Späth zieht die Augenbrauen hoch, sagt aber nichts. Das ist fast schon ein kleiner Sieg. Mit großer Sicherheit ist es für heute auch der letzte.

2

OHMSEN SIEHT MÜDE AUS. PIRLO IST BETRUNKEN.

22. Juli.

Der alte Mann wirkt kraftlos. Trotzdem wird er Pirlo rauswerfen. Da braucht sich hier keiner irgendwelche Illusionen zu machen. Erst recht nicht Pirlo selbst. Ohmsens Hände liegen aufeinander. Die Finger sind fleischig wie fast alles an dem alten Mann. Fleischig. Dick. Zu breit. Zu viel. Pirlo wendet den Blick von ihm ab und richtet ihn auf die kleinen Augen in dem großen Kopf des Namenspartners von *Ohmsen & Partner*. Ohmsen beobachtet ihn aufmerksam. Mag ja sein, dass er schweinsäugig und stumpf daherkommt. Dumm ist er nicht.

»Und?«, fragt er.

Pirlo schüttelt den Kopf. Er sagt nichts. Manchmal macht es keinen Sinn, lange zu debattieren. Jetzt zum Beispiel. Zumal sie das Wesentliche schon hinter sich haben.

Ohmsen dreht schwerfällig den Kopf in Richtung seines Sohns. »Was hast du dazu zu sagen?«

Ohmsen junior lächelt schmal. »Alles, was ich zu sagen hatte, habe ich gesagt.«

»Mehr ist da nicht?«

»Mehr ist da nicht.«

Ohmsen nickt. Er starrt lange auf seine gefalteten Hände. Dann sieht er Pirlo direkt an und überrascht diesen. »Herr Dr. Pirlo, was soll ich jetzt Ihrer Meinung nach tun?«

Pirlo kratzt sich am Kinn. Manchmal sind die einfachsten Antworten die schwierigsten. »Ich schätze mal, wir kommen hier nicht weiter.«

»In welcher Hinsicht?« Ohmsen fragt das quälend langsam. So, als wolle er die Antwort gar nicht hören. Will er auch nicht. Eigentlich. Das weiß Pirlo.

Er gibt sie trotzdem. »In jeder.«

Eine knappe Stunde später ist er draußen. Im übertragenen Sinn. Und de facto. Pirlo steht auf der Rheinpromenade und schaut auf die Kiste mit seinen Habseligkeiten. Ein paar Bücher. Ein paar Bilder. Seine Robe. Nichts, was nicht in die Umzugskiste gepasst hätte. Acht Jahre Leben, komprimiert in einer Pappschachtel. Er sieht auf den Fluss, der gemütlich unter ihm dahinfließt. Hinter ihm erhebt sich das alte Speicherhaus, einer der Prachtbauten aus der Zeit, als Düsseldorf hier noch seinen Hafen hatte. Es ist ein seltsames Gefühl, dafür keinen Schlüssel mehr zu haben. Pirlo atmet durch. Er wird sich daran gewöhnen müssen.

Wobei das Ganze eigentlich ein Witz ist. Während er mit seiner Kiste unter dem Arm die Promenade entlangläuft, erzählt er sich den Scheiß noch einmal selbst, so, wie er es am Abend seinem Freund Paolo erzählen wird. Kurz überlegt er, ob er ihn jetzt anrufen soll. Eine Weile kreist Pirlos Finger über der Anruffunktion. Dann stopft er das Telefon doch wieder in die Innentasche des Sakkos. Er sollte sich erst mal fangen. Fluchen kann er später immer noch.

Ein, zwei Mal kommt er ins Straucheln. Auf dem Weg hat er bei einem Büdchen am Burgplatz zwei Alt getrunken. Auf nüchternen Magen ist er das nicht gewohnt. Außerdem wird die Kiste allmählich doch ziemlich schwer. Die Scheißkiste! Pirlo schwitzt und schimpft. Trotzdem ignoriert er die Taxis. Er wird ja wohl noch seinen verdammten Kram bis nach Pempelfort wuchten können. Am Fortuna-Büdchen neben dem Ulanen-Denkmal legt er den nächsten Stopp ein, nimmt noch ein Alt und fixiert den Fluss. Eigentlich will er nachdenken. Klappt aber nicht. *Scheiße*, brummt Pirlo. Weil das, was passiert ist, halt auch scheiße ist.

Wenigstens kann man es einigermaßen schnell zusammenfassen: Der junge Ohmsen ist ein opportunistischer Drecksack. Das ist für sich genommen nicht weiter schlimm. Viele Anwälte sind das. Der junge Ohmsen ist zudem aber auch noch durchtrieben, fies und gierig. Das trifft zwar auch auf die meisten seiner Kollegen zu, aber die kennt Pirlo schon länger. Den jungen Ohmsen hat er einfach nicht ernst genug genommen. Er hat ihn unterschätzt. Das ärgert ihn am meisten. Natürlich war er genervt, dass der Alte ihm seinen Filius für das *Montagex*-Verfahren aufgedrückt hatte. Ausgerechnet diese heikle Nummer mit den vielen Geschäftsgeheimnissen. Zwei Manager waren gefeuert worden, weil sie Kundendaten des Automobilzulieferers an ein chinesisches Konkurrenzunternehmen gegeben haben sollen. Die Daten waren Gold wert. Wer sie hatte, konnte den Kunden von *Montagex* systematisch Angebote unterbreiten, die günstiger waren als die originalen *Montagex*-Preise. Auf diese Weise konnte das Unternehmen einfach so aus dem Markt hinausgedumpt werden. Kein Wunder, dass das strafbar war. Für die beiden Manager ging es daher um alles – ihren Job, ihre Reputation, ihre Zukunft. Bei der Suche nach Verteidigern hatten sie sich nicht lumpen lassen und sich für den großen Namen Ohmsen entschieden. Von den vierundzwanzig Anwälten dort war Pirlo einer der besten Verteidiger. Achtundreißig Jahre. Ambitioniert. Smart. Durch das Metternich-Verfahren bekannt aus Presse und Fernsehen. Bei Ohmsen auf dem Sprung zum Partner. Einer der Manager griff sofort zu. Da auch der andere einen Verteidiger brauchte, schlug Pirlo Ohmsen vor. Und zwar den alten. Der aber hatte entschieden, dass es an der Zeit sei, seinen Sprössling ins Rampenlicht zu lassen, und Pirlo gebeten, ihn an seine Seite zu nehmen. Am Ende war es gekommen wie so oft. Pirlo war dagegen gewesen, der alte Ohmsen hatte sich durchgesetzt. Einen Tag später hatte sich der junge Ohmsen als Verteidiger bestellt. An sich war das noch kein Problem. Die Verteidigung lief. Das Gute: Die Chinesen hatten die *Montagex*-Geheimnisse tatsächlich nicht. Die Online-Compliance von *Montagex* hatte die E-Mail abgefangen, mit der die Preislisten verschickt werden sollten. Das Schlechte: Die Chinesen hatten diese Listen einen Monat später schließlich doch. Bei *Montagex* waren sie eingefroren worden. Bei den Anwälten nicht. Man musste kein Raketenforscher sein, um die Geschichte zusammenzupuzzeln: Die Chinesen hatten die Listen bekommen, weil einer der Anwälte sie ihnen gegeben hatte. Pirlo wusste, wer es nicht gewesen war. Und dass das keinen wirklich interessierte. Nicht Ohmsen senior, aber auch keinen der anderen Partner, die sich reflexhaft hinter dem Alten wegduckten. Pirlo konnte das sogar verstehen. Er war deutlich jünger als die meisten alteingesessenen Partner. Die Presse schrieb, dass er das Metternich-Verfahren im Alleingang gewonnen hatte. Für eine kurze Zeit war er auf dem Markt der heiße Scheiß. Damit machte man sich nicht nur Freunde. Dass es die anderen freute, wenn er über eine solche Sache stolperte, war irgendwie nachvollziehbar. Es kotzte ihn trotzdem an.

3

FICKDICHFADO.

Die Tage danach.

Pirlo macht nicht viel. Er liegt im Bett. Er sitzt auf dem Klo. Er schaut alte Filme mit Paul Newman. Er trinkt. Und er hört Fado. Melancholie in Reinform. Der Soundtrack seines Erdendaseins. Jedenfalls jetzt gerade. Er überlegt, wann er diese Musik entdeckt hat. Es müsste um die Jahrtausendwende gewesen sein. Auslandssemester in Lissabon. Mariana. Die Portugiesin mit den langen schwarzen Haaren. Wahrscheinlich war auch damals nicht alles okay. Verglichen mit heute aber eher schon. Denkt er, findet das aber scheiße. Also, das Denken. Tut nicht gut. Verursacht Schmerz im Kopf. Regt zu Fragen an. Und das kann er gerade wirklich nicht gebrauchen.

Nach drei Tagen steht Pirlo vor einer Herausforderung. Das Bier ist alle. Und ohne das schmeckt der Tequila nicht. Wie gesagt, eine Herausforderung. Genau genommen sogar ein Problem. Die Logistik ist ja auch alles andere als einfach: Wer mehr Bier will, muss raus auf die Straße. Dazu sollte man eine Hose anziehen. Dann droht das Abenteuer, das Treppenhaus runterzukommen, die ganze schäbige Welt mit den ganzen schäbigen Menschen, die Hemmschwelle Edeka, dann der viel zu lange Rückweg, zweimal um die Ecke, Treppe wieder hoch. Alles in allem ein echter Mount Everest. Und wo die Geldbörse steckt, das weiß auch wieder keiner. Jetzt könnte man natürlich jemanden anrufen, der diese ganzen Unpässlichkeiten behebt. Nur: Es meldet sich von draußen ja keiner. Kein Schwein. Das schwarze schicke Handy hat ihm Ohmsen gelassen. Pirlo hat also noch alle Nummern. Fast die gesamte Branche. Die Kollegen. Die Elite. Diejenigen, von denen sich keiner gemeldet hat. Seit drei Tagen nicht, seit er bei Ohmsen raus ist und die Kanzlei eine Presseerklärung veröffentlicht hat, in der mitgeteilt wird, dass man ihn rausgeworfen hat, weil er ein illoyales Arschloch sei, das Geschäftsgeheimnisse eines Mandanten ins Ausland verhökert habe. Das steht natürlich nicht ausdrücklich da. Viel anders aber auch nicht. Pirlo versucht es erst gar nicht mit zarten Illusionen. Die Geschichte hat sowieso schon die Runde gemacht. Er ist der gefallene Shootingstar. Der gescheiterte Ehrgeizling. Der Penner, der zu blöd war und sich dabei auch noch hat erwischen lassen. Der, dem der Erfolg im Metternich-Verfahren zugeflogen ist. Mit Leichtigkeit. Einfach so. Es weiß ja keiner, wie es wirklich war. Pirlo macht sich nichts vor: Es wird auch niemand mehr erfahren. Schon weil es einfach niemanden interessiert. Sein Nimbus ist aufgebraucht, er ist erledigt. In der Branche ist er durch. Nicht einmal von der Presse ruft jemand an, um ihn für ein schadenfrohes Interview auszuhorchen. Stattdessen passiert nichts. Die Stille des schwarzen Telefons schreit ihn durch den ganzen Raum an. Dort ist also nichts zu holen. Erst recht nicht ein freundlicher Retter, der ihm Bier bringt. Die Nummern aus dem grauen Handy kommen allerdings auch nicht in Frage. Ganz bestimmt nicht. Unabhängig davon, dass da die letzten Menschen drangehen würden, von denen ein Gefallen zu erwarten ist. So, wie das eben ist in einer Familie. Jedenfalls in dieser. Seiner.

Das Klingeln an der Tür weckt ihn auf. Pirlo schmerzt der Schädel. Die sich langsam durch das Dickicht drängenden W-Fragen machen das nicht besser. Wer bin ich? Wo bin ich?

Warum bin ich hier? Wieso ist immer noch kein neues Bier da? Mühselig streicht er die Haare aus dem Gesicht. Wie lange hat er nicht geduscht? Noch so eine W-Frage. Wieder eine, auf die keine gute Antwort zu erwarten ist. Dann klingelt es erneut. Richtig. Das auch noch. Pirlo hat keine Ahnung, wer es ist oder sein könnte. Soweit er sich erinnert, hat es zuletzt immer mal wieder geklingelt, keine Ahnung, wie oft, keine Ahnung, wann. Jetzt schon wieder. Manchmal bleibt einem aber auch nichts erspart. Was nicht heißt, dass er einfach aufgibt. Nicht diesmal. Pirlo zieht die Decke über den Kopf und schickt der Welt ein herzliches Fickdich. Es klingelt? Fickdich. Es ruft keiner an? Fickdich. Jemand klopft an die Tür? Fickdichauch. Fickt euch doch einfach alle! Wie sagte es der französische Philosoph Ribéry? Den ganzen Stammbaum. Also: Fick den auch. Vor allem den. Denkt er mit letzter Kraft. Dann schläft Pirlo endlich wieder ein.

4

AN DER ANGEL. GELBE ZETTEL. ETWAS ZU TUN.

24. oder 25. Juli. Man weiß es nicht genau.

Beim dritten Mal Kotzen kommt nicht mehr viel. Ein wenig Flüssigkeit. Sonst nichts. Was ja eigentlich ganz gut ist. Pirlo beschließt, dass ihn das zu einer Ehrenrunde motiviert. Er wischt die verschwitzten Haare zurück und legt am Wasserspender nach. Sein Gleichgewichtssinn ist zwar immer noch nicht wieder ganz mit ihm befreundet. Aber alles in allem fühlt er sich schon fast wieder stabil. Glaubt er jedenfalls. Hofft er. Einen Augenblick bleibt er an der kleinen Promenadenmauer stehen. Auf der anderen Seite des Rheins geht die Sonne unter. Ihr Licht spiegelt sich auf dem Wasser. Gelb. Orange. Rot. Der Himmel geht am Horizont von sehr hellem in tiefdunkles Blau über. Es sieht aus, als hätte jemand einen ganzen Malkasten umgeworfen. Was schön ist. Das kann auch Pirlo zugestehen. Sogar jetzt. Überhaupt ist Düsseldorf ein schöner Ort, vor allem hier an den Rheinterrassen, wo die Kunstmuseen sind, hinter den Ausläufern der Altstadt. Durch die Gassen zu den Rheinterrassen bahnen wir uns den altbekannten Weg. So, wie es die Toten Hosen singen. Pirlo kennt diesen Weg gut. Es ist seine Joggingstrecke, in den letzten Jahren aber nie schon am späten Nachmittag und ganz bestimmt nicht unter der Woche. Eine Frau joggt an ihm vorbei. Keine zwanzig mehr, aber auch noch nicht sehr weit Richtung Mitte dreißig. Sie ist schlank, nicht allzu groß. Blond. Zopf.

Blassrosa Hose. Enges weißes Oberteil. Kopfhörer. Viel zu gestylt dafür, einfach zu laufen. Wobei es darum auch gar nicht geht. Anouschka joggt nicht. Sie hält Ausschau. Ungefähr so wie bei den letzten Malen, als sie Pirlo über den Weg gelaufen ist, vorzugsweise im *Sir Walter*, im *Rudas* oder in der *Elephant Bar*. Bisher beschränkten sich die Begegnungen auf das Übliche. Man nickt einander zu, es passt aber gerade nicht so ganz. Zumal das Angebot ja auch nicht klein ist.

Als sie jetzt das dritte Mal an ihm vorbeiläuft, sagt Pirlo, dass es schön sei, sie zu sehen.

»Gleichfalls«, antwortet sie. »Ich weiß gar nicht, ob wir uns schon einmal persönlich vorgestellt haben. Ich heiße Anouschka.«

»Ich weiß«, antwortet Pirlo. »Ich bin Carlos.« So heißt er nicht. Weder mit richtigem Namen noch mit falschem. Wahrscheinlich weiß sie das sogar. Es spricht für sie, dass sie trotzdem nicht darauf eingeht.

»Joggst du oft hier?«

»Ja.«

»Schon Feierabend?«

Pirlo lächelt. Reizend, wie sie versucht, herauszufinden, ob er einen guten Job hat. Düsseldorf halt, alte Perle. »Noch nicht.« Sie schaut interessiert. »Ich bin Anwalt in einer dieser großen Kanzleien.« Er nickt Richtung der Glaskästen in der Altstadt, wo auch die Kanzlei Ohmsen & Partner sitzt. Diese Hurensohnbude.

»Aha«, sagt sie und lächelt zurück. Schwer zu sagen, wer hier wen an der Angel hat.

»Und du?«, fragt er.

»Ach, ich halte mich einfach gern fit.«

Was keine Antwort auf die Frage ist. Pirlo findet das nicht schlimm. Immer noch besser als die Erklärung, dass es in dem Modegeschäft/Supermarkt/Versicherungsladen öd ist, die Typen, die man da kennenlernt, alle die gleiche Frisur haben, die gleichen Tätowierungen an den gleichen Stellen und die gleichen Aussichten für das sonstige Leben, was hier in Düsseldorf einfach zu wenig ist. Dazu ist das Interessante, Aufregende, Gute viel zu greifbar. Pirlo weiß, was sie sieht. Er ist eher groß als klein und eher schlank als dick. Seine schwarzen Haare sind immer noch voll und reichen an den Stellen, wo sie nicht hinter den Ohren bleiben, bis zu den Wangenknochen. Als er ihr abends über den Weg gelaufen ist, dürfte er aufgeräumt gewirkt haben. Souverän. Pirlo trinkt nicht viel, wenn er ausgeht. Außer, wenn er bei dem Laden rausfliegt, auf den er seine ganze Karriere aufgebaut und dem er dazu die letzten acht Jahre sechzig Stunden die Woche gewidmet hat. Dann aber so richtig.

Jetzt und hier spielt das erfreulicherweise keine besondere Rolle. Es genügt das, was sie sieht. Und das ist ganz bestimmt nicht jemand ohne Job, der in der letzten Stunde dreimal ins Gebüsch gekotzt hat und der nur draußen ist, weil er nichts mehr zu trinken hatte und der Magen anfing, weh zu tun. Der die letzten zwei Tage im Bett lag. Oder die letzten drei. So genau weiß er es selbst nicht. So oder so ist er ziemlich im Eimer. Wer dermaßen schwitzt wie er, könnte auch einen Marathon gelaufen sein. Und nicht erst seit einer Viertelstunde vor dem Chaos der letzten Tage davonrennen. Pirlo könnte natürlich auch alles zugeben. Wo er herkommt. Was er dort gemacht hat. Und dass er gerade ziemlich orientierungslos ist. So läuft das hier allerdings nicht. Sondern so: »Willst du im *Canoo* einen Milchkaffee trinken? Oder heute Abend auf eine Weinschorle?«

Anouschka legt den Kopf schief.

Pirlo ist voller Bedauern. »Wenn ich jetzt zur Kanzlei jogge und dort dusche, dann bleibe ich auch dort. Dafür sind meine Fälle gerade einfach zu groß und zu wichtig.« Sie nickt verständnisvoll. Er packt sein Zahnpastalächeln aus. Dann fragt er, als sei es ihm wirklich gerade jetzt erst eingefallen: »Wo wohnst du denn?«

»Ich wohne nicht weit von hier, Richtung Golzheim.« Sie wirkt nicht überrascht.

Trotzdem muss er es allein zu Ende bringen. »Ich könnte auch bei dir schnell duschen. Dann gehen wir von dort aus gemeinsam einen Kaffee trinken.«

Sie lächelt, als sei das frech. Ist es ja auch. Trotzdem kein Grund, sich hier besonders viel vorzumachen.

Als er am nächsten Morgen nach Hause kommt, ist er wieder einigermaßen auf der Höhe. Wurde ja auch Zeit. Anouschka hat sich als sehr freundlicher Mensch erwiesen. Pirlo eher nicht. Nach dem Duschen war er mit ihr im Bett gelandet und danach einfach dort geblieben. Irgendwann muss sie gegangen sein. Als er wieder zu sich kam, war er in der fremden Wohnung allein und, was noch erstaunlicher war, nüchtern.

Er fand seine Sachen über dem Rand ihrer Badewanne. Sie hatte sie gewaschen und getrocknet. Das war verdammt nett. Das denkt er auch noch, als er eine Viertelstunde später an seiner Wohnung in Pempelfort ankommt. Dann lenken ihn die beiden gelben Post-Its ab, die jemand an seine Tür geklebt hat. Auf dem einen steht in dünner Schrift mit großen Schwüngen: »Rufen Sie mich an! Es ist wichtig! Bitte! Eva Pogorzelskij!« Darunter eine Nummer. Auf dem anderen steht in der gleichen Schrift: »Dringend!«

Pirlo sitzt schon eine ganze Weile auf dem Sofa. Er starrt die Zettel an. Die Ausrufezeichen. Dann tut er so, als würde er sich mühsam zu dem Anruf durchringen. Er kann nicht anders. Ganz bestimmt wird er nicht zugeben, dass er froh ist, überhaupt etwas zu tun zu haben. Erst recht nicht sich selbst gegenüber.

5

DIE UNSCHULDSVERMUTUNG IST EINE BITCH.

25. Juli. Nachmittag.

»Verstehen Sie?«

Pirlo nickt. Nötig ist das nicht. Die Frage ist rhetorisch. Sie fragt nicht aus Misstrauen. Sondern weil es ihr wichtig ist. Ihm ist klar, dass der stark geschminkten Frau klar ist, dass er versteht, was sie sagt. Zum einen ist die Geschichte einigermaßen überschaubar. Zum anderen hat sie alles schon mindestens fünfmal erzählt. Und ungefähr zweihundertmal nachgefragt.

»Verstehen Sie?«

Er nickt noch einmal. Was er versteht: Eva Pogorzelskij hatte keine einfache Kindheit. Sie wuchs in Polen auf, irgendwo in der Diaspora hinter Krakau. Die Familie war arm. Das zur Verfügung stehende Geld zu zählen war sehr einfach. Es gab fast keines. Immerhin war Eva in ihrer Jugend eine schöne Frau. Sie heiratete den Eigentümer der Konservendosenfabrik, in der sie arbeitete. Zu ihrer gemeinsamen Enttäuschung gebar sie ihm kein Kind, weswegen er sie nach ein paar Jahren verließ. Ihres liebgewonnenen sozialen Status beraubt, ließ sie sich auf eine lockere Affäre mit einem der Vorarbeiter ein. Kurz darauf war sie schwanger. Und verbittert. Als das Kind heranwuchs, nutzte Eva die Unruhe der Solidarność-Aufstände und setzte sich nach Deutschland ab. Sie fand eine Wohnung in Reisholz, im Speckgürtel von Düsseldorf, und begann als Putzfrau zu arbeiten. Eva schuftete Tag und Nacht. Für das Kind, Marlene, blieb wenig Zeit. Marlene verbrachte viel Zeit auf der Straße und lernte, sich dort zu behaupten. Das wenige, das Eva verdiente und das Marlene von unterschiedlichen Jobs nach Hause brachte, teilten sie und kamen so zusammen irgendwie über die Runden. Wie früher Eva, wuchs auch Marlene zu einer echten Schönheit heran. Mutter und Tochter waren so erleichtert wie glücklich, dass das auch einem erfolgreichen Mann wie WDvS-Gründer Florian von Späth nicht entging. Er hatte Marlene vor fünf Jahren geheiratet. Alles war perfekt.

»Verstehen Sie?«

Pirlo nickt. Er versteht das. Was er aber ebenso versteht: Darum geht es eigentlich gar nicht. Oder wenn, dann nur am Rand. Weswegen Eva Pogorzelskij eigentlich bei ihm auf dem Sofa sitzt: Florian von Späth ist tot. Marlene soll ihn getötet haben. Deshalb sitzt sie in Haft. Und Pirlo soll sie da rausholen.

Florian von Späth ist ihm ein Begriff. Baulöwe und Kö-Größe. Gründungsgesellschafter von Weiss.Danzinger.von-Späth. WDvS. *German Qualitiy for International Construction.* Büros in der halben Welt. Sitz in Düsseldorf. Dort kam von Späth her. Dort gehörte er hin. Pirlo kennt nicht nur den Namen. Er kann auch das Gesicht vor sich sehen. Sonnengebräunt. Nach hinten gegelte blonde Haare. Zahnpastalächeln. Einer von denen, die die Kausalität der Medienberichterstattung in Frage stellten: War Florian von Späth bei einer Veranstaltung, weil die POST darüber berichtete? Oder berichtete die POST, weil Florian von Späth bei einer Veranstaltung war?

Jetzt jedenfalls ist er tot. »Aber das haben Sie ja alles mitbekommen«, sagt Eva Pogorzelskij.

Pirlo nickt wieder und blättert durch die Auszüge der POST, die sie ihm mitgebracht hat, außerdem durch die drei Seiten des lachsfarbenen Haftbefehls. Er bemüht sich, einen souveränen

Eindruck zu machen. Muss ja keiner wissen, was er in den letzten Tagen getan hat. Beziehungsweise: Was nicht. Kaum beamt er sich mal ein paar Dutzend Stunden aus dem Leben, gibt es in der Stadt einen Mord, über den alle Bescheid wissen. Nur er nicht.

Glücklicherweise scheint der Sachverhalt nicht allzu kompliziert. Dazu reicht bereits das erste Überfliegen der Unterlagen. Jemand hat Florian von Späth in der Diele seiner Villa mit mehreren Stichen von hinten getötet. Der Verdacht richtet sich gegen die Ehefrau, Marlene von Späth, Evas Pogorzelskijs Tochter. Zwanzig Jahre jünger. Alleinerbin. Als eifersüchtig bekannt. »Kenner der Szene« beschreiben die Beziehung in der POST als »konfliktreich«. Bei einem Empfang soll es ein Handgemenge gegeben haben. Angeblich warf Marlene von Späth ein Glas nach ihrem Mann. Das Ganze liest sich nicht gut. Noch weniger erfreulich ist, dass Marlene von Späth für den möglichen Tatzeitraum kein Alibi hat. Von Späth war abends noch bei einer Veranstaltung gesehen worden. Von dort eilte er nach Hause, kam jedoch nicht mehr zurück. Als man ihn am nächsten Morgen in der Diele der Villa fand, lag er tot in einer riesigen Blutlache. Sein Kopf zeigte in Richtung der verschlossenen Haustür, so als sei er auf dem Weg dorthin gewesen. Marlene von Späth war angeblich die ganze Zeit im Haus und hatte nichts mitbekommen. Allerdings klingt das beim ersten Lesen nicht besonders plausibel. Von Späth wurde zu Hause getötet. Seine Ehefrau war dort. Die Haustür war geschlossen. Wenig überraschend sah die Staatsanwaltschaft einen dringenden Tatverdacht. Wegen des polnischen Ursprungs hatte der Ermittlungsrichter einen Haftbefehl erlassen. Was bedeutet: Marlene sitzt seit zwei Tagen in der Justizvollzugsanstalt Ratingen in Untersuchungshaft.

»Zu Unrecht!«, empört sich Eva Pogorzelskij. »Was soll das denn? Ist denn nicht jeder unschuldig, bis das Gegenteil bewiesen ist?«

Pirlo nickt auch hierzu. Das mag ja alles stimmen.

Auch wenn Eva Pogorzelskij einen Punkt trifft, wenn sie daraufhin fragt: »Wieso ist meine Tochter dann in Haft?«

»Damit soll das Verfahren gesichert werden.« Pirlo weiß, dass das lahm klingt. Leider ist es aber auch richtig.

»Sie meinen, weil sie sonst das Land verlassen könnte?«

»So ungefähr.«

»Aber dafür hat sie keinen Grund! Ihr Leben ist ja hier!« Die Frau schluchzt. Pirlo sagt erst einmal nichts. Er wartet. Langsam kommt sie wieder zur Ruhe. »Marlene hat nichts Falsches getan. Das müssen Sie mir glauben. Sie hat ihren Mann verloren, und dann macht man ihr auch noch Vorwürfe. Das ist alles nicht richtig! Vor allem ist es nicht richtig, dass sie jetzt im Gefängnis sitzt.«

Pirlo beugt sich vor. »Erst einmal ist das nur die Untersuchungshaft.« Er bereut den Satz in dem Moment, in dem er ihn gesagt hat.

»Was soll das heißen, ›nur‹?«

Er räuspert sich. »Sie ist in Untersuchungshaft. Ohne ›nur‹.«

»Und wie lange bleibt sie da?«

Pirlo erinnert sich etwas wehmütig an die Zeit vor fünf Minuten, als dieses Gespräch noch einfach war und er lediglich immer wieder nicken musste. »Keine Ahnung.«

»Wenn jemand verurteilt wird, weiß man doch, wann er rauskommt, oder?«

»Ja.«

»Aber jetzt nicht?«

»Nein.«

»Obwohl das Verfahren noch läuft?«

»So ist das mit der Untersuchungshaft. Lassen Sie mich ehrlich sein: Es kann dauern, bis die aufgehoben wird.«

Eva Pogorzelskij denkt darüber nach. Dann fragt sie: »Wovon hängt das ab?«

»Wie die Ermittlungen vorankommen.«

»Ob man etwas Belastendes findet?«

»Oder etwas, das ihre Unschuld beweist.«

»Aber die Unschuldsvermutung gilt doch sowieso! Ich habe das gegoogelt.«

Pirlo nickt. Klar hat sie das. Er seufzt. »Sicher. Aber die Unschuldsvermutung ist eine bitch.«

»Entschuldigung, was haben Sie gesagt?«

»Nichts, schon gut.« Er bemerkt, dass er gerade Scheiß baut. Manchmal hat auch er einen lichten Moment. Vielleicht muss er nur dringend was essen. Er streckt sich. Dabei fällt ihm auf, was er da eigentlich macht. Nämlich: Mit alter Jeans und im T-Shirt in seiner Wohnung auf dem Sofa sitzen, ihm gegenüber eine entrüstete ältere Dame um die sechzig im eleganten Kostüm.

Und er flucht, räkelt sich und gähnt. Die Frau schaut etwas indigniert, sagt aber nichts. Pirlo ist derweil froh, dass er es vorhin wenigstens in aller Eile geschafft hat, sämtliche Wäschestücke und Flaschen aufzuklauben und ins Schlafzimmer zu werfen. Das Wohnzimmer sieht jetzt ganz in Ordnung aus. Zumindest, wenn es nach Pirlos Ansprüchen geht. Das Zimmer ist spartanisch eingerichtet, aber er war die letzten Jahre ja auch kaum hier. Das mit der Inneneinrichtung ist gerade ohnehin nicht besonders wichtig. Es gibt Dringenderes.

Eva Pogorzelskij beugt sich vor und greift nach Pirlos Händen. »Sie müssen sie verteidigen!«

Pirlo zieht die Brauen hoch und tut wichtig. Jetzt bloß nicht zu planlos erscheinen. Oder zu dankbar. Um Zeit zu gewinnen, fragt er: »Wie sind Sie auf mich gekommen?«

Sie lächelt. »Ich habe Sie im Fernsehen gesehen. Sie und diesen Fußballer, an den auch keiner geglaubt hat. Außer Sie.«

Er nickt. Metternich. War ja klar. Auch wenn es so, wie sie sagt, natürlich nicht stimmt. Pirlo überlegt. Ohmsen hat ihn nur aus der Kanzlei geworfen. Bei der Kammer angezeigt hat er ihn nicht. Pirlo ist nach wie vor Rechtsanwalt. Im Schlafzimmerschrank hängen zehn teure Maßanzüge, die jeweiligen Gürtel und Schuhe passen exakt dazu. Das ist die eine Seite. Auf der anderen hat Pirlo im Augenblick noch nicht einmal einen Schreibtisch.

Eva Pogorzelskij sieht ihn flehend an. Ihre Hände drücken seine ein klein wenig fester: »Bitte, Herr Doktor. Übernehmen Sie den Fall!«

Pirlo nickt, bevor er weiter nachdenkt. Erst schlagen, dann fragen. Das hat er schon mal wo gehört. Eines interessiert ihn dann aber doch: »Woher wussten Sie, wo Sie mich finden?«

»Ich habe mich an Ohmsen gewendet, Ihre Kanzlei.«

»Meine ehemalige Kanzlei«, murmelt Pirlo.

»Wie auch immer«, sagt Eva Pogorzelskij. »Die Sekretärin hat mir gesagt, dass Sie hier sein würden. Seitdem habe ich geklingelt.«

Pirlo nickt wieder. Das ergibt alles irgendwie Sinn. Irgendwie aber auch nicht. Vielleicht sollte er einfach mal den Kopf freibekommen. Was essen. Duschen und zurück ins zivilisierte Leben finden. Wahrscheinlich sollte er dann zum Alten gehen und den nach seiner Meinung fragen. Innerlich nickt er. Er hat jetzt lange genug herumgemodert. Langsam wird es Zeit, was anderes zu machen.

Vorher verspricht er Eva Pogorzelskij noch, schnellstmöglich bei ihrer Tochter im Knast vorbeizuschauen. Dann drückt er der Frau die Hand. Sie weint. Bedankt sich. Geht. Pirlo steht in der Tür und ist froh, dass ihm nicht schwindelig ist. Jedenfalls nicht sehr. Dann geht er duschen, zieht sich was Ordentliches an und fühlt sich damit erstaunlich wenig unwohl. Bei Youssef holt er sich einen Döner auf die Hand, am Büdchen eine Flasche badischen Rotwein. Dann läuft er durch den lauen Sommerabend über eineinhalb Stunden durch die Stadt bis zur Uni.

6

FÜRS LEBEN ZU BLÖD.

26. Juli. Abend.

»Am Ende musst du es selbst wissen.« Hervorragend. Genau so eine nach allen Seiten offene Ansage hatte er sich gewünscht. Denkt Pirlo bissig. Sagt er aber nicht. Mit dem Alten geht man respektvoll um. Immer. Der Alte sieht ihn an. Kluge Augen. Ein paar neue Falten um die Mundwinkel. Den Spitznamen hat er schon lange. Allmählich nähert er sich ihm aber auch äußerlich an. »Das war nicht das, was du hören wolltest«, sagt Arland. Der Fuchs. Hat er es also doch gewusst. Die kleinen Augen lachen.

»Passt schon«, sagt Pirlo. »Am Ende hast du ja recht.«

Wie immer, wenn er den Alten duzt, freut es ihn insgeheim. Er weiß natürlich, woher das kommt. Pirlo ist stolz. An dieser Stelle hat er dazu sogar einen Anlass. Sie hatten es sich in seinen eineinhalb Jahren am Lehrstuhl nicht leicht gemacht. Pirlo fand, dass Professor Arland, *der* Arland, die Strafrechtslegende, langsam an Biss verlor. Arland fand Pirlo laut, schwierig und anmaßend. Pirlo nannte Arland den Alten, Arland nannte Pirlo den Schönling. Beide meinten es nett. Jedenfalls meistens. »Durch Reibung entsteht Wärme«, hatte der Alte gesagt und Pirlo bei dessen Promotionsfeier die Hand gereicht. »Sie können Werner zu mir sagen.«

»Danke«, hatte Pirlo geantwortet. »Sie können Dr. Pirlo zu mir sagen.«

Zehn Jahre war das mittlerweile her. Sie sprechen immer noch miteinander. Heute mehr denn je.

Arland war bekannt dafür, nur wenige Leute ins Herz zu schließen, die dann aber richtig. Er hatte zwar daran zu knabbern gehabt, dass Pirlo kein Interesse zeigte, in seine Fußstapfen zu treten und in der Uni zu bleiben. Trotzdem hatte er Pirlo unterstützt. Die Empfehlung für Ohmsen war von ihm gekommen.

»Was machst du jetzt?«, fragt Arland.

Pirlo atmet lange aus. »Ich nehme den Fall an.«

»Gut.« Arland grinst.

Pirlo fragt: »Das wusstest du vorher schon, oder?«

»Ab dem Moment, in dem ich das erste Mal davon gehört habe. Genau wie du.«

Sie lachen. Vor ihnen geht die Sonne unter. Arland liebt es, zur blauen Stunde in der Uni zu sein, am Lehrstuhl. Wenn es draußen dunkel wird, schaltet er das Licht ein, setzt sich an den riesigen Schreibtisch und schreibt per Hand mit einem alten Füller seitenweise die vielen klugen Dinge auf, die danach ein armer studentischer Mitarbeiter, früher Pirlo, zu entziffern und in einen Computer zu übertragen hat, von wo aus sie ihren Weg in gefeierte Bücher und Presseartikel finden.

Arland sieht Pirlo aufmerksam an. »Fühlst du dich unter Druck gesetzt?«

»Es geht«, sagt Pirlo. Es ist schön, dass er nicht lügen muss. Auch wenn er nicht ganz die Wahrheit sagt.

Arland nickt. »Ich kann das verstehen. Der Schatten der Ohmsen-Sache ist groß. Du brauchst dir nichts vorzumachen, Junge: Nach deinem Ausscheiden dort wird das, was du jetzt tust, mit Argusaugen verfolgt. Es werden einige mit Freude darauf setzen, dass du krachend scheiterst. Mit besonders vielen Sympathien hast du in diesem Metier sicher nicht zu rechnen. Erst recht nach Metternich.«

Pirlo seufzt. »Was hätte ich denn damals anderes machen sollen?«

»Darum geht es nicht. Du hast getan, was du getan hast. Viel riskiert. Viel gewonnen. Den Fall. Die Aufmerksamkeit. Die Reputation. Daran musst du dich jetzt messen lassen, ob du willst oder nicht. Vielleicht ist es sogar ganz gut, dass der nächste große Fall wieder durch die Presse geht. Vielleicht aber auch nicht. Das hängt letztlich vor allem von dir ab und davon, was du daraus machst.«

Pirlo nimmt einen Schluck Wein. »Ich weiß.«

»Gut.« Einen Augenblick schweigen sie. Trinken. Sehen in den dunkler werdenden, blauen Abendhimmel. Dann fragt Arland: »Erlaubst du mir, etwas zu sagen, das du nicht hören willst?«

»Machst du doch sowieso.«

Arland lacht. Sie stehen auf dem kleinen Balkon, der zu Arlands Büro gehört. Starprofessor zu sein, das bringt auch Privilegien mit sich. Als Arland Pirlo freundschaftlich auf die Schulter klopft, verschiebt sich bei diesem kurz der Horizont. Der Exzess nach dem Abschied bei Ohmsen ist für solche Abenteuer wie ein Glas Rotwein am Abend eindeutig noch nicht lange genug her.

»Also?«

»Du kannst das nicht allein machen, Junge.«

Pirlo schmunzelt. Er mag diese Formulierung. Arland hat keine Ahnung von seinen Familienverhältnissen. Nach allem, was Pirlo weiß, sind sie ihm auch egal. Als Pirlo allein zur Dissertationsfeier kam, hatte Arland kein Wort gesagt. Keine Frage, kein Kommentar. Nur das Du. Die Bezeichnung »Junge« gab es schon vorher. Wenn Arland wollte, nahm er die Position als Doktorvater persönlich.

»Was meinst du?«, fragt Pirlo.

»Das, was ich gesagt habe.« Arland nimmt einen kleinen Schluck. »Wenn du mich fragst, bekommst du das nicht allein hin. Du hattest bei Metternich Glück.« Pirlo widerspricht nicht. Arland fährt fort: »Damals hattest du ein ganzes Team im Rücken. Jetzt bist du ganz allein. Das kannst du nicht schaffen.«

»Weil du mich für nicht gut genug hältst oder was?« Eigentlich will Pirlo den Aufgeregten nur spielen. Irgendwie nervt es ihn aber trotzdem.

Es ist gut, dass Arland laut lacht. »Ach, Junge, was erzählst du denn für einen Unsinn? Ich bin seit vierundvierzig Jahren in diesem Beruf unterwegs. Das ist eine ganz schön lange Zeit. Glaub mir, währenddessen habe ich eine Menge guter Anwälte kennengelernt. Klug im Kopf, stark im Denken, scharf im Argumentieren. Tausendmal strukturierter als du. Verlässlicher obendrein. Richtig gute Leute. Besser als du ist trotzdem keiner. Aber das weißt du. Du willst es nur noch einmal von dem alten Mann hören.«

Pirlo grinst. »Wenn es das nicht ist, was meinst du dann?«

Arland legt ihm eine Hand auf die Schulter. »Unter uns: Du bist einfach fürs Leben zu blöd.«

»Danke.« Pirlo schmollt.

»Gern.« Der Alte schaut in den Sonnenuntergang und schweigt. Pirlo folgt seinem Blick. Schwer zu sagen, ob Arland das als Witz gemeint hat. Viel spricht nicht dafür.

Nach einer Weile fasst sich Pirlo ein Herz. »Das meinst du ernst, oder?«

Arlands Blick bleibt auf den Horizont gerichtet. »Wie lange warst du bei Ohmsen?«

»Acht Jahre.«

»Wie viele Akten hast du in dieser Zeit bearbeitet?«

»Keine Ahnung. Das waren ja fast nur große Fälle. Dreihundert? Mehr?«

»In wie vielen davon waren die Mandanten normale Menschen und nicht irgendwelche Unternehmen?«

»Vielleicht bei einem Drittel.«

»Und bei wie vielen dieser Fälle hast du die Akten eingescannt und kopiert?«

Pirlo nimmt einen tiefen Schluck. Den braucht er jetzt. »Bei keinem.«

Arland ist noch nicht fertig. »Wann warst du das letzte Mal in der Bibliothek? Und damit meine ich nicht einfach nur Stippvisiten, um zu sehen, ob die Associates ihren Job machen, sondern echte Recherche. Ein Buch in die Hand nehmen, etwas nachsehen, überprüfen. Rechtsprechung. Literatur. Selbst nachlesen, statt eine Zusammenfassung auf den Tisch gelegt zu bekommen. Wann hast du das letzte Mal über der amtlichen Sammlung des Bundesgerichtshofs für Strafsachen gehockt und bist daran verzweifelt, dass es diesen einen Präzedenzfall, der alles anders darstellt und alle Probleme auflöst, einfach nicht gibt?«

Pirlo verdreht die Augen. »Ich sehe, in welche Richtung das geht.«

»Jetzt schon?« Arland schmunzelt.

Pirlo seufzt. »Unterstellen wir, dass ich einsichtig wäre. Was würdest du mir vorschlagen?«

Arland lächelt. »Die Frage ist falsch. Wichtig ist nicht, was. Sondern wen.«

7

AUFS MAUL HAUEN. HYPOTHETISCH.

26. Juli. Nachts.

Es könnte alles so einfach sein. Lächeln. Mit der linken Hand die Haare zurückstreichen. Mit der rechten zuschlagen. Rechts, links, rechts. Eine kleine Kombination wie im Training. Nase, Brust, Nase. Nichts wirklich Schlimmes, aber doch genug, um sicherzustellen, dass Ruhe im Karton wäre. Könnte. Wäre. Konjunktiv. In Wahrheit macht sie das alles nicht. Natürlich nicht. Obwohl es drin wäre. Und sich der Typ wirklich darum bewirbt. Er bedrängt ihre Freundin Hannah schon den ganzen Abend. Wo sie auftauchen, ist er auch. Gehen sie auf die Tanzfläche, nähert er sich Hannah von hinten, an der Bar flüstert er ihr ins Ohr, an der Engstelle zur Freietage drängt er sich an sie. Ein Schlag ins Gesicht wäre mehr als angemessen. Rechtmäßig übrigens auch. Eine in einer objektiven Notwehrlage verübte Tat ist gerechtfertigt, wenn sie zu einer sofortigen und endgültigen Abwehr des Angriffs führt und es sich bei ihr um das mildeste Abwehrmittel handelt, das dem Angegriffenen in der konkreten Situation zur Verfügung steht. Bundesgerichtshof, Urteil vom achten Juni 2016, Aktenzeichen 5 StR 564/15. Nach Bundesgerichtshof, Urteil vom zweiten Juli 2015, Aktenzeichen 4 StR 509/14 gilt das auch für die Nothilfe zugunsten Dritter. So wie hier. Der Typ ist schließlich nicht gegangen, auch dann nicht, als sich Hannah von ihm wegdrehte. Um die Weisheit des Bundesgerichtshofs auf das wahre Leben herunterzubrechen: Aufs Maul hauen wäre völlig in Ordnung. Wäre. Sophie hat es trotzdem nicht getan. Stattdessen hakt sie Hannah einfach unter und wankt mit ihr aus dem Club. Eine besonders gute Idee ist das nicht. Sobald sie an der frischen Luft sind, setzt Hannah sich auf den Bordstein und fängt zu jammern an. Sophie rollt genervt mit den Augen. Sie kennt das. Dann setzt sie sich aber doch dazu und nimmt ihre Freundin in den Arm. Die das natürlich nicht will.

»Warum hast du das gemacht?«, fragt Hannah mit schwerer Zunge.

»Was?«

»Den Typen vergrault.«

»Den Typen vergrault?« Sophie ist einigermaßen fassungslos. »Diesen ekligen Grabscher mit der Halbglatze?«

Hannah schiebt die Unterlippe vor. »Es kann schließlich nicht jede so 'nen strahlenden Prinzen haben wie deinen Herrn Dr. Kiekert.«

»Lass Manu da raus«, sagt Sophie. Freundlich, aber bestimmt. Mehr muss sie auch nicht sagen. Hannah ist viel zu sehr mit sich selbst beschäftigt. Sophie zieht sie behutsam in die Höhe und läuft mit ihr durch die Nacht nach Oberkassel. Das Gemaule ihrer Freundin ignoriert sie nach Kräften. Es ist besser so. Für das allgemeine Seelenheil. Erst recht für den Erhalt ihrer Freundschaft.

Als sie bei ihrer eigenen Wohnung ankommt, bricht der Tag an. Mittlerweile ist sie wieder nüchtern. Kurz überlegt sie, Manu anzurufen, lässt es dann aber doch. Mali liegt fast in derselben Zeitzone wie Deutschland. In Bamako ist es kurz vor fünf Uhr morgens. In knapp zwei Stunden steht Manu auf und kümmert sich um den Sonntagsdienst in der Pädiatrie. Auch ohne dass sie ihn um diese Uhrzeit weckt, ist das anstrengend genug. Außerdem denkt er sowieso an sie. Sophie weiß das. Umgekehrt ist es ja auch nicht anders.

Beim Zähneputzen macht sie trotzdem ihr Handy an. Wenn sie ausgeht, bleibt es ausgeschaltet. Manu schläft seit vielen Stunden. Ansonsten meldet sich nachts sowieso keiner. Die Nachricht von Werner Arland ist daher überraschend. Sophie liest den kurzen Text noch einmal. Sie soll um elf Uhr am Lehrstuhl sein. Er habe etwas zu besprechen. Mit müden Augen schaut sie im Kalender nach. Eigentlich steht das nächste Gespräch zu ihrer laufenden Dissertation erst in zehn Tagen an. Als sie sich abgeschminkt hat, bleiben ihr noch drei Stunden Schlaf, bis sie sich auf den Weg in Richtung Uni machen muss. Sophie zuckt mit den Schultern, geht ins Bett und versucht, sich keine Gedanken zu machen. Was nicht besonders gut klappt, wenn Werner Arland sich meldet.

8

KOTZBROCKENNUMMER.

27. Juli. Gegen Mittag.

Bis sie die Klingel findet, dauert es eine Weile. Sie weiß nicht, womit sie gerechnet hat. Irgendwie aber mit etwas anderem. Einem Schild. Irgendwas eben. Nicht einfach einem Klingelschild, auf dem »Pirlo« steht. Sie sieht die Straße rauf und runter. Die Schwerinstraße verbindet die Nordstraße, wo die Leute einkaufen und in kleinen Cafés sitzen mit einem überschaubaren Park mit Spielplatz, Fußballkäfig und viel Grün. Zwei Blocks weiter sind die Rheinterrassen und der Fluss. Man kann es schlechter erwischen. Auf dem Weg hat sie eine ganze Menge Schilder von Anwaltskanzleien gesehen. Nur eben nicht hier.

Er wartet an der Tür. Weißes Hemd. Jeans. Flip-Flops. Schwarze, für einen klassischen Anwalt deutlich zu lange Haare. Für das Klischee aus der Gauloise-Werbung fehlt nur die Zigarette. *Liberté toujours.* Vorsicht, denkt sie. Ganz langsam hier. Dann sagt sie ihren Namen und folgt ihm in seine Wohnung. Tatsächlich sind die Räume nicht mehr als das. Nichts spricht dafür, dass sie sich in einer Kanzlei befinden könnte. Nicht die Filmposter im langen Flur, nicht das orangefarbene Klapprad, das in dem großen Raum mit dem Sofa neben der Tür lehnt. An der Wand hängt ein riesiges Poster von *Oasis*, daneben eines von Muhammad Ali. Auf dem Boden steht ein Bild mit chinesischer Propaganda für die Mao-Bibel. Wo, zur Hölle, ist sie hier gelandet?

»Bei mir zu Hause«, sagt Pirlo.

»Wie bitte?«

»Sie haben sich gerade gefragt, wo Sie hier eigentlich sind, und das ist die Antwort: bei mir zu Hause.« In der kleinen Küche schenkt er ihr ein Mineralwasser ein. »Ich habe keine Ahnung, was Ihnen Arland gesagt hat, wohin Sie kommen und auf wen Sie treffen. Das Detail, dass Sie mir nicht in einer klassischen Kanzlei begegnen, ist ihm aber wohl irgendwie entwischt.«

»Ist ja auch nicht so wichtig und geht wahrscheinlich auch nicht so schnell einzurichten, nachdem Sie so plötzlich bei Ohmsen draußen waren«, sagt Sophie. Es klingt forscher, als es klingen sollte. Pirlo legt die Stirn in Falten. »Ich habe Sie gegoogelt. Man findet Metternich. Und eben Ohmsen.«

»Ich hatte schon befürchtet, dass Arland Sie vor mir gewarnt haben könnte.«

»Hat er«, sagt Sophie. »Nur eben nicht damit.«

»Sondern?«

Sophie weiß, dass das ein guter Moment dafür wäre, etwas Nettes zu sagen. Oder zumindest erst mal anzukommen. Manchmal sind diese Momente aber wie die schweren Tanklastschiffe auf dem Rhein. Man kann ihnen dabei zusehen, wie sie langsam vorüberziehen. Sie bereut trotzdem nichts. Er hat schließlich mit dem bemühten Coolsein angefangen. »Er hat gesagt, dass Sie ein selbstgefälliger Heißsporn sind, oberflächlich in der Argumentation, faul in der Recherche und gegenüber Frauen ein permanentes Sicherheitsrisiko.«

Pirlo grinst. »Und da dachten Sie, dass Sie sich das einfach mal aus der Nähe anschauen.«

Sie lacht. Sicher, sie frotzeln gerade. Die Art, mit der er das gesagt hat, bricht aber trotzdem ein wenig das Eis. Schnoddrig und verletzt zugleich. So, wie er jetzt auch schaut. Falls das eine

Masche sein sollte, dann zumindest eine gute. »Genau genommen war das nicht alles, was er gesagt hat.«

»Was denn noch?«

»Dass Sie der beste Strafverteidiger sind, den er ausbilden durfte. Dass Sie gerade einen großen Fall haben und dass Ihnen jemand fehlt, der das gemeinsam mit Ihnen angeht. Und dass das für mich eine große Chance sein kann, vorausgesetzt, dass ich Ihre Macken ertrage.«

Jetzt lacht auch Pirlo. Dann bietet er ihr einen Platz auf dem Sofa an und holt ihr aus der Küche noch ein Wasser. Sophie bleibt im Wohnzimmer zurück und atmet kurz durch. Es gab konventionellere Anfänge für ein Bewerbungsgespräch. Wirklich schlecht war es allerdings nicht gelaufen.

Pirlo stellt das Mineralwasser auf der als Wohnzimmertisch dienenden, umgedrehten Obstkiste ab. Dann setzt er sich auf die gegenüberliegende Ecke des Sofas und grinst sie an. »Arland sagt, dass Sie die Tochter von Ernst Mahler sind. Außerdem seien Sie juristisch brillant, sehr diszipliniert und sehr genau. Das prädestiniert Sie geradezu für einen vielversprechenden Job in einer aufstrebenden Wohnzimmerkanzlei. Also: Wann fangen Sie an?«

Sophie lacht. »Haben Sie diese Ansprache geübt?«

»Eine halbe Stunde vor dem Spiegel und gerade noch mal schnell in der Küche. Zieht sie?«

»Geht so.«

»Schlagen Sie ein?«

Sie lächelt und streicht ihre Haare zurück. Allmählich ist es an der Zeit, hier mal etwas das Tempo rauszunehmen. Ob er will oder nicht. »Was genau soll ich denn machen?«

»Haben Sie schon eine Rechtsanwaltszulassung?«

»Ja.«

»Und auch bereits als Anwältin praktiziert?«

»Noch nicht. Ich bin nach dem Referendariat bei Professor Arland am Lehrstuhl geblieben. Der Plan war, zunächst die Dissertation abzuschließen und dann nach einem passenden Job zu suchen.«

Pirlo nickt. Er wirkt jetzt etwas ernster. Fast so, als ob es ein gewöhnliches Bewerbungsgespräch wäre. »Einen Drucker haben wir schon. Den Rest kaufen wir schrittweise dazu. Ich stelle hier außerdem ein paar Sachen rein, die eine Kanzlei sonst noch braucht. Dann fangen wir an zu arbeiten. Im Augenblick hat die Kanzlei, auch wenn das bevorstehende Gespräch mit einer potenziellen Mandantin herausragend läuft, genau einen einzigen Fall. Der hat es allerdings in sich. Sie haben sicherlich von dem Mord an Florian von Späth gehört und erspare Ihnen die Details. Was ich Ihnen anbieten kann, ist, dass ich Sie in die Verteidigung einbinde. Sie arbeiten mir unmittelbar zu und sitzen dabei ebenso im Wohnzimmer wie ich. Uns ist beiden klar, dass ich mehr Erfahrung habe. Trotzdem brauche ich Sie nicht nur als Bob Andrews für Recherchen und Archiv. Wir gehen diesen Fall zusammen an. Das bedeutet, dass Sie sich mit Ideen und Vorschlägen genauso einbringen können und sollen wie ich. Das bedeutet aber auch, dass ich mich auf Sie verlassen können muss. Ihre Aufgaben sind also umfangreich, Ihre Verantwortung ist groß. Im Gegenzug bezahle ich viel zu wenig Geld für viel zu viel Einsatz. Sie werden es lieben.«

Sophie muss lachen. »Dass diese Kotzbrockennummer nicht bei jedem zieht, haben Sie bestimmt schon mal gehört.«

»Ständig.«

»Und einfach ignoriert.«

»Genau wie Ihre bissigen Kommentare.«

Sophie runzelt die Stirn. »Und jetzt glauben Sie, dass ich mich darauf einlasse?«

»Was haben Sie zu verlieren?«

Sie könnte antworten, dass sie sich um ihre Dissertation kümmern muss. Woraufhin er sagen würde, dass sie das selbst zu verantworten hat. Mit finanziellen Erwägungen braucht sie ihm auch nicht zu kommen. Es ist mehr als unwahrscheinlich, dass er ihren familiären Hintergrund nicht kennt. Kurz überlegt sie, ob sie noch einmal mit Manu Rücksprache halten sollte. Was er von einem Job als Strafverteidigerin hält, weiß sie aber ohnehin. Wenn sie jetzt wieder in diese Diskussion einsteigt, lehnt sie das Angebot am Ende wahrscheinlich ab und verpasst die Chance, wirklich viel zu lernen. Noch dazu an einem großen Fall. Außerdem wollte Manu auch unbedingt nach Afrika und ist einfach dorthin geflogen. Vielleicht sollte sie auch mal an sich denken. Also: Was hat sie zu verlieren?

Pirlo sieht ihr bei ihren Überlegungen zu. Dann zwinkert er und streckt ihr die Hand entgegen. Sophie schlägt ein. Warum auch nicht? Das hätte eigentlich schlechter laufen können. Arland hatte zwar recht damit gehabt, dass sie diesen Spinner gut finden würde, nicht aber damit, sie vorzuwarnen. Alles in allem scheint ihr Pirlo zwar anstrengend zu sein, aber handhabbar. Sie lächelt.

»Was finden Sie lustig?«

»Ich dachte gerade an Herrn Professor Arland.«

»Hat er denn noch mehr üble Wahrheiten über mich verraten?«

»Nur noch, dass man bei Ihnen nie wissen kann, was als Nächstes passiert.«

»Was natürlich Unsinn ist.«

»War mir klar.«

»Gut.« Pirlos dunkle Augen werden ernst. Dann fragt er: »Haben Sie einen Ausweis dabei?«

»Ja. Warum?«

»Den brauchen Sie im Knast. Rein geht manchmal auch ohne. Raus wird schwierig.«

Sie überlegt kurz. Dann ist sie sich sicher, dass das, was er sagt, keinen Sinn ergibt. In der Zwischenzeit lächelt er, geht raus, kommt rein und hat Halbschuhe, einen Anzug und eine Krawatte an. All das schwarz, schlicht und elegant. Er grinst. »Los geht's.«

»Jetzt?«

»Wieso, sitzt meine Frisur etwa nicht?«

»Doch.«

»Gut. Dann jetzt.«

9

LUFTLEERE.

Kurz darauf.

Marlene von Späth ist eine schöne Frau. Trotzdem sieht sie schlecht aus. Überraschend ist das nicht. Der Knast macht das mit jedem. Das fängt beim Licht an, das immer gleichzeitig zu hell und zu dunkel ist. Dann die Unterbringung – karg, trist, zweckmäßig. In der Untersuchungshaft erfolgt die Zellenbelegung meistens zu zweit, in der Regel ein Suizidkandidat mit einem, der noch einigermaßen klarkommt. Dazu die Belastung, dass man nicht weiß, wie lange die ganze Sache noch dauert. Das alles ist wenig schlaffördernd. Metternich hat das mal gut zusammengefasst: Nichts ist scheißiger als Untersuchungshaft. Man kann das so stehen lassen. Auch Marlene von Späth trägt diese Erkenntnis im Gesicht.

Als Pirlo und Sophie den Raum betreten, steht Marlene von Späth kurz von ihrem Plastikstuhl auf. Sie ist groß und dünn. Dunkelbrauner Pagenkopf. Blaue Augen. Es wird deutlich, warum der Boulevard sie liebt. Pirlo lächelt. Sie nicht. Trotz des guten Aussehens wirkt sie müde. Geschlagen. Erschöpft. Aber sie hält sich aufrecht. Pirlo rätselt kurz, ob sie es bewusst darauf anlegt, den Eindruck zu machen, aus ihr unerfindlichen Gründen am falschen Ort zu sein. Dann beschließt er, dass es darauf nicht ankommt. Jetzt jedenfalls noch nicht. Für den Moment zählt das erste Gespräch. Das Kennenlernen. Mehr nicht. Die aristokratische Haltung der Zufallsverhafteten ist sogar sehr willkommen. Besser das als Tränen.

Marlene von Späth zeigt auf die freien Stühle. Die Geste passt zur Gastgeberin einer Soirée. Oder zu einer potenziellen Mandantin, die weiß, dass sie einen großen Fall zu vergeben hat. Einen wichtigen Fall. Erst recht dann, wenn ihr Gegenüber gerade seinen Job bei einer renommierten Kanzlei verloren hat.

»Herr Dr. Pirlo, ich sehe, meine Mutter hat Sie doch noch erreicht. Danke, dass Sie so schnell gekommen sind.«

Pirlo geht auf die kleine Spitze mit dem »doch noch« nicht ein. Er ist jetzt da. Das muss genügen. Außerdem ist er damit beschäftigt, wie er mit der ihm entgegengestreckten Hand umgehen soll. So wie Marlene von Späth diese ausstreckt, hat Pirlo Sorge, sie ihr bei der Begrüßung zu brechen. Immerhin hat er genug Zeit, sie sich anzusehen. Die Nägel sind leuchtend rot und gepflegt. Die Botschaft kommt an: Diese Hände wurden geformt, um gut auszusehen. Nicht um zu arbeiten. Und ganz bestimmt nicht, um hier hinter Gitter zu schmoren. Pirlo beschränkt sich auf einen kurzen Händedruck. Der Griff von Marlene von Späth ist erstaunlich fest. Dann setzen sie sich.

Pirlo räuspert sich. »Erlauben Sie mir, mich kurz vorzustellen. Mein Name ist Dr. Anton Pirlo. Ich bin Strafverteidiger. Ihre Mutter hat mich tatsächlich gebeten, mich mit Ihnen in Verbindung zu setzen und Ihre Verteidigung zu übernehmen. Dazu bin ich, zusammen mit meiner sehr geschätzten Kollegin, Frau Rechtsanwältin Sophie Mahler, gern bereit.«

»Danke«, sagt Marlene von Späth. Mehr nicht.

»Wie geht es Ihnen?«, fragt Pirlo.

Marlene von Späth lächelt schmal. »Den Umständen entsprechend. Es wird mir besser gehen, wenn Sie mir sagen, dass dieser Albtraum bald ein Ende hat.«

Pirlo kneift die Augen zusammen.

Marlene von Späth seufzt. »Aus Ihrem Schweigen muss ich wohl schließen, dass man den Mörder meines Mannes noch nicht gefasst hat?«

»Nein.«

Sie senkt den Blick. Pirlo lässt ihr den Moment. Ihre Finger verschränken sich kurz. Dann atmet sie durch und findet zu dem dünnen Lächeln zurück. »Was haben Sie vor?«

»Wir sollten den Haftbefehl angreifen.«

»Womit?«

Pirlo kratzt sich am Kinn. Tja. Womit? Der Haftbefehl ist denkbar schlicht. Die ganze Sache wirkt nicht besonders kompliziert. Pirlo hat die drei dünnen Seiten zwischenzeitlich ein paar Dutzend Mal gelesen. Die Fakten sind so einfach wie ernüchternd: Marlene von Späths Mann war tot zwischen Freitreppe und Eingangstür seiner Villa gefunden worden. Die Tür war geschlossen. Es gab keine Anzeichen, dass jemand in das Haus eingedrungen sein könnte. Von Späth war erstochen worden. Das Tatwerkzeug war ein Messer aus der offenen Küche, die, von der Eingangstür aus gesehen, rechts neben der Freitreppe lag. Es gab keine Anzeichen dafür, dass die Tat an einem anderen Ort stattgefunden hatte. Jemand hatte Florian von Späth in seinem eigenen Haus mit mehreren Stichen von hinten erstochen. Marlene von Späth hatte sich zu diesem Zeitpunkt zu Hause aufgehalten. Der Polizei hatte sie gesagt, sie sei die ganze Zeit in ihren Räumen im ersten Stock gewesen. Von der Tat habe sie nichts mitbekommen. Die Polizei hatte ihr nicht geglaubt, die Staatsanwaltschaft hatte ihr nicht geglaubt und der Ermittlungsrichter genauso wenig. Die Konsequenz war der Haftbefehl. Den sie jetzt angreifen sollen. Also: Womit?

»Können Sie uns etwas mitteilen, was nicht im Haftbefehl steht?«

»Nein.«

»Sicher?« Pirlo ärgert sich im selben Moment, in dem er die Frage stellt. Was soll sie darauf schon antworten?

»Natürlich bin ich sicher«, entgegnet Marlene von Späth pikiert. War ja klar. »Ich hielt mich die ganze Zeit in meinen Räumen auf. Von dem Mord an meinem Mann habe ich nichts mitbekommen.«

»Sind Ihre Räume von denen Ihres Mannes getrennt?«, fragt Sophie.

Marlene von Späth betrachtet sie mit spitzem Blick. Kurz wirkt es, als würde sie überlegen, ob auch Sophie Fragen stellen darf. Und ob sie diese Fragen beantwortet. Dann sagt sie: »Ja.«

»Ist das schon lange so?«

»Schon eine Weile.«

»Wo sind Ihre Räume?«

»Am Ende der Freitreppe ist der Speiseraum. Daneben ist das Billardzimmer meines Mannes. Daran schließen sich meine Räume an. Man erreicht sie alle über die Galerie, die das Erdgeschoss umgibt. Wie Sie wissen dürften, ist das Haus sehr großzügig geschnitten. Mein Mann ist schließlich in der Baubranche tätig. Da ist ihm das wichtig.« Marlene von Späth stockt kurz. »Ich meine: Es war ihm wichtig.« Vorsichtig fasst sie sich an das sorgfältig geschminkte linke Auge. Dann räuspert sie sich. »Ich habe ein eigenes Schlafzimmer, einen Wohnraum und einen begehbaren Kleiderschrank. Als mein Mann getötet wurde, schlief ich. Das habe ich alles schon der Polizei gesagt.«

»Das wissen wir«, antwortet Pirlo. »So steht es auch im Haftbefehl. Wir haben uns jetzt um das Problem zu kümmern, dass man Ihnen das derzeit noch nicht glaubt.«

»Ich weiß«, entgegnet Marlene von Späth. »Sonst wäre ich ja wohl kaum hier drin. Es ist aber trotzdem wahr. Ich hatte an diesem Tag ein starkes Schlafmittel genommen und mich am

Abend in meine Räume zurückgezogen. Mein Mann war auf einer Veranstaltung. Ich hatte also nichts anderes zu tun.«

»Nehmen Sie öfter Schlafmittel?«

»Ab und an.«

»Woher hatten Sie das Mittel?«

»Von meinem Arzt, Herrn Dr. Sattler.«

»War das Mittel rezeptpflichtig?«

»Ja.«

»Warum haben Sie es sich verschreiben lassen?«

Marlene von Späth sieht auf ihre Hände. »Ich war in den letzten Monaten etwas gestresst.«

»Beruflich?«, fragt Sophie. Pirlo wirft ihr einen genervten Blick zu.

»Ich arbeite nicht.« Marlene von Späth antwortet ohne Zwischenton. »Man kann aber trotzdem gestresst sein.«

Pirlo nickt. Dann hievt er das Gespräch zurück in die Spur. »Sie haben also nichts davon mitbekommen, dass Ihr Mann ermordet wurde?«

»Nein.«

»Wann haben Sie ihn gefunden?«

»Das habe ich nicht.« Marlene von Späth sieht ihn direkt an. Klare, blaue Augen. Im Haftbefehl steht, wer die Leiche fand. Sie weiß, dass Pirlo das weiß. Auch hier geht sie nicht darauf ein. »Mein Mann wurde am Morgen von der Putzhilfe gefunden, Frau Nowak. Sie hat dann sofort Jochen Danzinger angerufen.«

»Wer ist das?«

»Der Geschäftspartner meines Mannes. Mit ihm war er am Vorabend bei einer Veranstaltung in den Rheinterrassen. Ich habe ihn das letzte Mal lebendig gesehen, als er dorthin aufbrach.« Sie schluchzt.

Pirlo reicht ihr ein Taschentuch. Wenn er in den Knast geht, hat er immer einen Vorrat dabei. Marlene von Späth tupft sich die Augen ab. Pirlo ahnt, dass sie zum Schluss kommen sollten. Zumindest für heute.

Eine Frage hat er aber noch. »Was glauben Sie, warum hat Frau Nowak nicht Sie informiert?«

Marlene von Späths Blick schwimmt noch etwas. »Ich nehme an, sie hatte Sorgen, dass mir auch etwas zugestoßen sein könnte. So erkläre ich mir das jedenfalls. Tatsächlich habe ich einfach noch geschlafen. Ich wachte erst auf, als die Polizei eintraf und der Lärm anfing. Dann bin ich aufgestanden und auf die Galerie gelaufen. Von dort sah ich ihn dann unten liegen. Florian. Meinen Mann. In einer riesigen Pfütze aus Blut.« Sie schluchzt wieder. Diesmal laut.

Pirlo bemüht sich um ein kleines Lächeln. »Danke für Ihre Bereitschaft, heute schon so viele Fragen zu beantworten, Frau von Späth. Das haben Sie gut gemacht. Wir wissen, dass das alles anstrengend für Sie ist. Aber wir wollen Sie ja auch schnell hier rausholen.«

»Machen Sie das«, sagt Marlene von Späth. »Bitte! Und passen Sie auf sich auf. Der Mörder meines Mannes läuft immer noch frei dort draußen herum.«

Pirlo greift diese Bemerkung direkt auf. »Haben Sie denn einen konkreten Verdacht?«

»Ich denke natürlich schon die ganze Zeit darüber nach.«

»Und?«

Sie schüttelt den Kopf. »Nein. Mir fällt niemand ein.«

»Hatte Ihr Mann denn Feinde?«

Sie atmet durch und wirft ihre Haare mit einem schnellen Ruck nach hinten. Pirlo schluckt. Seine Mandantin sieht gut aus. Selbst jetzt. Selbst hier. So gut, dass es fast ein wenig unpassend ist. »Natürlich hatte mein Mann Feinde. Welcher erfolgreiche Mann hat das nicht. Sie werden sicher auch nicht nur Freunde haben.«

Pirlo hält ihrem forschenden Blick stand. Kurz denkt er an den jungen Ohmsen und daran, was er gern mit ihm machen würde. Dann reißt er sich zusammen. »Wer fällt Ihnen ein?«

»Vielleicht Markus Schütz.«

»Wer ist das?«

»Er war Vertriebler bei WDvS. Die Nummer zwei im Verkauf, direkt hinter meinem Mann. Sie wissen schon, WDvS hat zwei Geschäftsführer, Jochen-Norbert Danzinger und Florian. Oder hatte. Verzeihen Sie, dass ich die Zeitformen durcheinanderbringe. Ich bin das auch. Durcheinander. Sehr sogar. Jedenfalls hat Jochen Danzinger sich immer nur um die Zahlen, das Material und die Organisation gekümmert. Florian besorgte den Verkauf und den Vertrieb. Er war dafür einfach wie gemacht. Immer extrovertiert. Immer umtriebig. Immer überall.«

»Der Cowboy von Düsseldorf«, murmelt Sophie.

Marlene von Späth schenkt ihr ein Lächeln. »Genau der. Markus Schütz hat ihn bei den Vertriebsaufgaben unterstützt. Wenn Sie mich fragen, ist das kein netter Mensch. Grob und ohne Charisma. Ich habe nie verstanden, was Florian an ihm gefunden hat.«

»Wie kommen Sie darauf, dass er mit Ihrem Mann verfeindet gewesen sein könnte?«, fragt Pirlo.

»Sie haben heftig gestritten. Ich weiß nicht, worum es ging. Florian hat sich aber sehr über Markus Schütz aufgeregt. Dann hat er ihn gefeuert.«

»Und dann?«

»Schütz hat geklagt. Mehr weiß ich darüber nicht.«

»Sie wissen nicht, wie der Streit ausgegangen ist?«

»Nein. Florian hat mir nichts davon erzählt, und ich habe ihn nicht danach gefragt. Aber Sie wollten ja wissen, ob er einen Feind hatte. Wie gesagt, ich weiß es nicht. Der Einzige, der mir einfällt, ist Markus Schütz.«

»Danke«, sagt Pirlo. Immerhin haben sie jetzt einen Namen. Das ist besser als nichts.

Dann kommt noch ein weiterer Gedanke auf. »Wie war eigentlich Ihr Verhältnis zu Ihrem Mann?«

»Gut.« Die Antwort erfolgt schnell und knapp.

Pirlo zögert einen Moment. Soll er weiter fragen? Er sieht seine Mandantin an. Sie schaut ruhig zurück. Er beschließt, es für den Augenblick dabei zu belassen.

Als Marlene von Späth spricht, ist von der kurzen Pause nichts zu merken: »Was passiert jetzt als Nächstes?«

»Zuerst sagen Sie uns, wie Sie es weiter mit dem Pflichtverteidiger halten wollen, den Ihnen der Ermittlungsrichter gestellt hat.«

»Ich will, dass Sie ihn ablösen.«

»Sicher?«

»Ja. Ich will, dass Sie mich verteidigen. Nur Sie.« Marlene von Späth sieht zu Sophie, als hätte sie sie gerade erst entdeckt. »Von mir aus auch Sie beide. Ich will, dass Sie für mich erreichen, was Sie für diesen Sportler erreicht haben.«

Pirlo lächelt. Natürlich will sie das. »Ich schlage vor, wir schauen schnellstmöglich in die Akte und setzen uns dann wieder zusammen.«

»Glauben Sie, dass Ihnen schnell etwas einfällt, wie Sie mich hier rausbekommen?« Die blauen Augen sind immer noch klar, der Blick ist aber weniger hart. Im Gegenteil, es liegt ein weicher Schimmer darin. Wirkliche Sorge. Vielleicht sogar Angst.

»Bestimmt«, sagt er. Was soll er auch anderes sagen?

10

WORK-WORK-BALANCE.

Zwei Stunden später.

Auf der Rückfahrt schweigen sie eine ganze Weile, um die ersten Gedanken zu sortieren. Die Justizvollzugsanstalt liegt etwas außerhalb, genau genommen im Nachbarort Ratingen. Sie haben bereits die Grenze von Derendorf erreicht und das aus Bars und Kneipen bestehende Bermudadreieck an der Tußmannstraße hinter sich, als Pirlo sagt: »Das haben Sie gut gemacht. Forsch. Aber gut.«

»Danke«, antwortet Sophie. Besondere Zweifel hatte sie zwar nicht. Es ist aber trotzdem schön, das zu hören. »Sind Sie denn zufrieden?«

Pirlo antwortet nicht sofort. Als sie an einer Ampel zum Stehen kommen und das Schnurren des schwarzen Mercedes eine Pause einlegt, kann Sophie erkennen, dass er ein Lächeln nicht mehr zurückhalten kann. »Wir haben gerade einen richtig großen Fall eingetütet. Sicher, die Geschichte ist kompliziert. Aber das sind die großen Sachen immer. In gewisser Weise bedingt sich das.«

»Ich weiß nicht, ob ich es so kompliziert finde. Eigentlich sieht es so aus, als hätten wir nicht besonders viele Argumente.«

»Und genau das macht es kompliziert.«

Sie lachen beide. Sophie bemerkt, wie gut es tut. Erst jetzt fällt ihr auf, wie angespannt sie während des Gesprächs mit Marlene von Späth war. Sophie nutzt die nachlassende Anspannung als Schwung für das, was sie beschäftigt: »Darf ich Ihnen eine Frage stellen, die Sie vielleicht blöd finden?«

»Es gibt keine blöden Fragen«, entgegnet Pirlo. Vor der Wohnung ist eine seltene Parklücke frei, die er rückwärts ansteuert.

Sie räuspert sich. »Glauben Sie, dass Marlene unschuldig sein könnte?«

Pirlo verharrt kurz in der Bewegung. »Lassen Sie uns in die Akte schauen und ein paar Informationen sammeln. Vielleicht fragen Sie mich dann später noch mal.«

Das Auto ist eingeparkt. Während sie die Gurte öffnen und ihre Sachen zusammensammeln, bemerkt Sophie, dass Pirlo sie ansieht. Als sie seinen Blick erwidert, schenkt er ihr ein bemühtes Lächeln. »Wir haben unsere Mandantin gerade erst kennengelernt. Das, was im Haftbefehl steht, klingt sicher nicht alles rosig. Aber das, was im Haftbefehl steht, ist erfahrungsgemäß selten vollständig und noch seltener komplett richtig. Wir sollten in die Gänge kommen und schauen, was wir herausfinden und wie wir damit argumentieren können. Okay?«

»Okay«, sagt Sophie und lächelt zurück. Es freut sie, dass Pirlo nicht mehr so aufgedreht ist wie bei ihrem ersten Gespräch. Einigermaßen überrascht fällt ihr auf, dass das erst zwei Stunden her ist. Gut, dass es auch noch einen anderen Pirlo zu geben scheint. Weniger hektisch. Und vor allem weniger kotzbrockig. Er scheint die Gedanken mitbekommen zu haben. Jedenfalls streckt er seine Hand aus. »Wenn Sie mögen, würde ich mich freuen, wenn wir uns duzen.«

»Gern«, sagt Sophie. »Ich heiße Sophie.«

»Anton«, antwortet Pirlo. »Aber meinen richtigen Namen verwendet kein Mensch.«

»Sondern?«

Pirlo schmunzelt. So, als habe sie etwas Lustiges gesagt. Dann ist der Moment auch schon wieder vorbei. Pirlo lacht und sagt: »Die meisten Leute nennen mich einfach Toni. Oder Pirlo. Das geht auch.«

Er zwinkert ihr zu und steigt aus. Sophie folgt ihm. Die Sonne scheint. Ihre Laune ist blendend. Sie ist jetzt Anwältin. Mit dem ersten richtigen Fall. Der auch noch richtig groß ist. Und mit einem Chef, der zwar anstrengend sein kann, aber nicht sein muss. Sie bricht sich jedenfalls nichts ab, wenn sie ihm zunächst einmal grundsätzliche Freundlichkeit unterstellt.

Der gute neue Eindruck hält keine drei Minuten. Dann sind sie oben in der Wohnung, und Pirlo wirft den Motor an. Aber so richtig. Sophie sitzt in der Küche auf einem unbequemen Holzstuhl an einem viel zu kleinen Tisch. Gerade hat Pirlo ihr noch ein Mineralwasser eingeschenkt. Was nett war. Seitdem marschiert er allerdings mit ausladenden Schritten durch den viel zu kleinen Raum und haut Kommandos raus.

»Schnapp dir deinen Computer und finde alles raus, was es über Florian von Späth und Marlene von Späth zu wissen gibt, Vermögensverhältnisse, Lebensweg, Karriere, Liebhaber, Interessen, Leidenschaften, Leichen im Keller, Fehler und Versagen. Dann atmest du durch, nimmst dir einen Kaffee, machst alles noch einmal von vorn und findest das, was man eigentlich gar nicht finden kann. Für die Staatsanwaltschaft sind Bestellung und Akteneinsichtsgesuch vorzubereiten. Es gibt noch keine Briefbögen, was aber nicht verwunderlich ist. Bis vor drei Stunden gab es ja noch nicht einmal eine Kanzlei. Entwirf bitte welche. Gib dir dabei Mühe. Vergiss nicht, deinen Namen draufzuschreiben, schließlich bist du jetzt vollwertige Anwältin. Sag auch der Kammer Bescheid. Danach recherchierst du alles, was du zur Fluchtgefahr findest, insbesondere dann, wenn jemand einen ausländischen Hintergrund hat. Schau nach, ob es Besonderheiten bei EU-Bürgern gibt. Das ist fast immer so. Ich meine, das Landgericht Offenburg habe dazu 2012 was entschieden. Im Anschluss daran wird es unangenehm: Setz dich mit dem bisherigen Pflichtverteidiger in Verbindung und erklär ihm, dass du ihn ablöst. Er wird nicht begeistert sein. Wenn er beleidigend wird, beleidige zurück. Wenn es dir keinen Spaß mehr macht, leg einfach auf.« Pirlo bleibt stehen und trinkt einen Schluck. Dann marschiert er weiter. »Danach fängt die eigentliche Arbeit an. Ich will alles wissen, was es zu Tötungsdelikten zwischen Ehegatten herauszufinden gibt, jeden Aufsatz, jede Monographie, jeden Kommentar, vor allem aber eine Übersicht zu allen Entscheidungen, die jemals zu solchen Konstellationen gefällt wurden, angefangen mit einem Urteil der dritten Kammer des Bundesgerichtshofs vom fünfundzwanzigsten April 2008.« Er zwinkert ihr zu. Die personifizierte Zufriedenheit. Der Chef.

Sophie nickt und macht sich Notizen. Die 2012er-Entscheidung zur Fluchtgefahr betraf einen Fall aus Darmstadt. Landgericht Offenbach statt Landgericht Offenburg. Das Urteil des Bundesgerichtshofs ist zwar tatsächlich aus April, allerdings 2018. Nicht 2008. Außerdem entschied der erste Strafsenat, nicht die dritte Kammer. Sophie weiß das alles. Pirlo nicht. Es ist gut, dass Arland sie vorgewarnt hat. So dramatisch, wie er es dargestellt hatte, ist Pirlos Verplantheit zwar nicht. Es ist trotzdem hilfreich, Pirlo einschätzen zu können. Das zeigt schon die Reaktion auf ihre folgende Frage. Sophie sieht Pirlo skeptisch an. »Wissen Sie diese ganzen Fakten auswendig?«

Er sieht sie überrascht an. »Sie nicht?«

Sie verzichtet auf eine Antwort, hat allerdings nicht mit seinem nächsten Satz gerechnet. »Also, viel Erfolg bei der Recherche!«

Sie zieht die Augenbrauen hoch. »Und was machst du?«

»Ich gehe am Rhein spazieren.«

»Warum?«

»Weil ich nachdenken muss. Wir brauchen dringend eine Strategie. Dieser Fall braucht ein Oben und ein Unten, einen Rahmen, an dem wir uns orientieren können. Seneca sagt: ›Wer den Hafen nicht kennt, dem ist kein Wind günstig.‹ Da ist auf jeden Fall was dran. Außerdem habe ich jetzt Zeit dazu. Du machst ja den Rest.«

»Ich mache den Rest, und du gehst spazieren?«

Pirlo grinst. »Noch nie von dieser Work-Work-Balance gehört, von der immer alle sprechen?«

»Nein.«

»Jetzt schon.« Und weg ist er.

Am Abend ruft sie Manu an und erzählt von ihrem neuen Job. Von dem Fall. Der Wohnzimmerkanzlei. Von Pirlo. Dass er sie einfach hat sitzenlassen, behält sie für sich. Ebenso, dass er bis zum Abend nicht wieder aufgetaucht ist.

»Klingt gut«, sagt Manu. »Und wie geht es jetzt weiter?«

Sophie seufzt. Zwischenzeitlich ist sie zu Hause. Der Laptop ist trotzdem noch eingeschaltet. »Jetzt sehe ich mir weiter Rechtsprechung und Literatur zu Fällen an, bei denen vermutlich ein Beziehungspartner einen anderen getötet hat.«

»Interessant«, murmelt Manu. Es rauscht in der Leitung. Dann ist er wieder klarer zu verstehen. »Vielleicht erzählst du mir bald mal, was es damit auf sich hat.«

»Klar«, sagt Sophie und beschließt, so zu tun, als hätte sie nicht genau das vor einer halben Stunde schon getan. Sie weiß, dass ihr das vor allem gegenüber Manu leichter fallen sollte, der sich immer bemüht, ein offenes Ohr zu haben. Und zwar für alle und jeden. Auch für Sophie, außer es geht um ihren Job. Manu ist, was Jura anbelangt, »kein Fan«. Das Thema Strafverteidigung lehnt er erst recht ab. »Es gibt genug Probleme auf der Welt. Da lohnt es sich eher, sich um die Leidtragenden zu kümmern, als um die Verursacher.« Sophie kann diese Sätze im Schlaf mitsprechen. Immerhin haben sie und Manu einen gewissen praktikablen Kompromiss gefunden. Manu akzeptiert Sophies Angelegenheiten, und sie redet ihm ebenfalls nicht rein. Hat sie auch nie. Weder als er nach dem Studium beschloss, sich *Ärzte ohne Grenzen* anzuschließen, noch als er für ein halbes Jahr nach Bangladesch verschwand, um dort gegen das Dengue-Fieber zu kämpfen, auch nicht, als er in Surinam war, um dazu beizutragen, eine Pockenepidemie einzudämmen, und sogar jetzt nicht, wo er in Mali mitten im Bürgerkrieg in Bamako Erstversorgung für Kinder leistet. Sie weiß, dass sie eine gute Beziehung führen. Manu ist treu und war immer für sie da. Das vergisst sie nicht und wird es auch nie vergessen. Bis heute weiß Sophie nicht, wie sie nach Patricks Tod klargekommen wäre, hätte sie nicht eines Tages Manu getroffen, der sie mit seiner ganzen Liebe und Fürsorge wieder auf die Beine gestellt hatte. Als sie in der Küche ihrer modern geschnittenen Oberkasseler Dreizimmerwohnung steht und darauf wartet, dass der Kaffee fertig wird, hat sie sich wieder gefangen. Die Kühlschrankmagnete halten Bilder von Manu und ihr fest. Strahlend in Badesachen am Salto Ángel in Venezuela, wohin sie geflogen waren, als sie ihn in Surinam besuchte. Lachend auf dem Annapurna Circuit in Nepal, ihrem gemeinsamen Ausflug bei ihrer Stippvisite in Dhaka. Nur in Mali und Umgebung wird sie Manu nicht besuchen. Zu gefährlich, sagt er. Sophie kommt damit klar. Dass sie die landschaftlichen Reize Malis verpasst, kann sie ganz gut verschmerzen. Dass sie ihren Freund auch nach drei Jahren Beziehung kaum einmal richtig zu Gesicht bekommt, fällt da schon etwas schwerer. Der Kaffee ist eine willkommene Ablenkung von den trüben Gedanken. Sophie streckt ihre müden Glieder. Dann setzt sie sich wieder an den Schreibtisch. Womöglich ist diese Work-Work-Balance gar keine so schlechte Sache. Auch wenn sie das

Pirlo vielleicht nicht verraten muss. Sie schüttelt den Kopf, als sie begreift, dass sie versucht, Argumente zu finden, die Pirlos arschiges Auftreten abschwächen. Eigentlich hat sie mehr Lust, sauer auf ihn zu sein. Andererseits: Das war ihr erster gemeinsamer Tag. Vielleicht hatte sich auch Pirlo erst einmal in die Situation einfinden müssen. Vielleicht ist er aber auch einfach der Arsch, als der er sich zeitweise präsentiert hat. Vielleicht sogar, ohne das eigentlich zu wollen. Was weiß sie schon über ihren neuen Chef? So gut wie nichts. Dass er nach dem Rauswurf bei Ohmsen unter Druck steht, klar. Aber wer kann schon sagen, was ihn zu dem gemacht hat, was er ist? Sophie trinkt den Kaffee und beschließt, sich nicht weiter mit solchen Überlegungen zu belasten. Zumindest für den Moment. So weit ihr das eben gelingt.

ZWEITER TEIL

SEPTEMBER

1

SCHEISS FRAGE.

1. September. 11 Uhr. Eine Stunde nach Prozessbeginn.

Knapp sechs Wochen später sitzt Sophie im Gericht und erinnert sich daran, wie sie in Pirlos Wohnung die ersten Informationen zu Florian und Marlene von Späth zusammengesammelt hat. An das, womit sie die letzten zwei Monate verbracht hat. Für die Dissertation hatte es schon bald keine Zeit mehr gegeben. Natürlich nicht. Dazu war einfach zu viel zu tun. Für die Mandantin. Für die eigenen Ermittlungen. Für den Prozess. Und trotzdem ist alles, woran sie jetzt denken kann, diese eine kleine, fiese Frage. Es ist eine nervige Frage. Eine scheiß Frage. Eine, die sie immer nervöser macht, auch wenn sie das sich selbst und allen anderen ganz bestimmt nicht eingestehen will.

Wo steckt der Mistkerl?

2

SCHEISS ANTWORT.

1. September. 11 Uhr. Nur ganz woanders.

»Das ist der letzte Ort der Welt, an dem ich jetzt sein will.« Wie schnell ist dieser Satz gesagt? Was damit wirklich gemeint ist, merkt man erst, wenn er wirklich zutrifft. So wie bei Pirlo jetzt.

Ahmids Augenbrauen ziehen sich zusammen. »Das ist dein Zuhause.«

»Und?«

»Was und?«

»Ich war seit Jahren nicht mehr hier.«

»Gott sei Dank.«

Pirlo funkelt seinen Bruder genervt an. »Und was soll ich jetzt hier?«

Ahmid sieht ihn an, als sei er total bescheuert. Also, Pirlo. Ganz bestimmt nicht Ahmid. Dann antwortet er: »Du musst die Scheiße regeln.«

»Was muss ich?«

Ahmid zieht die Stirn in Falten. »Du musst die Scheiße regeln.«

»Das hast du schon gesagt.«

»Warum machst du es dann nicht?«

»Du solltest mal Luft holen, Bruder.« Es ist seltsam, das zu sagen. Überall sind alle Brüder. Auf der Straße. Auf dem Kiez. Im Knast. Was geht, Bruder? Alles klar, Bruder? Das Wort zu

Ahmid zu sagen, ist für Pirlo trotzdem etwas anderes. Weil Ahmid wirklich sein Bruder ist. Er räuspert sich. »Beruhig dich mal. Sag, was du willst. In Ruhe. Ich hab das bis jetzt nicht verstanden.«

»Was?«

»Lass mich nachdenken: ungefähr alles.«

Ahmid kratzt sich. Wie kann man nur so begriffsstutzig sein? Also so wie Pirlo jetzt. Ahmid seufzt. »Die Kroaten haben das Kokain erwartet, aber irgendwelche anderen Kerle, Jassir sagt, es waren Albaner …«

»Wer ist Jassir?«, fragt Pirlo.

Ahmid stöhnt genervt. »Hörst du jetzt zu oder nicht? Also, die Albaner oder irgendwelche anderen Dreckskerle haben sich das Kokain unter den Nagel gerissen, und dabei hat auch noch irgendein Arschloch auf Mahmed geschossen.«

Guter Punkt eigentlich. »Wie geht es Mahmed?«

»Es geht. *Yaini Elhamdullilah.* Gott sei Dank. Aber was tut das zur Sache?«

Man könnte sagen, eine ganze Menge. Jemand hat auf ihren ältesten Bruder geschossen. Mahmed liegt im Krankenhaus. Man könnte über diesen Aspekt sehr viel reden. Aber nicht hier. Hier geht es um was anderes. »Bruder, was jetzt interessiert, ist: Wie lösen wir die Scheiße?« Ahmids Blick flackert. Lange hat er sich nicht mehr im Griff.

Pirlo spürt das. Er seufzt. »Was soll ich machen?« Und da ist sie wieder. Auch noch nach all den Jahren. Die falsche Frage. Die richtige wäre: Und was, zur Hölle, geht mich das an? Oder: Warum haltet ihr mich nicht einfach aus der ganzen Scheiße raus? Oder: Was glaubt ihr überhaupt, wer ihr seid? Stattdessen: Was soll ich machen? Immer wieder derselbe Fehler. Immer und immer wieder. War ja klar.

3

AUCH MAL SCHREIEN.

Beim Mittagessen.

Beim Mittagessen schimpft Ahmids Mama Maryam, die auch Pirlos Mama ist. »Auch wenn du das nicht hören willst!«

»Ja, Mama«, sagt Pirlo und fragt sich, ob er das jetzt bestätigt hat oder verneint. Eigentlich ist es aber auch egal. Seine Mutter hört sowieso nicht zu. Dafür nehmen sie die Albaner zu sehr in Anspruch.

»*Akhuan el Scharmuta*! Diese Brüder einer Hure! Die Drecksalbaner!«, raunzt Ahmid.

»Die Drecksalbaner!«, grummelt seine Maryam.

»Bekomme ich noch was vom *Baba Ghanoush*?«, fragt Pirlo. Ahmid reicht ihm die Tonschüssel. Pirlo schöpft direkt mit dem Fladenbrot. Dann essen sie. Kauen. Verhalten sich friedlich. Fast ist es das sogar. Friedlich. Und still. Gespenstisch still. Aber was soll man machen? Riyad Khatib ist vor vier Monaten bei einer Operation gestorben. Pirlo ist sich sicher, dass seine Mutter die Albaner auch für die Nierenkolik verantwortlich macht, die ihr den Mann genommen hat, mit dem sie einundfünfzig Jahre verheiratet gewesen war. Mahmed Khatib, der Älteste, liegt mit einer Schusswunde im Bauch im Krankenhaus. Übrig bleiben da erst mal nur Ahmid Khatib, der zweitälteste, der auf eine wütende siebzigjährige Witwe aufzupassen hat. Und Pirlo. Augenscheinlich spielt er hier eine gewisse Rolle. Obwohl ihm unklar ist, welche. Was ihn zu der Frage bringt: »Wie genau kann ich euch jetzt eigentlich helfen?«

»Rache nehmen halt«, grunzt Ahmid, der Pirlo einen Blick zuwirft, als verursachte es physischen Schmerz, mit so viel Begriffsstutzigkeit in einem Raum sein zu müssen. Und verwandt noch dazu. »Unser *Haq* bekommen. Unser Recht!«

»So, wie ich es sehe, sind wir zu dritt, Ahmid«, entgegnet Pirlo. »Und ich glaube nicht, dass unsere Mutter gegen die Albaner eine besondere Verstärkung ist.«

»Sie ist mehr wert als du«, presst Ahmid heraus. Wobei das ganz reflexhaft kommt. Ahmid ist der ältere Bruder. Er muss das sagen.

Pirlo seufzt. »Ich weiß nicht mal, wer diese Albaner überhaupt sind. Trotzdem glaube ich nicht, dass wir zu zweit gegen die besonders viel ausrichten können.«

»Vergiss nicht die Ben Hamids«, sagt Ahmid und zieht bedeutungsschwanger die Augenbrauen in die Höhe.

»Die habe ich nicht vergessen«, antwortet Pirlo. »Anders als die immer wieder uns.«

»Ach, halt den Mund«, schimpft Ahmid. Dann versinkt er über dem *Baba Ghanoush*, einem Auberginenpüree, in Grübeleien. Wirklich gut scheint das für ihn nicht zu laufen. Nach ein paar Sekunden donnert er das Fladenbrot in die Keramik und schreit Pirlo an. »Was willst du eigentlich, *Akhi*? Was willst du, Bruder? *Yalla!* Komm, sag's mir! *Yalla! Yalla!* Was willst du?« Er boxt Pirlo gegen die Schulter. Aber nicht auf die freundliche Art. Von wegen Bruder und so.

»Ahmid!«, mahnt Maryam Wie früher. Das eine Wort genügt. Sie muss es noch nicht einmal besonders laut aussprechen. Ahmid hebt entschuldigend die Hände. Pirlo rührt weiter mit dem Brot im Essen. Alles hier ist wie früher. Nur die Besetzung ist kleiner. Und da sich im Vergleich zu früher wirklich rein gar nichts geändert hat, gibt Ahmid natürlich trotzdem keine Ruhe. »*Wollak shoo*? Was willst du? Willst du, dass Mahmed ungerächt bleibt? Willst du das? Unser Bruder, der im Krankenhaus liegt? Dein Bruder, Bruder! Deine Familie!« Ahmid holt aus, diesmal zum Zeigen, nicht zum Schlagen. »Dein Zuhause, Mann! *Ummak, Yakhi*! Deine Mutter!«

Pirlo antwortet nicht. Ahmid ist es sowieso egal. »Willst du damit etwa nichts mehr zu tun haben oder was? Der feine Herr Anwalt, der im Anzug über die Kö spaziert, während die Zwiebelficker seinen Bruder abknallen!«

Zwiebelficker? Pirlo kann nicht anders. Sein Gehirn hängt sich irgendwie daran auf. Ist aber auch nicht so wichtig. Ahmid hat sowieso ein anderes Publikum gefunden. Ihre Mutter ist jetzt die Jury. Er wendet sich an sie, Tränen in den Augen. »*Umma*, du weißt, dass wir immer zusammenhalten. Dass wir jedem seinen Raum lassen, sogar deinem feinen jüngsten Sohn. Wir haben ihm viel zugestanden. Alles! Dass er einen anderen Beruf anfängt. Dass er an die Uni geht. Dass er einen anderen Namen wählt. Einen anderen Namen! Dr. Pirlo. Was für eine Scheiße! Aber gut, wir haben es durchgehen lassen. Wir haben das akzeptiert. Mussten das akzeptieren. Ist eben so. Der feine Herr Dr. Pirlo. Aber wenn es wirklich wichtig ist, *wirklich wichtig*, wenn die Familie ihn braucht, kann er uns dann einfach so hängenlassen?«

Die Mutter antwortet nicht. Natürlich nicht. Das tut sie nie. Pirlo kann die Antwort trotzdem hören. Himmel, er kann sie sogar *spüren*.

»*Naam*«, murmelt er. »Ist ja gut.«

Ahmids Gesicht ist ganz nahe. Am Kinn klebt Paprika. »Ist es das?«, zischt er. »Ist es das?«

»Ja.«

Das Gesicht entfernt sich ein wenig. »Gut.« Ahmid nimmt ein neues Stück Fladenbrot.

»Trotzdem frage ich mich, warum dieser Scheiß sein musste.«

Ahmid wirft das Brot vor sich auf den Teppich. Er atmet tief durch. »Was ist denn jetzt schon wieder?«

»Ich sagte«, wiederholt Pirlo, »dass ich mich frage, ob dieser Scheiß sein musste.«

Ahmid atmet schwer. Es reicht ihm langsam. Das darf ruhig jeder merken. »Welcher Scheiß?«

»Mich zu Hause abzuholen, mir nicht zuzuhören, egal, wie sehr ich mich dagegen wehre, mich ins Auto zu verfrachten, die ganze Zeit auf mich einzuschreien und mich hierherzubringen. An einem ganz normalen Tag unter der Woche.«

»Und?«

»Man hätte, verdammt nochmal, auf die Idee kommen können, zu fragen, ob ich vielleicht einen anderen Termin habe.«

»Warum?«, fragt Ahmid. »Du hast keinen Job. Wir lesen Zeitung, Bruder.« Er sagt das gar nicht fies. Es ist einfach so.

»Ich hatte eine Verhandlung«, sagt Pirlo. Er spricht so ruhig wie möglich.

»*Mashallah*? Ach ja?«, fragt Ahmid. Er klingt – und ist auch – desinteressiert.

»Ja.«

»Wann?«

»*Halla*«, antwortet Pirlo. »Jetzt.«

»Echt?«

»Ja, verdammt!« Pirlo schreit so laut, dass die Wände wackeln. So fühlt es sich jedenfalls an. In dem Schrei steckt das ein oder andere. Von heute. Aber wahrscheinlich nicht nur. Eher auch von ein, zwei Jahren davor. Oder sogar ganzen achtunddreißig Jahren. So ist das also, auch mal zu schreien. Ahmid sieht ihn entgeistert an. Seine Mutter schüttelt traurig den Kopf. Dann fängt sie langsam an, das *Baba Ghanoush* wegzuräumen.

4

THEORIE. PRAXIS. FUCK.

1. September. Im Saal.

»Wollen Sie sich zur Sache einlassen?«, fragt Adams, der Vorsitzende Richter des Schwurgerichts, in Marlene von Späths Richtung.

»Nein«, antwortet Sophie. »Meine Mandantin verteidigt sich schweigend.«

»Ist das so?«, fragt der Vorsitzende langsam.

Sophie kann so gut aussehen, wie sie will. Alle Augen richten sich auf Marlene von Späth. Die neben ihr sitzt. Sie wirkt ängstlich. Wütend. Stumm. Auch wenn Pirlo nicht da ist, hält sie sich an das, was sie zuvor besprochen haben. Also nickt sie nur knapp. Dann ist wenigstens das vorüber.

Kurz zuvor hat die Staatsanwaltschaft die Anklage verlesen. Grobulla stand schwerfällig auf und strich die schwarze Robe glatt. Dann trug er seine Anklagepunkte mit klarer, fester Stimme vor. Souverän. Nüchtern. Entschieden.

»Frau Marlene von Späth, geboren am 29.01.1982 in Czarnochowice, Polen, wird Folgendes zur Last gelegt: Am 22.07. tötete sie ihren Ehemann, Herrn Florian von Späth, geboren am 21.03.1955 in Düsseldorf Benrath, mit mehreren Messerstichen in den Rücken. Die Tat ereignete sich zwischen 20:30 Uhr und 23:30 Uhr in der Diele des gemeinsamen Wohnsitzes des Ehepaars in der *Villa Beuys*, Cecilienallee 69, 40477 Düsseldorf zwischen Eingangstür und Absatz der Freitreppe in das Obergeschoss. Als Tatwerkzeug verwendete die Angeklagte ein dreiunddreißig Zentimeter langes, an der Schneidefläche geriffeltes Küchenmesser der Marke WMF 2000. Das Messer stammte aus einem Messerblock, der sich auf einer Arbeitsfläche in der offenen Küche rechts der Freitreppe befand. Die Angeklagte stach dem Opfer unter bewusstem Ausnutzen von dessen Arglosigkeit und einer daraus resultierenden Wehrlosigkeit von hinten in den Rücken. Die Stiche wurden mit großer Wucht geführt. Einer drang in den Bereich des Thorax ein und gelangte von dort ins Herz. Herr von Späth verstarb an Ort und Stelle. Die Angeklagte handelte wissentlich und willentlich. Es kam ihr auf das Ausnutzen der Arg- und Wehrlosigkeit des Opfers an. Damit ist das Mordmerkmal der Heimtücke gegeben. Die Angeklagte verübte die Tat zudem aus rücksichtslosem Gewinnstreben, also aus Habgier. Ihr war bekannt, dass sie im Testament ihres Mannes als Alleinerbin eingesetzt war. Sie zielte darauf ab, sich dieses Erbe zu sichern. Die Angeklagte ist des Mordes schuldig, § 211 Abs. 1, Abs. 2 StGB.«

Das war die ganze Anklage. Beziehungsweise der Anklagesatz. Was die Staatsanwaltschaft nicht verliest, ist das wesentliche Ergebnis der Ermittlungen und das, was die Strafverfolgungsbehörden alles zusammengetragen haben. Die Berichte der Spurensicherung. Die Aussagen von Zeugen und die Bewertungen dazu. Die Gutachten der Sachverständigen. Die Zusammenfassungen zu Augenscheinobjekten und Telekommunikationsdaten. Der Bundeszentralregisterauszug. Das alles befindet sich nur in der Akte und ist kompliziert genug. Sophie weiß das ziemlich genau. In den letzten Wochen hat sie die fünfzig Leitz-Ordner mit der Verfahrensakte und den Beweismittelordnern so oft durchgeblättert, dass sie alles fast auswendig kann. Im Vergleich dazu wirkt die Anklage herzlich unspektakulär.

Die Staatsanwaltschaft ist nun einmal eine Behörde. Wenn die Bürokratie zuschlägt, wird das blutigste Gemetzel zum Langweiler. Was ein Problem ist. Zumindest für manche. Sophie bemerkt es an der Reaktion der Medienvertreter, die sich fragen, was sie jetzt berichten sollen. Alles, was die Staatsanwaltschaft erklärt hat, wusste man schließlich bereits. Die POST hat darüber genüsslich und detailliert berichtet, Skizzen zur Innenausstattung der *Villa Beuys* inklusive. Zum Prozessauftakt selbst gibt es eigentlich nicht mehr viel zu sagen. Die Anklage ist verlesen. Die Angeklagte schweigt. Mehr steht für den Moment nicht auf der Agenda.

Umso überraschter ist Sophie, als sich der Vorsitzende noch einmal direkt an sie wendet: »Sind Sie sicher, dass Ihre Mandantin nichts sagen will?«

Die Frage ist unzulässig. Das Gericht hat Marlene von Späth schon nach ihrer Bereitschaft zur Einlassung gefragt, und diese hat das verneint. Fertig. Aus. Was der Richter macht, ist nicht in Ordnung. Sophie weiß das. Sie kennt auch die Grundsatzentscheidung dazu. Bundesgerichtshof vom 27.03.2008, Aktenzeichen 3 StR 6/08: Wer sich schweigend verteidigt, der muss nichts sagen. Dann muss er dazu aber auch nicht wiederholt aufgefordert werden. So weit die Theorie. Nur: Soll sie das jetzt sagen, gleich am ersten Prozesstag, bei dem der ganze Zuschauerraum mit Publikum und Presse gefüllt ist? Wirkt das tough, oder ruiniert sie von Anfang an die Atmosphäre? Weitere Fragen schießen ihr durch den Kopf. Was, zur Hölle, würde Pirlo tun? Und wo steckt er überhaupt?

Sie spürt, dass sie wütend wird. Und dass sie schon viel zu lange nicht geantwortet hat. »Nein«, sagt sie knapp.

»Also sind Sie nicht sicher?«

»Ja«, sagt sie. Ihre Gedanken rasen. War das richtig? »Ja« als Bestätigung auf eine doppelte Verneinung? Warum bringt der

Richter sie überhaupt in diese blöde Lage? Wo ist Pirlo? Fuck!, denkt sie. Fuck. Fuck! *Fuck!* Das kann sie natürlich nicht sagen und murmelt daher: »Beziehungsweise, nein.« Einfach so, der Vollständigkeit halber.

»Was denn nun?« Das kommt von der Staatsanwaltschaft. Grobullas Ton ist süffisant, der Blick amüsiert. Willkommen vor Gericht. Marlene von Späth sieht Sophie nervös von der Seite an. Der Vorsitzende hebt genervt die Augenbrauen.

»Ja, ich bin mir sicher, dass meine Mandantin nichts sagen will«, sagt Sophie schließlich mit fester Stimme. Dann ist es vorbei. Für heute. Wenn Pirlo nicht bald auftaucht, vielleicht sogar für immer.

5

ALLITERATIONSTANGO.

Zwei Stunden nach Prozessauftakt.

Als Sophie in Pempelfort aus dem Bus steigt, fühlt sie sich leer. Natürlich weiß sie, dass das alles keine Tragödie war. Wirklich viel passiert ist schließlich noch nicht. Dass ein Verfahren in der Theorie nicht so abläuft wie in der Praxis, das ist auch klar. Wirklich gut fühlt sie sich trotzdem nicht. Das ärgert sie. Zu allem Überfluss war sie ernsthaft nervös und konnte das noch nicht einmal vor ihrer Mandantin verbergen. Das wiederum reicht für eine grundsolide Wut. Gut, dass sie jemanden hat, auf den sie das alles projizieren kann. Denjenigen, der schuld daran ist, wie dieser Morgen lief. Pirlo. Ihren Chef. Das Arschloch. Derjenige, von dem sie noch nicht einmal weiß, ob sie ihn überhaupt in dieser tragikomischen, halb eingerichteten Mischung aus Wohnzimmer und Kanzlei antreffen wird. Dorthin muss sie trotzdem. Das ist ihr klar. In Pirlos Wohnung liegt das kleine schwarte Moleskine-Notizbuch, in das sie die Fragen der Verteidigung an Heurelho Gomes geschrieben haben, den Gärtner der von Späths. Den ersten Zeugen der Anklage.

Die Sache mit dem Buch ging Sophie schon am Vortag auf die Nerven. Pirlo schrieb wichtige Vermerke tatsächlich noch per Hand. Dann ließ er es einfach irgendwo liegen. In den vergangenen Wochen hatte Sophie unendlichen Respekt für die Mitarbeiter von Ohmsen empfunden, die zuvor mit Pirlo zusammengearbeitet hatten. Dann hatte sich das gewandelt in unendliches Mitleid und schließlich in Wut.

»Ich mag das einfach«, hatte Pirlo geantwortet, als sie ihn fragte, warum er in einer digitalen Welt noch immer mit Kugelschreiber und Notizen hantierte. »Irgendwie hilft mir das beim Denken.«

Dann hatte er dieses schiefe Pirlo-Grinsen aufgesetzt und sich die Haare aus dem Gesicht gestrichen. Sophie hatte lächeln müssen. Sie hatte sich an beides gewöhnt und mochte es auch. Es war nicht so, dass er viele Eigenheiten hatte, die sie nicht leiden konnte oder die ihr auf den Geist gingen. Es war nur so, dass die nervigen Eigenschaften zeitweise allzu deutlich überwogen.

Schließlich hatten sie einen Kompromiss gefunden: Sie würden das Brainstorming fortsetzen, und Pirlo würde alle Fragen und die antizipierten Antworten in das schwarze Buch schreiben. Am nächsten Tag würden sie dann abends alles noch einmal durchdenken und in den Computer übertragen. Also heute.

Sophie bemerkt, wie ihre Wut köchelt. Das klappte ja wirklich alles ganz wundervoll! Als sie an der Schwerinstraße 5 ankommt, ist die Wut in Hochform, allein schon deshalb, weil ein neuer Katalysator dazugekommen ist: Sorge. Auch wenn Sophie sich das nicht eingestehen mag. Sie braucht Pirlo. Nicht nur im Gericht, wenn der Richter sich danebenbenimmt. Sondern auch jetzt, wenn es um die Fragen an Gomes geht. Sie hatten es beide schon am Vortag festgestellt. Sophie dachte klar, schnell und analytisch. Sie kannte die gesamte Akte und hatte sich alles angelesen, was es zu Gomes zu wissen gab. *Was* zu fragen war, stand für sie fest. Aber nicht *wie*. Die Trockenübung mit Pirlo war eindeutig ausgefallen: Wenn sie diejenige war, die die Fragen stellte, waren sie zwar richtig und genau. Pirlo fand – in der Rolle von Gomes – aber trotzdem einen Weg, keine unangenehmen Antworten zu geben. Umgekehrt hatte Pirlo sie immer wieder in die Mangel genommen. Gestern war sie davon beeindruckt. Was ihr jetzt aber nichts hilft. Woher soll sie Fragen nehmen, von denen ihr nicht mal klar ist, wie er darauf gekommen ist und warum er sie wie aufgebaut hat?

Dann steht sie vor der Tür und klingelt. Was soll sie auch sonst tun? Sie lehnt sich gegen die Wand, genießt die Nachmittagssonne und versucht vergeblich, sich zu entspannen. Dann erlöst das Summen des Türöffners sie.

Pirlo steht oben im Türrahmen. Sophie hatte genug Zeit, für diese Gelegenheit die eine oder andere Beleidigung zu proben. Für ihr Wiedersehen. Das er nicht vergessen sollte. Dann sagt sie aber: »Du siehst scheiße aus.« Und klingt dabei zu allem Überfluss auch noch besorgt.

Pirlo geht nicht darauf ein. Er lächelt dünn und ohne verbergen zu können, dass es ihn Mühe kostet. »Wie lief es im Gericht?«

»Nicht gut.«

Sie spürt, wie die Wut zurückkommt. Dann platzt es aus ihr heraus: »Wie konntest du mich im Stich lassen, verdammt?« Sie nutzt den Schwung. Noch ehe er antworten kann, fügt sie hinzu: »Manchmal bist du wirklich ein Arsch, Pirlo!« Möglicherweise ist das nicht gerade das, was man dem eigenen Chef unter die Nase reibt. Besonders fürsorglich hat sich Pirlo aber auch nicht unbedingt verhalten.

Ehe Sophie überlegen kann, ob die Beleidigung vielleicht doch nicht hätte sein müssen oder Pirlo noch viel mehr davon verdient hat, tritt er aus dem Türrahmen und hebt beschwichtigend die Hand. »Komm rein, ich zeig dir was.«

Pirlo lässt sich auf das Sofa fallen und reicht Sophie den Laptop. Auf den ersten Blick sieht sie zahlreiche parallel geöffnete Fenster. Alle zeigen sie.

»Was ist das?«, murmelt sie.

»Die Berichterstattung zum Prozessauftakt«, antwortet Pirlo. Es klingt etwas gepresst. Sie dreht den Kopf und sieht ihn an, aber Pirlo starrt konzentriert auf den Rechner. Ein bisschen zu konzentriert vielleicht. Sophie weiß nicht, was sie sagen soll. Dann wendet sie sich den Fotos zu. Sie sieht sich, wie sie ihre Robe anzieht, ehe die Verhandlung aufgerufen wird. Wie sie über den kargen Vorplatz des Landgerichts läuft, hinter sich ihren Rollkoffer. Wie sie auf dem Gerichtsflur auf und ab geht und telefoniert. Beziehungsweise: zu telefonieren versucht. Sie hatte Pirlo ja auch beim gefühlt hundertsten Anruf nicht erreicht. Auf allen Bildern leuchten ihre blonden Haare. Sie sieht entschlossen aus. Resolut. Attraktiv. Wie eine richtige Anwältin. Was man nicht sieht, ist, dass die Hände zittern, als sie sich in die Robe wühlt. Dass sie nicht genau weiß, wo der Schwurgerichtssaal ist. Dass sie flucht, weil keiner der Anrufe Pirlo erreicht. Kein Zweifel, die Fotos sind gnädig zu Sophie Mahler, der »angriffslustigen Anwältin mit starkem Standpunkt und kurvigem Körper«. Das schreibt die POST tatsächlich. Alliterationstango vom Feinsten. Es fehlt nur das »blonde Babe«. Vielleicht haben sie sich das aber auch einfach für eine andere Ausgabe aufgehoben. Kein Wort davon, dass der Vorsitzende sie kalt erwischt hat. Und auch kein Wort über Pirlo. Das fällt ihr erst jetzt auf.

»Von dir steht gar nichts da«, murmelt sie.

»Ach, wirklich? Ist mir nicht aufgefallen.«

Sophie verkneift sich einen Kommentar. Besser, sie sagt dazu jetzt nichts. Zumal da ja noch die andere Sache zu klären ist: »Wo warst du denn überhaupt?«

»Nicht im Gericht«, knurrt Pirlo. »Offensichtlich nicht zu deinem Schaden. Morgen komme ich.«

»Sicher?«

»Ja.«

Womit das Gespräch beendet ist. Jedenfalls das zu diesem Thema.

Im Anschluss sprechen sie die Vorbereitung für die Befragung des Gärtners durch, was schneller geht als gedacht. Wirklich ins Detail kommen sie nicht mehr. Irgendwie ist die Luft raus. Sophie merkt das deutlich.

Als Pirlo sie schon an der Tür verabschiedet hat, ruft er ihr noch hinterher. »Sophie?«

Sie bleibt auf der Treppe stehen. »Ja?«

»Tut mir leid, dass ich heute nicht da war.«

Sie nickt. Mittlerweile ist ihr das auch klar. »Magst du darüber reden?«

»Nein. Wir sehen uns am Montag.«

Sie versucht ein Lächeln. »Bis Montag.« Als sie sich umdreht, hört sie hinter sich die Tür ins Schloss fallen. Am Büdchen an der Haltestelle Dreieck kauft sie sich von jeder Tageszeitung ein Exemplar.

Als sie in ihrer Wohnung in Oberkassel ankommt, ist sie immer noch aufgewühlt. Mit den WhatsApp-Nachrichten von Manu befasst sie sich nur kurz. Er ist wieder aus Abidjan zurück und jetzt in Bamako. Die Konferenz war erfolgreich, die Kollegen waren nett. Dazu ein paar der immer gleichen Bilder: Gut gelaunte Menschen, die den Daumen recken und in die Kamera strahlen. Sophie weiß nicht, ob es auch Ärzte gibt, die nicht so aussehen, als hätten sie gerade zehn Stunden geschlafen und das letzte Mal vor zwanzig Jahren etwas anderes gegessen außer Rohkost. Falls ja, arbeiteten sie jedenfalls nicht bei *Ärzte ohne Grenzen.* Kurz zoomt sie die Fotoausschnitte groß, auf denen Manu zu sehen ist. Weil er immer zu den Größten gehört, steht er meistens in der zweiten Reihe. Kurze, braune Haare, hohe Wangenknochen, kein Gramm Fett, dazu dieses selbstbewusstbescheidene Lachen, das sie so sehr mag. Sie lächelt und schickt ihm ein großes rotes Herz-Emoji. Dann schnappt sie ihre Schwimmsachen, um im Fitnessstudio an der Kö ihre üblichen fünfzig Bahnen zu schwimmen. Sie weiß, dass ihr das guttun wird. Sie ist schon immer gern geschwommen. Auch Patricks Tod hatte daran nichts geändert. Eher im Gegenteil.

6

FAMILIENMITTAGESSEN.

5. September. Sonntag.

Sonntag ist bei Mahlers Familienmittagessen angesagt. Immer schon. Als Sophie vor einem Jahr im Rahmen ihrer Verwaltungsstation im Referendariat drei Monate beim Deutschen Konsulat in Sevilla war, flogen ihre Eltern gleich achtmal zum Wochenende dorthin. Giralda, Triana, Torre de Oro, Mittagessen am Sonntag. Zweimal ließ Ernst Mahler seine Tochter einfliegen, und sie stellte es nicht mal in Frage. Beim dritten Versuch zeigte sie ihm den Vogel. Zwar nur über das Telefon. Aber immerhin. Für ihre Verhältnisse war das eine offene Rebellion.

»Wir haben schließlich nur eine Tochter«, pflegt Ernst Mahler zu sagen. Sophie kennt den Satz in- und auswendig, obwohl sie auch vier Jahre nach Patricks Tod noch nicht weiß, wie er genau zu verstehen ist. Inhaltlich richtig ist er jedenfalls. Die Mahlers haben nur eine Tochter. Ihr Sohn, Patrick, starb vor vier Jahren bei einem Unfall. Seitdem war Sophie das einzige Kind. Und alles anders.

Eine Konstante ist dagegen die Meinung ihres Vaters zu ihrem Interesse für Strafrecht. Er hält nichts davon. Wobei Sophie es ihm noch nie so einfach gemacht hat wie dieses Mal. Es ist ein Elfmeter ohne Torwart.

»Meine Tochter ist jetzt also die landesweit bekannte Verteidigerin einer Mörderin«, eröffnet Ernst Mahler die Abrechnung, sobald die Haushälterin die Suppe aufgetragen hat.

»Einer mutmaßlichen Mörderin«, korrigiert Sophie.

»Unterbrich deinen Vater nicht«, murmelt Helena Mahler. Sophie blickt nach links. Die Augenlider ihrer Mutter hängen auf Halbmast. Sophie zieht die Brauen hoch. Es ist halb zwei. Sie sieht ihre Mutter mittlerweile nicht mehr regelmäßig genug, um präzise in der Einschätzung sein zu können, aber drei Vodka hat sie auf jeden Fall schon intus.

Ihr Vater holt das Gespräch zu sich zurück. »Die ganze Stadt hat das jetzt übrigens auch erfahren«, erklärt er, »dass du diese Mörderin verteidigst.« Sophie weiß, was er sagt, auch wenn sie ihn kaum versteht. Ernst Mahler spricht mit vollem Mund. Das ist nahe an der Totaleskalation. Allerdings ist er wirklich wütend. Sein Weltgebilde wackelt. Die Zeitungen haben seine Tochter gezeigt, wie sie als Verteidigerin einer Mörderin im Gerichtssaal steht. Das ist schlimm. In Düsseldorf weiß man darüber jetzt Bescheid. Das ist eine Katastrophe.

»Ist dir eigentlich klar, wer das Opfer dieser abscheulichen Tat war?«, fragt Ernst Mahler. Er verliert ein Salatblatt und tupft sich indigniert den Mund. »Also?«

Sophie starrt ihn schweigend an. Sie ist keine fünfzehn mehr. Nicht auf jede bescheuerte Frage bekommt der alte Herr noch eine Antwort. Erst recht nicht, wenn seine Fragerei ohnehin nur darauf hinausläuft, sie runterzumachen.

»Florian von Späth war ein Mitglied der Düsseldorfer Jonges«, doziert Ernst Mahler. So, wie er das ausspricht, geht es um etwas, das knapp unter einem Rang als Ritter der Tafelrunde steht. Oder knapp drüber. Sophie verbeißt sich einen Kommentar. Sie weiß, dass das klüger ist. Wenn sie den Monolog stört, findet stattdessen eine Diskussion statt, und das kann sie jetzt wirklich nicht gebrauchen. Morgen geht es mit der Verhandlung weiter. Das wird anstrengend genug. Sie konzentriert sich daher auf das von Elena, der russischen Haushälterin, hervorragend zubereitete Mittagessen. Ihr Vater schweift sowieso in die ewig gleiche Dauerschleife ab: »Ich weiß ohnehin nicht, was du mit diesem Kram willst. Strafrecht! Ein Rechtsgebiet voller Verbrecher und Halunken, bestenfalls. Was soll denn daran interessant und spannend sein, wie irgendwelche Subjekte vom Rand der Gesellschaft durch das Leben marodieren, anderen schaden und dann auch noch eine milde Strafe haben wollen, von wegen schwere Kindheit und so? Wir hatten doch alle eine schwere Kindheit!«

Da sprichst du ein großes Wort gelassen aus, denkt Sophie. Das denkt sie an dieser Stelle immer. Sie widmet sich dem Hasenbraten mit Kartoffelpüree. Starke Nahrung für starke Nerven. Die sie jetzt braucht, weil gleich der Du-verschwendest-da-doch-dein-Leben-Teil kommt.

Ernst Mahler sieht sie nachdenklich an. Er legt ihr eine Hand auf den Unterarm. Ihr Vater will fürsorglich sein, im Rahmen seiner Möglichkeiten. Sie weiß das. »Du verschwendest da doch dein Leben, Kind! Das ist alles nutzlos und brotlos noch dazu. Was verdient denn so ein Strafverteidiger schon? Von den paar Gebühren kann doch kein Mensch vernünftig über die Runden kommen. Überleg es dir gut, Sophie, lass dir nicht von deinem Doktorvater den Kopf verdrehen, sondern sei einfach mal vernünftig. Du kannst jederzeit zu mir in die Kanzlei kommen. Immer! Gute Leute können wir immer gebrauchen, und bei den anderen Partnern findet sich schon die Bereitschaft.«

Sophie muss grinsen. Wenn bei Mahler & Müller, der zweitgrößten Sozietät in Europa mit hundertfünfundsechzig Partnern, achtundachtzig Counsels, einhundertzweiundachtzig Senior Associates und fünfhundertsechsundneunzig Junior Associates, Sitz in Düsseldorf, Dependancen in Brüssel, London, Madrid,

Mailand, Paris, Athen, Wien, Zürich, Warschau und Bukarest, einer der beiden Gründungspartner einen Familienangehörigen unterbringen will, dürfte nicht der totale Aufstand ausbrechen. Selbst wenn es sich nur um die Tochter handelt. Aber: Sie will das nicht. Wollte es auch noch nie. Jura: Ja. Mahler & Müller: Nein. Jahrelang war das auch völlig in Ordnung. Mahler & Müller war Patricks Schicksal. *Ein* Thronfolger genügte. Was Sophie machte, war vergleichsweise egal. Immerhin studierte sie Recht. Das genügte, um keine Schande über die Familie zu bringen.

Als sie Manu kennenlernte, hatte es etwas gedauert, bis sie ihm klarmachen konnte, dass sie ihre familiäre Randrolle gut fand. Ganz ernsthaft und ohne jede Enttäuschung. Manu mit seinem ausgeprägten Gerechtigkeitssinn hatte eine Weile gebraucht, bis er das schlucken konnte. Sophie war in ihrer Haltung allerdings unerschütterlich. Sie wollte wirklich nicht das Erbe bei Mahler & Müller antreten. Zum einen war sie dafür nicht der richtige Typ. Zum anderen stand ihr viel zu klar vor Augen, was die damit einhergehenden Erwartungen bei Patrick angerichtet hatten.

Sophie hatte immer zu ihrem Bruder aufgeschaut. Obwohl sie schnell bemerkt hatte, dass sie sich sowohl in der Schule als auch beim Sport oder mit Freunden wesentlich leichter tat als er. Obwohl er vier Jahre älter war, hatte sie ihn in einigen Bereichen rasch überflügelt. Allerdings hatte sie das meiste mit Spaß angehen können, während er immer unter Beobachtung stand. Der Mann mit der goldenen Zukunft. Der Thronfolger. Der nächste große Mahler. Solange Patrick noch zu Hause wohnte, hatte Sophie hautnah mitbekommen, wie er sich quälte. Wie sie zum Ballett ging und zum Reiten und er zum Golf geschleppt wurde, das er wegen seiner Gräserallergie nicht mochte, und für Regatten in den Yachtclub, was er sogar noch weniger leiden konnte.

Wasser war nicht Patricks Element. Überhaupt war er sportlichen Betätigungen eher abgeneigt. Am glücklichsten hatte Sophie ihn in Erinnerung, wenn er in einer ruhigen Ecke lesen und vor sich hinträumen konnte. Ob ihre Eltern dazu eine Haltung hatten, hatte sie nie erfahren. Dazu hatten Ernst und Helena Mahler Unnützes viel zu konsequent ignoriert. Dasselbe galt hinsichtlich Patricks schwacher Studienleistungen. Als Schüler war er nicht besonders gut gewesen. Als Jurist war er ein Desaster. Im Jahr vor seinem Tod hatte sich auch Sophie an der Heinrich-Heine eingeschrieben. Schon nach ein paar Monaten war ihr klar, dass ihr Bruder das anstehende Examen kaum schaffen würde, Privatrepetitorien hin oder her. In den Wochen, bevor er starb, hatte Patrick Tag und Nacht über dicken Büchern gesessen, um sich Fakten anzueignen, die Sophie völlig logisch erschienen. Da sie sich gut verstanden hatten, hatte sie versucht, ihm zu helfen, wo es ging. Immer mehr wurde sie, die Erstsemesterstudentin für ihn, den Examenskandidaten, zur Lernstütze. Am Ende gab es sogar gewisse Hoffnung, dass er die Prüfung doch noch hinbekommen würde. Dann kam der Unfall und brachte den großen Bruch. Für Familie Mahler. Für Sophie. Davor war Sophie sich noch nicht sicher gewesen, was sie nach der juristischen Ausbildung machen wollte. Danach stand für sie fest, dass es nur Strafrecht sein konnte. Ernst Mahler hatte geschäumt. Es war ihr egal gewesen. So war es bis heute. Für ihren Vater bedeutete das allerdings längst nicht, dass er ihre Entscheidung doch noch akzeptierte und sich damit abfand. Im Gegenteil: Er war Ernst Mahler. Wann und wie er sticheln wollte, entschied niemand anderes außer er selbst. Und jetzt war es eben mal wieder an der Zeit.

»Du weißt, dass Mahler und Müller einfach nicht meins ist«, entgegnet Sophie mit gezwungener Ruhe auf seinen erneuten

Vorstoß. »Dieses Zahlengeschiebe, das M&A-Geschäft, Firmenkäufe, Steuermodelle, Fusionen, Transaktionen. Mir sagt all das einfach nichts.«

Mahlers Augen weiten sich. »Aber damit wird doch das Geld gemacht! Genau da! *Nur* da! Was glaubst du denn, wo das alles herkommt?« Seine Hand beschreibt abrupt einen Halbkreis, der das geräumige Speisezimmer mit Jugendstilmotiven umfasst, wahrscheinlich aber auch die Eingangshalle und den Cocktailraum, die Ankleide und die hotelartige Küche, die Schlafzimmer und die Bäder, das Billardzimmer und das Heimkino auf den anderen Etagen, möglicherweise aber noch nicht einmal da haltmacht, sondern weiterreicht bis zu dem Pool, dem Garten, der Garage mit den beiden McLarens. »Das kommt doch nicht von einfachen Pflichtverteidigungen, sondern von harter Arbeit, langen Stunden, *billables*, bezahlt mit dreihundertfünfzig Euro pro Associate, fünfhundertfünfzig pro Counsel, tausend pro Partner. Da kommt das her, verdammt nochmal!«

»Ernst«, sagt Helena Mahler spitz. »Bitte.« Dann nippt sie zögerlich am Prosecco, ganz so, als sei Alkohol wirklich das Letzte, woran die Dame des Hauses um diese Uhrzeit denken würde.

Sophies Vater hält tatsächlich kurz inne. Seine Gesichtszüge entkrampfen sich und werden weicher. Wieder ist da die Hand. »Ich meine es doch nur gut, Sophie. Einfach nur gut.« Seine Augen werden ein bisschen wässrig, aber Sophie ist auf der Hut. Da kommt noch was. Ganz sicher sogar. Es nähert sich nur aus einer anderen Richtung. Ihr Vater versucht es mit der Reibeisenstimme: »Natürlich ist es schön, wenn du in der Zeitung stehst. Natürlich bin ich darauf auch stolz. Aber frag dich doch bitte selbst, was daraus werden soll. Willst du denn tatsächlich mit solchen Strafmandaten zu tun haben, Kind, nicht nur jetzt, sondern auch später, wenn du so alt bist wie ich, im Zweifel dein Leben lang? Willst du das? Ich meine, willst du das wirklich?«

Sophie starrt auf ihren fast leeren Teller. Es gibt darauf nur eine richtige Antwort. »Ja.«

Er sieht sie lange an. Der Blick wird weich. Kein Zweifel, Ernst Mahler weiß, wie man verhandelt. Die Reibeisenstimme macht einem sanften Brummton Platz: »Aber, Krümel, es liegt dir doch gar nicht, wenn es um mehr als nur die harten Fakten geht. Vor vielen Leuten sprechen. Zeugen befragen. Das ist einfach gar nicht deins. Hast du denn überhaupt eine Vorstellung davon, wie hart es zugehen kann in einem richtig großen Verfahren?«

Sophie schluckt. Sicher, es sind nur ein paar Worte. Trotzdem trifft sie jedes Einzelne. Sie räuspert sich. »Ich weiß genau, worauf ich mich einlasse, Papa, und ich will es auch genau so. Ich will die Konflikte.« Es klingt gut, was sie sagt, so dass sie fast selbst davon überzeugt ist. Zumindest reicht es, um ihren Vater zu irritieren. Ernst Mahler seufzt genervt. Dann atmet er einmal kräftig durch und findet eine neue Angriffsfläche. »Und dann auch noch mit diesem Typen!«

»Welchem Typen?«, fragen Sophie und Helena Mahler.

»Diesem Kerl aus der Zeitung. Dem, der den Fußballer verteidigt hat.«

»Der mit den langen Haaren?«, fragt Helena Mahler. Sie klingt einigermaßen interessiert. Umso entschlossener ignoriert Sophie den Einwurf. Sie schenkt ihrer Mutter noch Prosecco nach. Das hält sie beschäftigt. Beide. Worauf Sophie ebenfalls nicht eingeht: Dass sie den ersten Verhandlungstag ganz allein hinbekommen hat, obwohl sie extrem nervös war. Dass sie in allen Zeitungen, die sie finden konnte, abgebildet ist und auf keinem der Fotos wirklich schlecht aussieht. Dass sie darauf auch irgendwie, verdammt nochmal, stolz ist. Aber darum geht es hier schließlich nicht. Jetzt ist erst einmal Pirlo dran. Doch ihr Vater ist mit dem Thema noch lange nicht durch.

»Ich weiß gar nicht, was schlimmer ist«, brummt Ernst Mahler, »das Auftreten oder die *Frisur*.« Wobei er es so ausspricht, als wäre eine Frisur wirklich das Allerletzte, was ein Mensch haben wollte. Zumindest so eine. »Du arbeitest für den, ja?«, fragt Ernst Mahler.

»Ja«, antwortet Sophie.

»Als sein Associate? Seine angestellte Anwältin?«

»Ich denke, ja.«

»Du denkst?«

»Er hat nur diesen einen Fall bisher. Wenn noch weitere kommen, bin ich wahrscheinlich am Ende so eine Art Associate.«

»Wenn noch weitere kommen.« Ernst Mahler schnappt nach Luft. Sophie weiß, dass er eigentlich schimpfen will, ihm aber die Kraft dazu fehlt. Vermutlich ist er zu geschockt. »Und wo ist diese Kanzlei?«

Sie will erst nicht antworten. Dann gibt sie einfach nach. Es ist ja ohnehin egal. Alles hier. Und zwar so richtig. »Es gibt keine. Die Kanzlei ist sein Wohnzimmer.«

»Sein Wohnzimmer? War der Typ nicht mal bei Ohmsen?«

»Und?«

»Dass einer so runterkommen kann. Weißt du eigentlich, warum er da rausgeflogen ist?«

Sophie antwortet nicht. Das war ihr bisher herzlich egal. Und in den letzten Wochen war auch viel zu viel los gewesen, um sich darüber Gedanken zu machen.

»Dachte ich mir«, motzt Ernst Mahler. Dann fasst er sich wieder ins nicht mehr ganz so sorgfältig frisierte Haar. »Himmel, du bist so naiv, dass man es kaum ertragen kann! Bezahlt er dich wenigstens gut?«

»Ich denke.«

»Sie denkt!« Seine Arme rudern. Sein imaginäres Publikum ist so entsetzt wie er. »Sie denkt! Und wie heißt sie denn, diese großartige *Kanzlei*?«

Sophie zuckt mit den Schultern. »Einen richtigen Namen gibt es noch nicht.«

Ihr Vater wirft die Hände in die Luft und kämpft mit der Sprachlosigkeit, wenn nicht sogar einem möglichen Infarkt.

»Also, ich finde das alles ganz witzig«, bemerkt Helena Mahler. Dann schenkt sie sich Prosecco nach.

»Ich werde hier noch verrückt«, murmelt Ernst Mahler, an dessen leerem Blick Sophie erkennt, dass es langsam Zeit wird für den Golfplatz. »Hoffentlich warst du wenigstens nicht so dumm, auch noch mit diesem Penner ins Bett zu gehen.«

»Unsinn!«, empört sich Sophie. Dann bemerkt sie den Blick ihrer Mutter. Manu ist weit weg. Und dafür selbst verantwortlich. Sophie schüttelt den Kopf. Es ist wirklich Unsinn. Stand jetzt.

DRITTER TEIL

JULI

1

PAPIER. AMEISEN. ARBEIT.

28. Juli.

Als Sophie um neun Uhr an Pirlos Wohnung klingelt, fühlt sie sich seltsam. Es ist ihr erster richtiger Tag im ersten richtigen Job, und sie hat keine Ahnung, wann sie wo sein soll. Auch wenn sie es nicht wirklich weiß, beschleicht sie das Gefühl, dass das bei den Leuten, die bei ihrem Vater zu arbeiten anfangen, doch irgendwie anders aussieht. Andererseits pendelt sich das alles möglicherweise ja auch noch ein. Was soll sie sonst auch sagen oder denken? Was den Job anbelangt, hat sie am Abend vorher ihren Frieden gemacht. Dasselbe gilt für den Arbeitgeber. Kann ja sein, dass Pirlo sich arschig verhalten hat, als er einfach rausgegangen ist. Und nicht wiederkam. Andererseits hat er sie am allerersten Tag gleich nach ein paar Minuten mit in den Knast genommen und war dort nicht dazwischengegangen, als sie sich selbst an Marlene von Späth gewendet hatte. Welcher Anwalt ließ das schon einfach so zu? Außerdem hat sich Arland für Pirlo stark gemacht. Eine bessere Empfehlung kann es kaum geben. Wenn es trotzdem nicht klappen sollte, kann sie immer noch kündigen. Nach dem ersten Tag ist das aber auf keinen Fall drin. Von solchen Feinheiten wie einem sich seltsam verhaltenden Chef oder fehlenden Ansagen zur Arbeitszeit wird sie sich ganz bestimmt nicht abhalten lassen. Dazu ist auch die Aussicht viel zu verlockend, eines Tages ihrem Vater erzählen zu können, dass sie jetzt auch als Anwältin arbeitet. Und vor allem, wo. Und mit wem.

An der Tür erwarten sie Pirlo und ein Geruch. Kein guter. Gestern, als sie neben ihm im Knast saß, hatte sie ein angenehmes Männerparfum wahrgenommen, eine Mischung aus frisch und herb. Der Geruch jetzt erinnert eher an eine Muschel, die man in der Hosentasche vergessen hat. Vor zwei Wochen. Pirlo bemerkt ihren Gesichtsausdruck. »Sollen wir ein Fenster öffnen?«

»Könnte eine gute Idee sein.«

Die frische Luft hilft tatsächlich, auch wenn damit die Hitze des in Fahrt kommenden Sommertages mit ins Zimmer schleicht. Pirlo scheint die olfaktorische Gesamtgemengelage selbst aufzufallen. »Vielleicht gehe ich einfach mal duschen.«

Er schiebt sich an ihr vorbei und verschwindet im Bad. Man kann sagen, was man will, denkt Sophie, aber so eine Kanzlei in der eigenen Wohnung hat auch gewisse Vorteile. Dann fällt ihr Blick allerdings auf den Wohnzimmerboden: Bis auf schmale Pfade ist fast alles mit Papierstapeln bedeckt. Sophie tritt näher. Der niedrigste Stapel umfasst keine zehn Seiten, der dickste sicher nicht weniger als tausend. Während sie hinter sich aus Richtung Bad die Wasserbrausen hört, zählt Sophie kurz durch: Alles in allem sind es achtzehn Papierstapel. Als sie noch näher herangeht, sieht sie, dass es sich nicht nur um Ausdrucke handelt. Fast jedes Blatt enthält außerdem Notizen. Handschriftlich, klein und schwer zu lesen. Das Schema wiederholt sich: Ein Gedankenstrich, nach dem dünne schwarze Buchstaben wie ein Ameisenschwarm über die Seiten krabbeln. Der nächste Gedankenstrich. Der nächste Schwarm.

Zehn Minuten später kommt Pirlo aus dem Bad. Da Sophie keinen Schimmer hatte, was sie zu ihrem ersten Arbeitstag in der Wohnung ihres Chefs anziehen sollte, hat sie sich für ein schlichtes schwarzes Kleid entschieden. Sie hatte es im letzten

Jahr bei einer der Ehrungen für ihren Vater angehabt und von ihm dafür ausnahmsweise keine Kritik kassiert. Eine ganze Weile hat sie überlegt, ob sie trotz der Sommerhitze eine schwarze Strumpfhose anziehen sollte. Wie sie schnell begreift, hätte sie sich das sparen können. Das Nachdenken über den Dresscode als solchen. Erst recht die Strumpfhose. Pirlo hat ein blaues T-Shirt an, dessen Aufdruck an ein Konzert der Foo Fighters in Hamburg erinnert, dazu trägt er eine weiße kurze Hose und Flip-Flops. Die schwarzen Haare baumeln nass um seinen Kopf.

»Ich kann mir nicht vorstellen, dass die Anwälte bei Ohmsen so zur Arbeit antreten«, versucht Sophie es mit einer lockeren Gesprächseröffnung.

»Ich mir auch nicht«, sagt Pirlo und grinst. »Aber ich war auch schon sehr lange nicht mehr dort. Vielleicht ist ja direkt nach meinem Abgang die große Freiheit ausgebrochen.« Sie lachen beide. Er, weil er anscheinend davon ausgeht, etwas Witziges gesagt zu haben, sie, weil er lacht und sie einen guten Eindruck machen will. Schließlich ist das ihr erster richtiger Tag in ihrem Beruf. Da darf man schon mal ein bisschen aufgeregt sein. Erst recht, wenn gestern der Chef sich zum Spazieren verabschiedet hatte, als man ging, und heute beim Zurückkommen der ganze Boden bedeckt ist mit erstaunlich akkurat abgelegten Papierstapeln.

Pirlo bemerkt ihren Blick. »Hast du schon drüberschauen können?«

Sie schüttelt den Kopf. »Nur ganz grob. Was ist das?«

Während er gähnt, beschreibt seine Hand einen weiten Bogen. »Die Akte. Oder besser: Die wichtigsten Teile davon. Das Unwesentliche habe ich schon mal aussortiert.«

»Ich habe doch gestern erst das Akteneinsichtsgesuch geschrieben.«

»Stimmt.«

»Woher hast du dann heute schon die Akte?«

Pirlo schmunzelt. »Die ermittelnde Behörde ist die Staatsanwaltschaft Düsseldorf. Wir kennen uns schon eine ganze Weile. Glaub mir, man wird uns hier nichts schenken. Du hast den Haftbefehl gesehen: Der Fall scheint einfach zu sein. Für die Staatsanwaltschaft sieht das nach einem klaren Start/Ziel-Sieg aus. Fair verhalten kann man sich trotzdem. Unsere Mandantin sitzt schließlich in Haft.«

»Warum hast du mir nicht gesagt, dass du die Akte auch ohne Antrag bekommen wirst?«

»Weil ich es nicht wusste. Außerdem mussten wir das Akteneinsichtsgesuch so oder so formulieren.«

»Wieso?«

Pirlo grinst. »Damit sie uns das alles hier noch einmal offiziell zuschicken können.«

Sophie nimmt das einfach mal so hin. Sie lässt den Blick schweifen. »Was bedeuten die einzelnen Stapel?«

Pirlo wirbelt mit einem Handtuch über die Haare. »Ich habe die Akte nach einzelnen Zeugen und sonstigen Beweiszusammenhängen sortiert. Die Stapel dort an der Wand fassen die Rechtsausführungen zusammen. Hier vorn findest du die wichtigsten Gutachten, Obduktionsbericht, Tatwaffe. Es gibt fast nichts, was es nicht gibt.« Er gähnt. »Wie gesagt: Die Staatsanwaltschaft nimmt den Fall ziemlich ernst.« Dann gähnt er noch einmal.

»Müde?«

»Bisschen.«

»Hast du überhaupt geschlafen?«

»Keine Ahnung. Als du geklingelt hast, lag ich jedenfalls hier.« Damit lässt sich Pirlo wieder auf das Sofa fallen.

Sophie setzt sich ebenfalls. Sie kann immer noch nicht glauben, dass Pirlo die Akte organisiert hat. Dann ausgedruckt. Anschließend sortiert. Und dann ausgewertet. Dass er nicht nur aus einer großen Klappe besteht, war zwar irgendwie zu erwarten. Das hier aber irgendwie nicht.

Sie zeigt in Richtung der Papierstapel. »Was ist dein bisheriger Eindruck?«

Pirlo fährt sich über das Gesicht. »Ganz ehrlich? Ich wäre hier lieber Staatsanwalt als Verteidiger. Zumindest dann, wenn wir übers Gewinnen sprechen.«

»So schlimm?«

»Schlimmer.« Pirlo beugt sich vor und zieht aus der Mitte eines der Stapel einen gehefteten Vermerk. Die Bewegung wirkt zielsicher. Sophie schüttelt innerlich den Kopf. Pirlo hat das tatsächlich alles gelesen. »Hier steht es«, murmelt er. »Auf Seite sieben des Vermerks des Landeskriminalamtes zur Motivlage: *Mit Blick auf einen alternativen Täter ist im Übrigen nicht ersichtlich, was dessen hypothetisches Motiv hätte gewesen sein sollen, das Opfer an genau dem Tag und genau dem Ort zu töten. Für jeden anderen als die Beschuldigte wäre jeder andere Ort geeigneter gewesen, als das Opfer bei geschlossener Tür im eigenen Haus anzugreifen, zumal das Opfer zeitgleich bei einer Veranstaltung in der Nähe erwartet wurde. Die Tat wirkt wenig geplant, sondern wie spontanes Handeln. Es erscheint lebensfern, dass eine andere Person als die Beschuldigte, selbst bei einem unterstellten Motiv, das Opfer auf diese Art und Weise hätte töten wollen oder müssen.*« Pirlo lässt das Blatt sinken. »Was hier in feinem Beamtendeutsch formuliert ist, kann man auch sehr einfach zusammenzufassen.«

»Wir sitzen in der Scheiße.«

»Ganz genau.«

»Und was machen wir jetzt?«

»Jetzt?« Pirlo steht auf und streckt sich. »Jetzt machen wir eine große Kanne Kaffee. Und dann lassen wir uns was einfallen.«

Zwanzig Minuten später sitzen sie auf dem winzigen Küchenbalkon, auf den die Morgensonne scheint und auf den gerade so zwei Holzstühle passen. Noch ist es nicht zu heiß.

»Lass uns realistisch sein«, sagt Pirlo. »In der Akte gibt es zwar ein, zwei Punkte, die nicht richtig zusammenpassen. Insgesamt wird das alles der Staatsanwaltschaft aber reichen, um Anklage zu erheben, was sie schon sehr bald tun werden. Zum einen ist der Fall leicht. Zum anderen sitzt unsere Mandantin in U-Haft, weswegen das Beschleunigungsgebot gilt. Vor allem hat der Staat im Sommerloch nicht gern die Presse im Nacken.«

»Klingt plausibel.« Sophie trinkt einen Schluck. »Welche Punkte passen nicht?«

Pirlo stellt seine Tasse ab und sieht sie nachdenklich an. »Die Art des Tötens spricht dagegen, dass es einen anderen Täter geben könnte, richtig?«

»Richtig.«

»Warum sollte dann Marlene ihren Mann auf diese Weise umgebracht haben? Nach dem, was im Haftbefehl steht, ist sie Alleinerbin. Wenn sie es auf das Geld abgesehen hat, kann sie doch auch einfach abwarten, bis sich eine günstigere Gelegenheit für den Mord ergibt. Die beiden *wohnten* schließlich zusammen. Außerdem hätte es andere Möglichkeiten gegeben, Florian von Späth zu töten, als diese besonders blutige Variante. Kann ja sein, dass unsere Mandantin kein beruflicher Durchstarter ist. Auf mich wirkt sie aber alles andere als dämlich. Dass der Verdacht sofort bei ihr liegen würde, wenn ihr Mann auf *diese* Art an diesem Ort ums Leben kommt, war absehbar.«

»Du meinst, *gerade* weil das alles so eindeutig auf Marlene von Späth hinweist, kann sie es eigentlich nicht gewesen sein?«

»Ganz genau. Wenn sie ihren Mann wirklich hätte töten wollen, dann anders. Mit Gift vielleicht oder durch eine Situation, die wie ein Unfall aussieht. Nicht aber mit stumpfer Gewalt. Und erst recht nicht ohne ein richtig gutes Alibi.«

Sophie trinkt den Kaffee aus. »Es sei denn, da war noch mehr. Ein Streit vielleicht. Eine Auseinandersetzung. Steht dazu was in der Akte?«

Pirlo schüttelt den Kopf. Zwischenzeitlich sind seine Haare in der Sonne getrocknet. Er schiebt die Sonnenbrille hinein. »Nein. Alles, was wir in Richtung Streit haben, ist ein Artikel der POST, wonach es zwischen Florian und Marlene von Späth vor ein paar Monaten anlässlich eines Society-Termins Streit im Yachtclub gab. *Ärger im Paradies?* war die Überschrift.«

»Vielleicht sollten wir das mal überprüfen.«

Pirlo nickt. »Klar. Sollten wir. Nur dürfen wir dabei nicht ganz aus dem Blick verlieren, dass wir keine Gründe dafür suchen, dass unsere Mandantin die Mörderin ist, sondern dass sie es *nicht* ist.« Sophie verzieht den Mund. Pirlo lacht. »Schau nicht so zerknirscht. Der Gedanke ist ja nicht falsch. Wir befragen Marlene auf jeden Fall dazu. Parallel sollten wir aber auch die Zeit nutzen, die wir noch haben, und prüfen, ob nicht doch jemand anderes als Täter in Betracht kommt.«

»Gibt es dazu denn keine Kandidaten in der Akte?«

»Nicht wirklich. Von Späth war zwar einerseits ein extrem extrovertierter Typ, Hansdampf in allen Gassen, Cowboy von Düsseldorf und sich für keinen öffentlichen Auftritt zu schade. Andererseits hat er privat sehr zurückgezogen gelebt. Sein Hauptkontakt neben seiner Frau scheint Jochen-Norbert Danzinger gewesen zu sein.«

»Der andere Geschäftsführer von WDvS.«

»Genau der.«

»Außerdem hat von Späth offenbar eine Geliebte gehabt.«

Sophie horcht auf. »Das klingt doch vielversprechend. Haben wir einen Namen?«

»Christina Soares. Der Chefsekretär von WDvS, ein Herr Schlichting, hat die Polizei bei seiner Vernehmung auf den Namen gebracht.«

»Könnte sie denn ein Motiv gehabt haben? Ich meine, immerhin war von Späth verheiratet.«

»Für den Moment sollten wir es nicht ausschließen. Nachgehen müssen wir der Sache sowieso.«

»Du klingst skeptisch.«

»Ich glaube nicht, dass in der Soares eine Mörderin steckt.«

»Kennst du sie denn?«

»Ach, was heißt schon kennen? Wenn wir Albert Camus Glauben schenken dürfen, kennen wir uns ja nicht mal selbst.«

Sophie wartet einen Augenblick. Dann bricht sie in schallendes Gelächter aus. »Du hattest eine Affäre mit von Späths Affäre?«

Pirlo kratzt sich an der Stirn. »Ich werde das weder bejahen noch verneinen, Euer Ehren. Abgesehen davon weiß ich nicht, was daran so lustig sein soll.«

»Es passt zu dem, was Arland über dich gesagt hat.«

»Du meinst, dass ich ein unheimlich guter Anwalt bin?«

Sophie lacht. »Genau. Unter anderem.«

Pirlo steht auf und holt in der Küche ein paar Erdbeeren. »Ich schlage vor, wir fangen mit diesem Markus Schütz an.«

»Den Marlene als möglichen Feind benannt hat?«

»Ja. In der Akte kommt er nicht vor. Finden wir, was es über ihn zu wissen gibt, und fühlen ihm dann auf den Zahn.«

»Gern«, sagt Sophie. »Markus Schütz, fünfundfünfzig Jahre, gelernter Einzelhandelskaufmann, zunächst ein paar Jahre im Dialogmarketing tätig, dann in diesem Unternehmen in der erweiterten Geschäftsführung zuständig für die Expansion im EMEA-Bereich, also Europa, Naher Osten und Afrika. Das hat er so gut gemacht, dass ihn WDvS schließlich abgeworben hat, wo er direkt unter von Späth arbeitete. Ein paar Jahre lief das wohl ausgesprochen gut. Vor einem halben Jahr kam dann der plötzliche Bruch. Schütz ist von einem auf den anderen Tag aus dem Unternehmen ausgeschieden, wenn du mich fragst, gegen seinen Willen. Dafür spricht jedenfalls, dass er WDvS danach vor dem Arbeitsgericht verklagt hat. Das Verfahren hätte in den kommenden Monaten stattgefunden. Ansonsten lebt er recht bieder. Verheiratet, zwei Kinder, Haus in Hilden. Keine bekannten Hobbys, außer einer Mitgliedschaft im Herrenbund Jonges.«

»Respekt«, sagt Pirlo.

»Danke«, entgegnet sie. »Offensichtlich haben wir beide unsere Hausaufgaben gemacht.«

Pirlo zwinkert und hält ihr eine Ghetto-Faust hin. Kurz überlegt Sophie, ob ihr das nicht zu platt ist. Dann stößt sie mit ihrer Faust dagegen.

»Wo ist Schütz heute?«, fragt Pirlo.

»Hier beginnt der ärgerliche Teil. Nach seinem Ausscheiden bei WDvS ist er anscheinend abgetaucht, nach dem, was man im Internet über ihn finden kann.«

»Was ja in Ordnung ist. Wenn ein arbeitsrechtlicher Streit läuft, muss er schließlich nicht den nächstbesten Job annehmen.«

»Stimmt schon. Oder er kümmert sich um seine politische Karriere.«

»Was meinst du?«

Sophie gibt Pirlo ihr Smartphone. Es zeigt einen Mann mittleren Alters. Glatze. Entschlossener Blick. Darunter zwei Worte in greller Schrift: *Brüssel abschaffen!*

»Steile These«, sagt Pirlo. »Ist das nur ein Spaß oder wirklich eine Partei?«

Sophie schüttelt den Kopf. »Das ist tatsächlich eine Partei. *Freie Patrioten gegen Europa.* Die FPGE krebst irgendwo bei 0,01 Prozent rum. Wahrscheinlich wählen die sich nicht mal selbst.«

»Gut recherchiert.«

»Danke.«

»Lass uns dem Knaben auf den Zahn fühlen.«

»Gern. Wie?«

»Vielleicht sollte einer von uns bei den Jonges vorbeischauen. Für mich wird das etwas knifflig. Ohmsen ist da fast überall präsent. Nachdem ich mich jahrelang geweigert habe, bei den Flitzpiepen mitzumischen, begegnet man mir, wenn ich plötzlich dort auftauche, wahrscheinlich nicht mit allzu viel Vertrauen. Vielleicht fällt uns aber auch noch jemand anderes ein, der das übernehmen könnte. Was wir brauchen, ist auf jeden Fall jemand, der sich in diesen Kreisen heimisch fühlt. Der weiß, wie die Düsseldorfer Schönen, Schlauen und Reichen so sind. Am besten jemand, der in diese Szene hineingeboren wurde. Ein Sprössling von einem Unternehmer wäre zum Beispiel gut. Oder von einem Anwalt. Oder von einem Anwalt, der ein erfolgreicher Unternehmer ist.« Pirlo gähnt. »Sag einfach Bescheid, wenn dir jemand einfällt.«

Sophie verdreht die Augen. »Wann ist das nächste Jonges-Treffen?«

Pirlo liest aus seinem Telefon ab. »Morgen um sechzehn Uhr im *Goldenen Einhorn* auf der Ratinger Straße. Ich habe aber keine Ahnung, ob Schütz dorthin kommt. Florian von Späth war in derselben Gruppe. Vielleicht hat er die Sorge, dass er sich verdächtig macht, wenn er jetzt, wo von Späth tot ist, dort erscheint. Oder es treibt ihn genau das Gegenteil um.«

»Ich werde jedenfalls da sein.«

»Gut. Dann haben wir bis dahin ja noch Zeit für die Akte.« Pirlo grinst und verlässt den Balkon in Richtung Wohnzimmer und Kleiderstapel. Sophie isst die letzten Erdbeeren. Dann folgt sie in das, was ein ganz normaler Bürotag wird. Zumindest hier.

2

JONGES.

Am nächsten Tag im Goldenen Einhorn.

Sophie nickt jetzt schon seit zehn Minuten. Wobei Illusionen fehl am Platz sind. Wenn sie sich nichts einfallen lässt, ist sie damit auch noch in einer halben Stunde beschäftigt. Immerhin geht es um Grundsätzliches. Zwischen zwei schnellen Kopfnickern linst sie auf die geröteten, leicht fleischigen Wangen ihres Gegenübers. Der bemerkt den Blick und grinst. Den Redefluss hemmt das natürlich nicht. Sein Thema ist wichtig: Was ist die Zukunft des Düsseldorfer Karnevals? Sophie hätte nicht die ganzen zehn Minuten gebraucht, um zu verstehen, dass es ungeheuer ernst ist. Dabei sieht auf den ersten Blick alles ganz einfach aus. Am 11.11. um 11:11 Uhr beginnt im Rheinland die fünfte Jahreszeit. In den folgenden zwölf Wochen verkleiden sich Leute, besuchen Sitzungen, hören seltsame Musik und vernichten, jedenfalls in Düsseldorf, Unmengen Altbier. Zwischen Altweiberdonnerstag und Aschermittwoch geht das Ganze dann in einen rasanten Endspurt. In der Altstadt gibt es kein Vorwärtskommen mehr, ohne sich an koordinationsschwachen Scheichs, Piraten oder Prinzessinnen vorbeidrücken zu müssen. Alles halb so kompliziert. Sollte man meinen.

»Ist aber natürlich nicht so«, sagt die Fleischwange. »Aber das ist ja sowieso klar, nicht wahr?«

Sophie nickt und fragt sich, ob das hier wirklich etwas bringt.

Schütz ist nicht da, und ob das Gespräch mit dem unförmigen Gruppenvorsitzenden der Jonges weiterhilft, ist mehr als fraglich. Eigentlich will sie nur wissen, was er zu Schütz oder von Späth sagen kann. Um nicht direkt mit der Tür ins Haus zu fallen, lässt sie ihn dozieren. So weit der Plan. Der langsam ordentlich zu nerven anfängt.

»Am Endes des Tages sind es Vereinigungen wie die Jonges, die den Karneval am Leben halten. Es stellen sich ja auch genug Herausforderungen! Wir haben immer mehr Leute in der Stadt. Dann das ganze Kulturelle. Die neuen Befindlichkeiten. Wie der Erdogan getobt hat, als ihn der Tilly auf einem Wagen als geisteskranken Erdowahn dargestellt hat! Ach, was war das herrlich!« Er lacht ergriffen und putzt an seiner Hornbrille herum.

Sophie nutzt die Unterbrechung. »Ich komme noch mal auf meine Frage zurück, Herr Janssen.«

»Karl«, unterbricht er sie. »Herr Janssen bin ich für meine Kinder und für meine Mitarbeiter. Für dich bin ich einfach der Karl.«

Womit das Du außer Frage zu stehen scheint. Sozusagen von höheren Gnaden. Sophie nutzt den Schwung. »Wir sprachen vorhin darüber, wie ihr von Unternehmen unterstützt werdet. Als Beispiel kam WDvS auf.«

»Sicher«, erwidert Janssen. »Weil du damit angefangen hast.«

Sophie nickt. Sie muss vorsichtig sein. Blöd ist Janssen nicht.

»Aber du hast natürlich recht. Das Engagement der Unternehmen ist das Salz in der Suppe.« Allein die Art zu sprechen, »sischer« und »Angaschemeng«, klingt schon kräftig nach Prunksitzung.

»Mein Vater stellt sich die Frage, ob sich ein Sponsoring auch für Mahler & Müller lohnen könnte. Da wollte ich mich einfach mal umhören und habe WDvS als Vergleichsgröße genommen. Als ich eure Mitgliederliste im Internet durchgesehen habe, sind sie mir direkt ins Auge gesprungen. Ich würde sagen, als *bench-*

mark für Mahler & Müller sind sie geeignet. Genauso international. Genauso erfolgreich. Da in der von Ihnen, Karl, geleiteten Einheit laut eurer Homepage mit Herrn Schütz und, bis vor kurzem, Herrn von Späth gleich zwei WDvS-Vertreter zu finden sind, lag es nahe, einfach mal vorbeizuschauen.«

»Warum kommt dein Vater eigentlich nicht selbst, sondern schickt seine reizende Tochter vor? Ich meine, nicht dass mich das stören würde.« Janssen grinst. Schön sieht das nicht aus.

Sophie drückt den Rücken durch. Janssen ist ihr ziemlich nahe gekommen. »Was glauben Sie denn, wer den Laden irgendwann übernimmt?«

Janssen nickt. »Ist natürlich richtig, jetzt, wo dein Bruder nicht mehr lebt, nicht wahr?«

Sophie lässt das unkommentiert. Nicht nur hier. Immer. Hier allerdings erst recht. »Wie halten es denn Firmen wie WDvS mit dem Sponsoring?«

Janssen lacht. »Du lässt nicht locker, was? Dann will ich mal nicht so sein. Man kann sicher sagen, dass die das ein oder andere haben springen lassen. Warum auch nicht? Ist ja schließlich ein enorm erfolgreiches Unternehmen. Ein Jammer, dass von Späth von seiner Alten umgebracht wurde. War aber vielleicht auch einfach eine Frage der Zeit.«

»Was meinen Sie damit?«

»Wir haben uns doch auf das Du geeinigt, Kind.«

Sophie schluckt. »Was meinst du damit, *Karl*?«

»Ich sage nur: Sie liebten und sie schlugen sich. Und das vielleicht nicht immer, aber immer öfter.« Er lacht, als habe er einen köstlichen Witz gemacht. Sophie ignoriert die Altbierfahne so gut wie möglich. Wenigstens scheint es sich zu lohnen. Janssen ist jetzt in Fahrt.

»Hatte Florian von Späth auch noch anderen Ärger?«, fragt Sophie.

Janssen mustert sie aufmerksam. Die kleinen Augen funkeln. »Selbst wenn ich es wüsste, wäre mir nicht klar, warum wir beide uns darüber unterhalten sollten. Was ich aber in jedem Fall weiß, ist, dass wir hier nicht mehr über ein Karnevalssponsoring sprechen.« Er rückt noch näher. »Ich weiß ja nicht, was das hier für ein Fragespielchen ist. Aber jetzt habe ich auch eine: Wie kann es sein, dass sich ein so dralles Ding wie du zur Jonges-Besprechung für die nächste Karnevalssession ins *Einhorn* verirrt und dann so viele seltsame Fragen stellt?«

»Ich habe mich nicht hierher verirrt«, antwortet Sophie kühl. »Das *Einhorn* ist schließlich öffentlich.« Was stimmt. In der urigen Kneipe auf der Ratinger Straße tummelt sich das übliche Publikum aus Studenten, Künstlern und Hipstern. Wenn überhaupt, dann fällt der Stammtisch der Jonges auf, denn Altersdurchschnitt und Leibesfülle weichen deutlich vom Rest des Ladens ab. »Außerdem habe ich schon erklärt, was mich herführt: Ich bringe mich für die Kanzlei meines Vaters ein. Er erwägt ein Sponsoring und hat nach einer *benchmark* gesucht. WDvS scheint geeignet. Also stelle ich dazu Fragen. Das ist schlüssig. Sie schienen an einem solchen Austausch auch durchaus Interesse zu haben, Karl.« Was deutlich untertrieben ist. Tatsächlich hatte Janssen die aus acht Köpfen bestehende Diskussionsrunde geradezu fluchtartig verlassen, als Sophie erklärt hatte, dass sie gern mit einem Jonges-Mitglied von WDvS sprechen würde und, da Schütz nicht anwesend war, das Angebot annahm, mit dem Baas zu sprechen, dem Leiter der Gruppe. Mit Janssen. Der hatte unverzüglich seinen massigen Körper in die Höhe gestemmt, sein Altbierglas geleert und war ihr an einen der Stehtische im Hinterzimmer gefolgt, nicht ohne dabei darauf hinzuweisen, dass er äußerst wichtige Themen für sie sausen ließ: Narrenkappenpflicht auf dem Wagen auch bei Regen? Umweltverträglichkeitsprüfung für die wagenziehenden Trecker? Empfehlung an die Antidiskriminierungsbeauftragte hinsichtlich der geplanten Indianerverkleidung der ARAG-Mitarbeiter? Sophie hatte hinreichend erklärt, sich geehrt zu fühlen. Janssen hatte geantwortet, dass er das doch gern mache. Für eine wie sie. Dann hatte er die Tischseite gewechselt und sich zu ihr gestellt.

Da steht er immer noch, als er fragt: »Was willst du eigentlich wirklich, Mädchen? Lässt dich dein Vater etwa nicht ans Geld? Ist es das? Brauchst du jemanden, der dir hilft? Einen *Sugar Daddy* vielleicht?«

Dann geht es ganz schnell. Die Hand auf Sophies Hintern. Sein Grinsen. Dann die Schnappatmung. Janssen keucht. Unmittelbar darauf geht er in die Knie. Als er in sich zusammensackt, tritt Sophie höflich zur Seite und ermöglicht es seinem Gesicht, an der holzgetäfelten Wand hinabzubremsen. Ehe er unten ankommt, steht Sophie schon in der Tür und winkt dem Kellner. »Der korpulente Typ da hinten hat irgendwas. Vielleicht ein Herzinfarkt oder so.«

»Würde mich bei der Statur nicht wundern«, murmelt der Kellner. Dann ruft er einen Krankenwagen.

Und Sophie ruft draußen Pirlo an. Er kommt direkt zum Punkt. »Hat es was gebracht?«

»Weiß ich noch nicht. Aber wir haben auf jeden Fall neue Fragen für unsere Mandantin.«

»Gut. Sonst alles in Ordnung?«

»Natürlich.«

»Du klingst zufrieden.«

»Ich war beim Sport.«

»Schwimmen?«

»Kickboxen.«

»In der Altstadt?«

»Wo könnte man das besser üben?«

3

VIKTIMODOGMATISCHE BEMERKUNGEN.

Einen Tag später im Knast.

Marlene von Späth sieht wieder aus wie aus dem Ei gepellt. Wie beim letzten Mal ist die Kleidung dunkel und elegant. Die deutsche Untersuchungshaft verfolgt das Leitbild, so nahe wie möglich am ganz normalen Leben dran zu sein. Es gibt daher keine einheitliche Anstaltskleidung. Jeder kann tragen, was er will und zur Verfügung hat. Pirlo geht davon aus, dass Eva Pogorzelskij Marlene mit einem soliden Vorrat an schicker und dezenter Garderobe versorgt hat. *Knast Casual.* Besonders auffällig muss sich Marlene von Späth ohnehin nicht kleiden. Dazu sieht sie zu gut aus. Typ Audrey Hepburn, nur mit stahlblauen Augen. Pirlo ertappt sich dabei, dass er sich vorstellt, wie gut seine Mandantin im Gericht aussehen würde. Die Presse würde sie lieben. Erst recht, wenn es auch Argumente gäbe, die für sie sprechen. Womit die Schwierigkeiten leider anfangen.

»Wir haben die Akte gelesen. Lassen Sie uns offen sprechen: Viel Positives steht für uns nicht drin.« Pirlo übergibt Marlene von Späth einen dicken Ordner. »Das sind die wesentlichen Ermittlungsergebnisse. Sie können diesen Ordner behalten. Wir haben Ihnen außerdem Stifte und Textmarker mitgebracht. Wenn Sie Anmerkungen haben, können Sie uns gern bei jedem Besuch die markierten Seiten mitgeben. Wir tauschen Sie dann gegen unmarkierte Seiten aus oder kopieren alles und bringen

Ihnen Ihre Seiten wieder mit. Der Ordner ist beschlagnahmegeschützt. Er gehört nur Ihnen. Nur Sie dürfen hineinschauen.«

»Danke«, sagt Marlene von Späth. Es klingt wie ein zarter Hauch. Pirlo sieht sie nachdenklich an. Wenn sie nur halb so fragil ist, wie sie scheint, hält sie die Knastatmosphäre nicht mehr lange ohne Schäden aus. Schon gar nicht lebenslänglich.

Schon um von solchen Gedanken abzulenken, bleibt Pirlo betont geschäftsmäßig. »Wir haben Ihre Anregung aufgenommen und uns über Markus Schütz schlaugemacht. Er scheint tatsächlich ziemlichen Streit mit Ihrem Mann gehabt zu haben. Wir verfolgen diese Spur weiter und berichten Ihnen natürlich darüber.«

»Danke«, antwortet Marlene von Späth auch jetzt. Diesmal klingt es sogar noch schwächer. Sie blickt wieder auf ihre Hände.

Pirlo sieht in sein Notizbuch. »Aus der Akte hat sich eine Rückfrage ergeben, die meine Kollegin gern mit Ihnen klären würde.« Er nickt Sophie zu.

Sie beugt sich nach vorn und klickt auf ihrem Laptop. »Frau von Späth, uns ist bei dem Auswertevermerk der Polizei zu den Räumlichkeiten Ihres Hauses eine Besonderheit aufgefallen. Sie finden den Vermerk in den Unterlagen, die Ihnen Herr Pirlo gerade gegeben hat. Aktenseite 1704.« Sie sieht dabei nicht mal auf den Bildschirm. Das kommt erst jetzt, als sie eine Aktenstelle vorliest. »Hier steht: Im Arbeitszimmer des Florian von Späth stand die Tür eines Wandsafes mit Breite dreißig Zentimeter und Höhe fünfzehn Zentimeter offen. Können Sie das zuordnen?«

Marlene von Späth scheint überrascht zu sein. »Nein. Das sagt mir nichts. Wo soll der Safe gewesen sein?«

»Hier steht: Im Arbeitszimmer Ihres Mannes. Auf dem Boden davor stand wohl eine gerahmte Fotografie der Gehry-Bauten im Medienhafen. Der Schrank muss dahinter verborgen gewesen sein.«

»Ich kenne das Bild. Florian war immer stolz darauf, dass WDvS die Materialien für diese bekannten Sehenswürdigkeiten geliefert hatte. Aber ich wusste nicht, dass sich dahinter ein Safe befand. Was war denn darin?«

Sophie kräuselt die Stirn. »Der Safe war leer.«

Marlene von Späths Augen verengen sich. »Leer?«

Sophie seufzt. »Wir hatten gehofft, dass Sie uns dazu etwas sagen können.«

Marlene von Späth schüttelt den Kopf. »Tut mir leid. Von einem Safe weiß ich nichts.«

Pirlo schaltet sich ein. »Diese Sache kommt in der Akte nur ein Mal kurz vor. Sie verstehen aber, dass uns diese Sache extrem neugierig macht. Das Ganze wirkt so, als habe jemand, vielleicht Ihr Mann, in diesem Safe etwas gesucht und vielleicht sogar gefunden.«

Marlene von Späth hört sich alles geduldig an. »Mir sagt das wirklich nichts.«

Pirlo hält ihren Blick fest. Sie reagiert nicht. Er macht sich eine Notiz. Denkt nach. Erkennt, dass sie gerade nicht weiterkommen. Dann räuspert er sich. »Bei unseren Nachforschungen kam noch ein anderes Thema auf, das wir gern mit Ihnen besprechen würden.« Er sieht zu Sophie, macht dann aber selbst weiter. »Von einem Bekannten Ihres Mannes haben wir gehört, dass Ihre Beziehung nicht immer ohne Konflikte war.«

Marlene von Späth sieht auf. Sie wirkt interessiert. Nicht mehr, nicht weniger. Pirlo wartet einen Moment.

»Welche Partnerschaft ist schon ohne Streit?«, fragt Marlene von Späth nach einer Weile. »Florian und ich hatten sicher auch unsere Differenzen, falls Sie darauf hinauswollen. Ich finde das allerdings nicht weiter ungewöhnlich.«

»Das, was wir gehört haben, klang auch nicht so«, setzt Pirlo an. »Jedenfalls nicht nur.«

»Was meinen Sie?«

»Es klang eher so, als wären Ihre Auseinandersetzungen zuweilen auch handfester gewesen. Konkret hörten wir den Satz: Sie liebten und sie schlugen sich.«

»Was soll das bedeuten?«

Pirlo beugt sich vor. »Ich hatte gehofft, Sie könnten uns das erklären.«

Marlene von Späths Blick wechselt zwischen Pirlo und Sophie hin und her. »Ich habe das Gefühl, Sie wollen mir etwas sagen oder von mir etwas hören, kommen aber nicht richtig zum Punkt. Worauf wollen Sie hinaus?«

Pirlo seufzt. »Worauf ich hinauswill, ist die Frage, ob Ihr Mann manchmal handgreiflich Ihnen gegenüber wurde.«

»Wäre das denn nützlich?«

Ihre Antwort überrascht ihn. Pirlo ist bemüht, sich die Irritation nicht anmerken zu lassen. »Frau von Späth, ich frage Sie jetzt direkt: Hat Ihr Mann Sie geschlagen?«

Kurz hält sie noch seinen Blick. Dann sieht sie wieder auf ihre Hände und spricht mit leiser Stimme. »Es war sicher nicht immer leicht mit Florian. Manchmal war es sogar schwer. Sehr schwer.« Sie stockt. »Vielleicht ist das so in einer Ehe. Jedenfalls dachte ich das immer.«

»War Ihr Mann gewalttätig gegen Sie?«, schaltet sich Sophie ein.

»Was heißt schon Gewalt?«, fragt Marlene von Späth. Sie verschränkt die Hände, ihr Blick wandert zur Decke. Pirlo und Sophie sehen sich wortlos an. Sie ahnen beide, was kommt. Marlene von Späth atmet tief durch, dann kommen die Tränen.

»Er hat es nicht so gemeint. Das weiß ich«, murmelt sie schließlich. »Florian hatte einfach immer viel Druck. Ich habe das verstanden. Das war meine Aufgabe. Der ganze Stress bei der Arbeit. Das riesige Unternehmen. Die vielen Mitarbeiter.

Das viele Reisen. Außerdem die Gesellschaft. Die Erwartungen. Diese Stadt. Wenn wir dann gestritten haben …« Sie unterbricht sich.

Pirlo fragt, ob sie etwas brauche. Wasser vielleicht. Etwas anderes.

Marlene von Späth verneint. Reißt sich zusammen. »Wenn wir gestritten haben, wurden wir schnell laut. Manchmal habe ich sogar geschrien. Er war immer so wütend, und ich war es meistens auch. Dann ist das Ganze eskaliert.«

Im Raum ist es still, bevor Pirlo fragt: »Was meinen Sie?«

Marlene von Späth senkt den Blick. Trotz ihrer Größe wirkt sie jetzt klein. Verletzlich. »Irgendwann sind ihm die Sicherungen durchgebrannt.«

»Hat er Sie geschlagen?«

»Ja.«

Auf dem Weg zum Auto schweigen Pirlo und Sophie. Als sie einsteigen, sagt Pirlo: »Ich ahne, was du denkst.«

Sophie sieht ihn über das Dach des schwarzen Mercedes hinweg an. »Klingt nach einer Haustyrannen-Konstellation.«

»Es geht zumindest in diese Richtung.« Pirlo zögert. »Vielleicht haben wir da einen Ansatz für unsere Verteidigung. So könnte etwas daraus werden. Wenn wir die Geschichte viktimodogmatisch betrachten: Nicht ausgehend vom Opfer, sondern von der Täterin.«

Sophie legt die Stirn in Falten. »Auch wenn sie sagt, dass sie ihren Mann nicht getötet hat?«

Pirlo schnaubt. »Auch dann.« Sie steigen ein. Ehe Pirlo den Zündschlüssel dreht, gibt er sich einen Ruck. Er will die Situation auflockern. Freundlich sein. »Das hast du gut gemacht, da drin.«

»Was denn?«

»Wie du dich an der richtigen Stelle eingebracht hast, als es um das Thema Gewalt ging. Das war dünnes Eis und ein heikles Thema. Trotzdem hast du genau das gesagt, was es in dieser Situation gebraucht hat. Ich war und bin beeindruckt.«

»Vielleicht ist das die reine Gewohnheit«, antwortet Sophie. »Ich habe eine schwierige Familie. Ehe man etwas sagt, muss man immer checken, wie die Stimmung gerade ist. Wie ist denn deine Familie so?«

»Liebenswert«, sagt Pirlo. »Einfach liebenswert.« Dann lässt er die Reifen durchdrehen und fährt los.

4

ADVOCATUS DIABOLI.

Danach in der Wohnung/Kanzlei.

»Fassen wir es noch mal zusammen«, sagt Pirlo. »Marlene behauptet, ihr Mann habe sie geschlagen. Wir wissen nicht, wie, wir wissen nicht, wann, wir wissen nicht in welchem Zusammenhang. Was wir aber wissen, ist, dass wir jedenfalls dann, wenn er sie am Tatabend angegriffen hat und sie sich wehrte, eine gute Verteidigung aufbauen *könnten.*«

Sophie nickt und löffelt Stracciatella-Eis. Sie sitzen auf dem winzigen Balkon in der Wohnung/Kanzlei. Obwohl es schon dunkel ist, ist es noch immer warm. Pirlo hat sich längst umgezogen und sitzt statt im Anzug wieder in kurzer Hose und mit Flip-Flops da. Sophie hat ein schwarzes weites T-Shirt von ihm bekommen und die enge Bluse ausziehen können. Die Atmosphäre ist angespannt. Sie denken und recherchieren. Sophie wartet, ob Pirlo noch etwas sagt. Als nichts mehr kommt, stellt sie das Eis ab. Sie ist dran. Ihr Job ist es, ihn zu widerlegen. *Advocatus diaboli.* Die systematische Gegenrede, um zu prüfen, ob die eigene These hält. Bisher kannte sie den Grundgedanken, die Nullhypothese, nur aus der Rechtsprechung des Bundesverfassungsgerichts. Einerseits freut es sie, das Prinzip endlich mal in der Praxis anwenden zu können. Andererseits ist es viel zu einfach. Leider.

»Gegen Notwehr spricht, dass die Stiche von hinten kamen.

Außerdem fehlt es in der Akte auch an einem Beleg an Kampfspuren. Direkt nach der Verhaftung wurde Marlene erkennungsdienstlich behandelt. Wenn es Anzeichen für eine körperliche Auseinandersetzung gegeben hätte, wären sie aufgefallen.«

Pirlo fährt sich mit der Hand über die Augen. »Ich weiß. Vor allem die Stiche von hinten sehen natürlich beschissen aus.«

»Von der Heimtücke kommen wir da wahrscheinlich kaum runter.«

»Was ja nicht schlimm sein muss. Vielleicht sogar im Gegenteil.«

»Was meinst du?«

»Was weißt du über Haustyrannen-Fälle?«

Sophie setzt sich aufrecht hin. Dann rattert sie los. »Als Haustyrannen-Mord wird die Tötung eines misshandelnden Ehegatten bezeichnet. Es handelt sich meist um eine Tötungsform, die nach deutschem Recht den Tatbestand des Mordes im Sinne von § 211 des Strafgesetzbuches erfüllt. In der Regel werden Situationen ausgenutzt, in denen der körperlich überlegene Ehegatte arg- und wehrlos ist. Das einschlägige Mordmerkmal ist damit die Heimtücke. Die Grundsatzentscheidung dazu hat der Erste Strafsenat des Bundesgerichtshofs am 25. März 2003 gefällt. Zugrunde lag ein Sachverhalt, bei dem die Angeklagte über einen langen Zeitraum immer wieder Opfer schwerer körperlicher Misshandlungen und Demütigungen durch ihren Ehemann geworden war. Mit der Zeit richtete sich die Gewalt auch zunehmend gegen die gemeinsamen Töchter. Der Ehemann der Angeklagten, das spätere Tatopfer, hatte ihr zudem gedroht, dass er sie finden werde, auch wenn sie vor ihm in ein Frauenhaus oder eine vergleichbare Einrichtung flüchte. Daher kam für die Angeklagte auch nicht die Trennung in Betracht. Sie sah die Tötung ihres Mannes als einzige Lösung. Als sie eines Morgens beim Aufräumen zufällig den Revolver ihres Mannes fand, setzte sie den Entschluss in die Tat um und erschoss ihn im Schlaf. Der Bundesgerichtshof hat Notwehr abgelehnt, da kein gegenwärtiger Angriff vorlag. Eine Notstandsrechtfertigung hat er verworfen, weil auch das Leben eines Tyrannen nicht abgewogen werden könne. Ein entschuldigender Notstand scheiterte daran, dass die Frau trotz allem die Polizei hätte rufen können. An sich wäre sie damit als Mörderin mit einer lebenslänglichen Freiheitsstrafe zu bestrafen gewesen. Allerdings hat der Bundesgerichtshof in diesem ganz besonderen Fall auf eine reduzierte Schuld entschieden und die Rechtsfolge des Mordes entgegen des Gesetzeswortlauts auf eine zeitige Freiheitsstrafe reduziert.«

Pirlo nickt und grinst. »Danke. Das hätte ich nicht besser wiedergeben können.«

Sophie lächelt. Lob ist immer willkommen. Selbst wenn sie weiß, dass sie gut ist. Sie isst den letzten Rest des mittlerweile weitgehend geschmolzenen Eises. »Glaubst du, das war hier so?«

Pirlo atmet tief durch und steckt sich mit beiden Händen die Haare hinter die Ohren. Mehr zum Nachthimmel über Pempelfort als zu Sophie sagt er: »Es wäre natürlich ein starkes Narrativ. Das Opfer, das ein Täter war. Eine Gewalttat, die Gewalttaten sühnt. Der Ausbruch aus der Gefangenschaft im goldenen Käfig.«

Sophie lacht. »Was machst du? Verteidigen wir, oder sammeln wir Überschriften für die POST?«

Pirlo antwortet mit einem schiefen Grinsen. »Verteidigen heißt auch überzeugen.«

»Und, können wir das?«

»Auf jeden Fall brauchen wir mehr Informationen. Findest du, dass Marlene vorhin angegriffen klang.«

»Ja«, antwortet Sophie spontan. Dann zögert sie. »Vielleicht auch nicht. Ich kann es nicht genau sagen.«

»Ich weiß, was du meinst«, murmelt Pirlo. »Sie ist schwer zu greifen.«

»Vielleicht liegt es an den Augen. Diesem klaren Blick. Vielleicht ist sie auch einfach in Schockstarre. Stell dir das doch mal vor: Ihr Mann ist tot. Sie ist im Knast. Wenn sie mit der Tat wirklich nichts zu tun hat, wurde einfach so ihr gesamtes Leben auf den Kopf gestellt. Wer weiß schon, wie ruhig oder souverän wir beide in einer solchen Situation wären.«

»Klar«, sagt Pirlo und ringt sich ein Lächeln ab. »Das macht schon Sinn.« Er klatscht in die Hände. »Also gut, dann haben wir unsere Aufgabenverteilung erst mal beisammen: Wir befragen Marlene genauer. Parallel suchen wir nach Schütz, und du recherchierst, was du zur Haustyrannen-Verteidigung finden kannst. Schau bitte, dass du damit fertig bist, wenn wir Marlene das nächste Mal sprechen.«

»In Ordnung. Wann soll das sein?«

»Morgen um elf?«

Sophie nickt. Sie weiß inzwischen, dass die Uhrzeit ein Entgegenkommen ist. Wenn es nach Pirlo ginge, wären sie schon um neun im Knast. Dann wäre zwar nicht auszuschließen, dass er einen blöden Spruch bringen würde. Oder dass er keine Ahnung hatte, wo irgendetwas, das er zitierte, *genau* stand. Dass es irgendeine Eitelkeit gab, eine Gehässigkeit oder sonst ein Gehabe, das sie an seinem Verstand zweifeln ließ. Aber anwesend wäre er trotzdem. Um neun. Vorbereitet und klar im Kopf. Arland hatte recht. Der Typ ist eine Herausforderung. Aber sie arbeitet gern mit ihm zusammen.

Sophie packt ihre Sachen zusammen, fährt nach Hause und setzt sich an den Schreibtisch.

5

GRETCHENFRAGE.

31. Juli. Im Knast.

Marlene von Späth gelingt weiterhin der Knastspagat. Sie sieht müde aus. Und attraktiv. Mittlerweile hat Pirlo sich daran gewöhnt. Er kommt direkt auf den Punkt: »Das, was Sie gestern über das Thema Gewalt in Ihrer Beziehung gesagt haben, hat uns ziemlich beschäftigt.«

»Das habe ich bemerkt.«

Pirlo geht nicht näher auf die Antwort ein. Auf dem Weg hierher hat er mit Sophie besprochen, dass sie klare Ansagen brauchen. »Wie war Ihre Ehe mit Florian von Späth? Versuchen Sie bitte, Ihr Miteinander so klar wie möglich zu beschreiben.«

»Es war eine ganz normale Ehe. Florian war deutlich älter. Er war der Mann. Er hat das Geld verdient. Ich war zu Hause und habe mich um die anderen Dinge gekümmert.«

»Welche?«

Marlene von Späth schürzt die Lippen. Denkt kurz nach. »Zum Beispiel um die Einrichtung. Ich habe unsere Möbel gekauft und arrangiert. Dann habe ich mich um den Garten gekümmert. Um die Pflanzen, das kleine Gewächshaus und den Pool. Außerdem waren da ja auch noch die zahlreichen gesellschaftlichen Ereignisse.«

»Was waren in diesem Zusammenhang Ihre Aufgaben?«

»Ab und zu war etwas zu planen und zu organisieren. Wann

wir wo sein mussten. Wem man welches Geschenk mitbringt. Wer nicht mit wem zusammenkommen sollte. Solche Sachen. Es war immer einiges zu beachten. Ansonsten ging es natürlich auch stets darum, Florian gut dastehen zu lassen. Wir waren schließlich ein Team und aufeinander eingespielt. Es war meine Aufgabe, ihn zu unterstützen. Ich war schließlich seine Frau.«

Pirlo nickt. Er muss das verstehen, nicht bewerten. Im Augenwinkel sieht er, dass Sophie mitschreibt. Natürlich kennt er ihren familiären Hintergrund. Was sie denkt, kann er trotzdem nicht sagen. Vor allem nicht, ob Marlenes Lebensprofil sie eher an antike Zeiten erinnert. Oder an ihre eigene Mutter.

»Hatten Sie oft Streit mit Ihrem Mann?«

Marlene von Späth lächelt. »Wir waren verheiratet. Menschen, die nicht gern streiten, fangen eine Ehe erst gar nicht an.«

Pirlo lächelt zurück. Wenn ihn das nächste Mal jemand fragt, warum er noch unverheiratet ist, kann er das gut zitieren. »Welcher Art waren Ihre Konflikte?«

Marlene von Späth sieht auf ihre schmalen Hände. »Mal so und mal so.«

»Waren Sie auch einmal laut?«

»Ich?«

»Ja, Sie.«

»Das kam schon mal vor. Normalerweise ging der Streit aber von Florian aus.«

»Wie hat sich das dann entwickelt?«

Marlene von Späth seufzt. »Zum Beispiel, wenn er mit etwas unzufrieden war.«

»Kam das oft vor?«

»Sicher. Das kann man aber auch verstehen. Florian stand schließlich sehr unter Druck.«

»Das haben Sie das letzte Mal schon gesagt. Trotzdem heißt Druck ja nicht, dass es Streit geben muss.«

Sie zuckt mit den Schultern. »Bei ihm war das eben so. Etwas hat ihm nicht gepasst, die Art, wie ich mich gekleidet habe, vielleicht, wenn ich mit manchen Leuten zu viel gesprochen habe oder mit anderen zu wenig oder wenn ich nach seiner Meinung zu viel getrunken hatte.«

»Wie war es denn bei der Spendengala zur letztjährigen Regatta im Yachtclub?« Die Frage kommt von Sophie. Sie hat das Thema vorbereitet. Pirlo hat den Eindruck, dass Sophie kurz zögert. Vielleicht hat er sich aber auch verhört. Er konzentriert sich auf Marlene von Späths Antwort.

»Ich ahne, worauf Sie hinauswollen.« Die Mandantin lächelt dünn. Dann winkt sie ab. »Sie haben sicher den Presseartikel dazu gefunden. Die POST. Muss ich noch mehr sagen?«

»Das wäre hilfreich. Zum Beispiel, was sich aus Ihrer Sicht damals zugetragen hat.«

Marlene von Späth verzieht den Mund. »Was soll ich sagen? Es war Sommer, ich hatte ein paar Aperol Spritz zu viel – wie alle anderen auch. Dann habe ich Florian mit einer anderen Frau gesehen und habe ihm eine Szene gemacht.«

»In der POST stand, dass sie ein Glas nach ihm geworfen haben.«

Jetzt ist das Lächeln wieder da. »Das kann schon sein. Aber das Glas war leer.«

Pirlo nickt. Dann schaltet er sich wieder ein. »Wissen Sie noch, welche Frau das war?«

»Nach meiner Erinnerung stand das nicht in der POST.«

»Das habe ich auch nicht gefragt. Ich wollte wissen, ob Sie sich noch erinnern, wer die Frau war?«

Marlene von Späth zögert. »Steht das in der Akte?«

»Mit Verlaub, aber ich stelle hier die Fragen. Sie geben die Antworten.« Pirlo kneift die Augen zusammen. »Bitte.«

Das Zögern dauert. Dann gibt sich die Mandantin einen Ruck. »Die Frau war Christina Soares.«

»Warum hat Sie das gestört?«

»Ich fürchtete, dass mein Mann eine Schwäche für sie haben könnte. Ich fürchtete, dass er auf eine Affäre mit ihr aus war. Dass sie ihn mir wegnehmen wollte.«

»Wissen Sie, wie sich das entwickelt hat?«

»Nach allem, was ich weiß, war sie erfolgreich.« Marlene von Späth presst die Lippen zusammen. Pirlo kratzt sich am Kinn. Das Gespräch läuft nicht besonders rund.

»Kommen wir zurück zu der Gewalt in Ihrer Beziehung. Waren Sie noch in anderen Situationen selbst übergriffig?«

»Was meinen Sie damit?«

»Haben Sie noch häufiger Gläser geworfen?«

»Nicht, dass ich wüsste.«

»Das ist eine ziemlich unbestimmte Antwort auf eine eigentlich sehr klare Frage. Sehen Sie mir nach, dass ich Sie noch einmal stelle. Haben Sie oder haben Sie nicht?«

»Nein.«

»Und Ihr Mann? War er übergriffig?«

»Ja.«

»War er es auch an dem Abend des zweiundzwanzigsten Juli? An dem Abend, an dem er getötet wurde?«

Marlene von Späth erstarrt. Die blauen Augen verengen sich. Die Mundwinkel werden fest. Es geschieht nur ganz kurz, für einen winzigen Augenblick. Pirlo bemerkt es trotzdem. Dann antwortet sie: »Nein.«

Er spricht ganz langsam. Mit tiefer, warmer Stimme. »Sind Sie sicher?«

»Ja. Ich habe ihn an diesem Abend gar nicht gesehen.«

Sophie wartet, bis die Sonne untergeht. Dann stellt sie die unausweichliche Frage, die früher oder später immer kommt. »Was machen wir, wenn sie schuldig ist?«

Pirlo nimmt einen Schluck Kaffee. Vom Knast aus sind sie nach Kaiserswerth gefahren, haben bei der alten Ruine geparkt, einen Kaffee to go geholt und spazieren seitdem am Rhein entlang. »Die Gretchenfrage.«

»Und, was ist die Antwort?«

»Wir verteidigen sie so oder so.«

»Meinst du denn, sie ist unschuldig?«

Dann ist die Sonne weg. »Hoffentlich.«

6

ES IST, WIE ES IST.

31. Juli. Abends in Golzheim.

Es gehört zu den besseren Eigenschaften von Werner Arland, dass er weiß, wann er etwas Kluges zu sagen hat. Und wann nicht. Pirlos Gesichtsausdruck hilft dabei, einzuschätzen, welche Variante angebracht ist. Also lächelt Arland nur kurz und lässt seinen ehemaligen Zögling dann in das mondäne Golzheimer Stadthaus herein. Im ersten Stock residiert eine Privatbank, im zweiten lebt Arland mit Sonja in, wie er sagt, »wilder Ehe«. Pirlo kennt sie bereits, seit er vor einer gefühlten Ewigkeit am Lehrstuhl Arlands als studentische Hilfskraft angefangen hat. Arland und sie kokettierten schon damals mit dem Charme des extrem libertären, intellektuellen Paares. Die Beauvoir und der Sartre vom Rhein. Sie die bücherschreibende Psychotherapeutin, er der gefeierte Juraprofessor. Tatsächlich sind sie trotzdem zusammengeblieben, soweit Pirlo weiß, bis heute auch ohne Unterbrechung. Es wundert ihn daher nicht, dass Sonja mit im Wohnzimmer sitzt, als er die gemütliche, über und über mit Andenken an die Vortragsreisen Arlands gefüllte »Denkerstube« betritt. Er mag das, mochte es schon immer. Sonja ist zwar weit davon entfernt, mütterlich zu wirken. Verglichen mit Pirlos sonstiger Sozialisierung geht ihr Verhalten trotzdem als sehr fürsorglich durch, selbst wenn er sich nie ganz sicher ist, ob sie ihn gerade in ihrer Funktion als Freundin anspricht, als Therapeutin oder als Mischung aus beidem. Die Kombination der offenen Art und des als gebürtige Düsseldorferin beibehaltenen, rheinischen Slangs ergibt dabei eine sehr eigene Art der Direktheit. »Himmel, Toni, du siehst richtig beschissen aus.« Sonja lacht, bekommt aber das Kunststück hin, gleichzeitig besorgt auszusehen.

»Ich habe ein paar intensive Tage hinter mir.«

»Frauen?«, fragt sie.

»Arbeit«, antwortet er.

»Der Junge hat einen neuen großen Fall angenommen«, erklärt Arland, während er einen Chianti entkorkt. »Nach dem Ausscheiden bei Ohmsen war das auch genau das Richtige. Meine Meinung.« An Pirlo gerichtet, fragt er: »Hand aufs Herz: Wie oft hast du die Entscheidung bereut?«

»Seit ich den Fall übernommen habe? Keine tausendmal.«

Alle lachen, auch Pirlo, obwohl es auf seine Kosten geht. Hier ist das schon in Ordnung.

»Wie läuft es mit Sophie?«, fragt Sonja, die, wie immer, bestens im Bilde ist.

»Gut«, sagt Pirlo. Dann entscheidet er sich für einen kleinen Euphemismus. »Wir haben es geschafft, die ganze Akte zu sichten, und haben ein, zwei Ideen, was man damit anfangen könnte.«

»Hast du geschlafen?«, fragt Arland.

»Wenig.«

»Und ehrlich?«

»Noch weniger.«

Wieder lachen alle. Die Stimmung ist entspannt. Pirlo merkt, dass es ihm guttut. Auch wenn er deshalb nicht hierhergekommen ist. Das kann aber warten, bis die Weinflasche leer ist. Sonja nimmt den letzten Schluck. Dann küsst sie Arland auf den Mund und Pirlo auf die Stirn und verabschiedet sich für einen abendlichen Spaziergang.

Arland und Pirlo bleiben allein zurück. Eine Weile sitzen sie miteinander auf dem Sofa, lassen den Wein wirken und genießen die frische Abendluft, die vom Fluss durch die offene Balkontür hereinweht. Sie haben das Licht ein wenig gedimmt. Arland hat eine Schallplatte aufgelegt. Miles Davis. *Kind of Blue*. Einer ihrer gemeinsamen Favoriten. Schließlich sagt Arland: »Ich ahne, was du fragen willst, und du ahnst, was ich antworten werde.«

Pirlo lächelt. Dann wird er ernst. »Bislang haben wir noch fast nichts. Alles spricht gegen meine Mandantin.« Er seufzt. »Mir fehlt das große Team. Die Recherchemaschine. Das, was ich bisher immer hatte.«

»Frag, was du fragen willst«, sagt Arland. »Ich glaube, es wird dir guttun.«

»Meinst du, es war ein Fehler? Übernehme ich mich gerade?«

Arland verschränkt die Hände hinter dem Kopf und rutscht ein klein wenig nach vorne. »Das musst am Ende alles du wissen und auch du verantworten, Junge. Was ich dir aber sagen kann, ist, dass du jetzt sowieso nicht mehr rauskommst. Dafür ist es mittlerweile zu spät.«

Pirlo atmet durch. »Metternich war einfacher.«

»Das sagst du jetzt. Wer weiß, wie du geklungen hättest, wäre damals genug Zeit gewesen, über das nachzudenken, was anstand. Bei der Gelegenheit: Hat dir Ohmsen eigentlich jemals wirklich verziehen?«

»Das mit Metternich?«

»Ja.«

Pirlo verdreht die Augen. »Da gab es nichts zu verzeihen, Werner. Die Umstände waren, wie sie waren. Was hätte ich denn anderes tun sollen?«

»Würde mich interessieren, ob Ohmsen das auch so sieht.« Arland grinst. Dann ist es Zeit, das Thema zu wechseln. »Jedenfalls glaube ich, dass du bei der von Späth das Richtige tun wirst. Es war gut, Sophie dazuzunehmen, und es war gut, die Akte so schnell auszuwerten. Außerdem: Es dauert ja noch ein paar Wochen, bis es losgeht.«

»Was meinst du, mit wem fangen sie die Beweisaufnahme an?«

Arland legt die Stirn in Falten. »Bei dem Druck, der auf dem Kessel ist, wird die Kammer sich langsam vortasten wollen. Du weißt, es ist immer ein Spagat: Die Wahrheitsfindung voranbringen und den Leuten einerseits etwas zum Berichten und zum Reden geben, andererseits nicht gleich die totale Eskalation riskieren. Die richtig gewichtigen Zeugen kommen sowieso am Ende. Hast du einen Wunschkandidaten?«

Pirlo nimmt sich einen Augenblick. »Ich hoffe, sie fangen mit Gomes an.«

»Wer ist das?«

»Der Gärtner.«

»Weil der immer der Mörder ist?«

Pirlo lacht. »Nein. Aber es ist fast genauso gut.«

VIERTER TEIL
SEPTEMBER

1

HEY, HO, LET'S GO.

2. September. Beginn der Beweisaufnahme.

Richtig beginnt ein Strafprozess erst mit der Beweisaufnahme. Die Anklage ist verlesen. Die Prozessteilnehmer sind bekannt. Es kann losgehen. Pirlo und Sophie sitzen auf der harten Holzbank vor dem Schwurgerichtssaal. Ihre Mandantin ist noch nicht aus der Untersuchungshaft vorgeführt worden. Sophie klickt durch Dokumente auf ihrem Laptop. Pirlo hat die Augen geschlossen und hört Musik. Ramones. Blitzkrieg Bop. Hey, ho, let's go! Wenn er es laut genug dreht, bemerkt er nicht einmal, dass er angespannt ist. Oder zumindest etwas weniger.

Als ersten Zeugen hat die Kammer Heurelho Gomes geladen, den Gärtner der von Späths. Nach dem, was in der Akte steht, kann er ein erstes Bild davon geben, wie Florian und Marlene von Späth miteinander umgegangen sind. Nicht mehr, nicht weniger. Für den Start eines Verfahrens, an dem so viel Presse klebt wie an diesem, scheint das eine gute Idee zu sein. Die schwierigen Zeugen kommen später. Der Gutachter. Die Putzfrau. Der Geschäftspartner Jochen-Norbert Danzinger.

Gomes ist ein kräftiger Mann mit einem breiten Kreuz. Die schwarzen Haare sind zum Zopf gebunden. Er vermittelt den gesunden Eindruck eines Menschen, der viel Zeit an der frischen Luft verbringt. Nach der Akte ist er vierundvierzig Jahre alt. Tatsächlich sieht er jünger aus. Als er sich auf den Zeugenstuhl in der Mitte des Raums setzt, blickt er kurz nach rechts, wo die Verteidigung sitzt. Pirlo nickt ihm zu. Auch Sophie lächelt. Gomes scheint es nicht zu bemerken. Sein Blick geht an den beiden vorbei direkt zur Angeklagten. Einen Moment schaut er sie ausdruckslos an. Pirlo beobachtet, dass sie dem Blick standhält. Dann betritt die Kammer den Raum, und die Verhandlung beginnt.

»Herr Dr. Pirlo«, fängt der Vorsitzende Richter Adams an, »schön, dass Sie es heute einrichten konnten.«

Pirlo lächelt freundlich und verkneift sich einen Kommentar. Dann zeigt Grobulla, dass er im Arschlochsein auch Karten im Spiel hat. Er winkt kurz und grinst. Pirlo ignoriert auch ihn.

Dann geht es los.

»Wie lange sind Sie als Gärtner bei den von Späths angestellt?«, fragt Adams.

»So fünf Jahre«, antwortet Gomes. Er klingt unaufgeregt. Den leichten portugiesischen Akzent bemerkt man kaum.

»Was können Sie uns über Herrn Florian von Späth berichten?«

»Er war ein großzügiger Mann. Ein guter Mensch. Viel unterwegs. Sehr erfolgreich. Immer freundlich zu den Angestellten, Frau Nowak und mir.«

»Wer ist Frau Nowak?«

»Sie ist die Putzfrau. Sie und ich waren fest angestellt. Wir waren täglich im Haus und auf dem Grundstück. Das andere Personal, die Köchin und die Frau für die Wäsche, waren nicht regelmäßig da. Es gab auch Uwe, den Chauffeur, aber er hatte meistens nur mit Herrn von Späth zu tun.«

»Jetzt haben Sie uns Herrn von Späth geschildert. Was können Sie uns denn über seine Frau sagen?«

Die Haltung des Zeugen ändert sich. Er drückt den Rücken durch. »Sie war das Gegenteil.«

»Was meinen Sie damit?«

»Sie war, wie sagt man, unbeherrscht. Sie war laut. Um uns hat sie sich kaum gekümmert.«

»Und wie war ihr Verhältnis zu Herrn von Späth.«

»Kühl, würde ich sagen.«

»Was meinen Sie damit?«

»Sehen Sie, ich war die meiste Zeit im Garten. Frau Nowak war mehr im Haus als ich. Außerdem war Herr von Späth ja auch oft nicht da. Was ich aber mitbekommen habe, ist, dass es dann, wenn er da war, häufig Stress gab.«

»Stress?«

Gomes nickt. »Frau von Späth und er haben immer wieder gestritten. Sie war sehr laut. Wenn Sie mich fragen: Lauter als er.«

»Haben Sie selbst einmal einen solchen Streit beobachtet?«

»Ja.«

»Wann war das?«

»Vor etwa einem halben Jahr.«

»Können Sie sich noch genauer an das Datum erinnern?«

»Nein.«

»Haben Sie vielleicht etwas anderes in Erinnerung, einen bestimmten Wochentag, ein besonderes Ereignis, das Sie mit Ihrer Beobachtung in Verbindung bringen?«

Gomes schüttelt den Kopf. »Nein, leider nicht.«

»Was ist damals passiert?«

»Herr von Späth und Frau von Späth sind durch das Haus gelaufen. Mal waren sie unten im Erdgeschoss, wo die Küche ist und man auch in den Garten kommt. Dann sind sie wieder auf die große Treppe und oben auf der Galerie herumgelaufen. Die ganze Zeit haben sie geschrien. Frau von Späth hat auch mit Sachen geworfen.«

»Was meinen Sie damit?«

Gomes zuckt mit den Schultern. »Was herumstand. Gläser. Teller. Kissen. Eine Vase. Solche Sachen.«

»Hat Frau von Späth diese Sachen einfach nur geworfen, oder hat sie sie *auf ihren Mann* geworfen?«, fragt Grobulla.

Gomes hebt die Hände. »Das kann ich nicht sagen. Alles ging sehr schnell.«

»Kann es sein, dass Frau von Späth ihren Mann bewusst treffen wollte?«

»Suggestivfrage«, ruft Pirlo in den Raum. Etwas ruhiger fügt er hinzu: »Herr Vorsitzender, ich beanstande die Frage der Staatsanwaltschaft. Sie legt dem Zeugen eine Aussage in den Mund.«

Adams putzt seine Brille. »Herr Grobulla, was halten Sie davon, wenn Sie die Frage zurückziehen.«

»Mache ich«, sagt Grobulla mit dem Charme eines Einserschülers. »Herr Gomes, Sie müssen nicht antworten. Beantworten Sie mir stattdessen doch bitte folgende Frage: Hat die Angeklagte auf Sie in dieser Situation ruhig und besonnen gewirkt oder eher wütend und unkontrolliert?«

Gomes lacht auf. »Auf keinen Fall ruhig und besonnen!«

»Danke«, sagt Grobulla. »Keine weiteren Fragen.«

Adams verkündet eine halbe Stunde Sitzungspause. Danach ist die Verteidigung dran.

In der Pause ist Pirlo unruhig. Marlene von Späth und Sophie sitzen schweigend nebeneinander in dem separaten Besprechungsraum, der ihnen für den Austausch mit der inhaftierten Mandantin zur Verfügung steht. Pirlo läuft auf und ab und kratzt sich am Kinn. Etwas stimmt nicht. Er weiß nur noch nicht genau, was.

Er bleibt stehen und sieht Marlene von Späth an. »Sie haben gehört, was der Zeuge erklärt hat. Haben Sie dazu etwas anzumerken?«

Sie schüttelt den Kopf. »Nein.«

»Was ist mit dem Streit, den er beobachtet haben will? Gab es einen solchen Streit?«

»Das kann sein. Es gab immer mal Streit. Wo ist das nicht so?«

Pirlo geht vor dem Tisch in die Hocke. Sich vorzubeugen wäre ihm zu aggressiv erschienen, unpassend. Marlene muss verstehen, dass er auf ihrer Seite ist. Dass er sie jetzt braucht. Er spricht ganz ruhig. »Ich kann verstehen, dass Ihnen das unangenehm ist, Frau von Späth. Das, was der Zeuge sagt, die Beweisaufnahme, das ganze Verfahren. Es ist aber sehr wichtig, dass wir dort angreifen, wo wir angreifen können. Wenn das jetzt der Fall ist, wenn es etwas gibt, womit wir den Zeugen packen können, dann sagen Sie mir das bitte.«

Sie schüttelt langsam den Kopf. »Mir fällt nichts ein.«

Pirlo nickt. Durch den Lautsprecher ertönt die Aufforderung, in den Saal zurückzukommen. Pirlo steht auf und streicht den Anzug glatt. »Wie es aussieht, haben wir keine klugen Fragen an den Zeugen.«

»Gut«, sagt Marlene von Späth.

Ihr kurzer Kommentar klingt Pirlo auch noch eine Minute später in den Ohren. Er starrt auf das Mikrophon. Das Lämpchen leuchtet rot. Er ist dran. Sein Zeuge. An den er keine Fragen hat. Was seine Mandantin gut findet. Warum?

»Herr Dr. Pirlo, hat die Verteidigung keine Fragen an den Zeugen?«, erkundigt sich Adams.

»Doch«, murmelt Pirlo.

»Darf ich Sie darauf aufmerksam machen, dass Ihr Mikrophon bereits eingeschaltet ist? Ihre physische Anwesenheit ist zwar ein kleiner Fortschritt zum letzten Mal. Wenn Sie Ihr Fragerecht ausüben wollen, müssen Sie aber auch etwas sagen.« Hinten im Saal erntet Adams für seinen Spott ein paar Lacher. Er lächelt.

Pirlo nimmt es ihm nicht übel, keine Zeit dafür. Seine Gedanken rasen. Das Fragerecht. *Sein* Fragerecht. Was macht er damit? Als Anwalt ist er unabhängig. Das gilt sogar gegenüber seiner Mandantin. Wenn er eine Frage hat, darf er sie stellen, ob die Angeklagte will oder nicht. Einerseits will er sich nicht mit ihr überwerfen. Erst recht nicht jetzt, so früh im Verfahren. Auf der anderen Seite ist da etwas, das nicht richtig passt. Der Blick zu Beginn. Was Gomes auf die Fragen des Richters antwortete. Der Kommentar von Marlene.

»Herr Dr. Pirlo, ich frage nicht noch ein Mal«, schaltet sich Adams ein. Das freundliche Lächeln ist verschwunden.

»Verzeihung«, sagt Pirlo. »Ich musste mich kurz sammeln.« Dann dreht er sich zu dem Zeugen. »Herr Gomes, ich habe ein paar kurze Fragen.« Im Augenwinkel sieht Pirlo, wie Sophie zusammenzuckt. Marlene von Späth bleibt bewegungslos. Pirlo konzentriert sich auf die Befragung.

»Herr Gomes, Sie haben gerade gesagt, dass Sie mehrere Jahre bei den von Späths tätig waren. Ist das richtig?«

»Ja.«

»Können Sie bitte sagen, von wann bis wann das war?«

Gomes räuspert sich. »Weiß ich nicht mehr genau.«

Pirlo lächelt. »Das macht nichts. Mich interessiert vor allem das Enddatum. Ach, wissen Sie, was, ich mache es Ihnen noch einfacher: Waren Sie am zweiundzwanzigsten Juni, dem Tag, an dem Herr von Späth getötet wurde, noch bei den von Späths beschäftigt?«

Gomes zögert. »Nein.«

»Nein?«

»Nein.«

»Interessant. Wie hat das Arbeitsverhältnis geendet?«

»Durch eine Kündigung.«

»Wer hat denn gekündigt.«

Gomes zögert etwas länger. Er sieht zu Adams, der die Stirn in Falten legt. Dann gibt sich Gomes einen Ruck. »Gekündigt hat Herr von Späth.«

Pirlo lässt die Antwort wirken. Nichts davon steht in der Akte. Eine alte Verteidigerweisheit ist, dass man einem Zeugen keine Fragen stellt, wenn man die Antwort nicht kennt. Eine andere ist, das Momentum zu nutzen. *Go with the flow*. Er fragt daher weiter. Freundlich. Und vorsichtig. »Da Sie sich mit Daten schwerzutun scheinen, formuliere ich meine nächste Frage sehr einfach: Wann war das ungefähr, als Herr von Späth Ihnen gekündigt hat? War das im Frühjahr, Sommer, Herbst oder Winter?«

»Im Winter«, antwortet Gomes. »Dezember letztes Jahr, irgendwann vor Weihnachten.« Er sitzt jetzt vollkommen aufrecht, das Gesicht Pirlo zugewandt. Besonders glücklich sieht er nicht aus.

»Und dieser Streit, den Sie beobachtet haben wollen: War der vor oder nach dieser Kündigung?«

Als Gomes seufzt, ahnt Pirlo, was die Antwort sein wird. Tatsächlich sagt der Zeuge: »Weder noch. Es war an dem Tag selbst.«

Im Saal entsteht Gemurmel. Adams notiert mit. Auch Grobulla beugt sich über seine Unterlagen. Das Wort bleibt bei Pirlo. »Herr Gomes, wo waren Sie, als die Eheleute von Späth miteinander stritten?«

Der Zeuge schüttelt den Kopf. Adams schaltet sich ein. »Herr Gomes, Sie sind verpflichtet, die Wahrheit zu sagen, außer Sie könnten sich durch die Antwort selbst belasten. Ob das so ist, können nur Sie wissen. Gerade fehlt mir dazu aber die Phantasie.«

»Ich war im Haus«, sagt Gomes.

»Und wo?«

»Unten. Da, wo die Treppe endet.«

»Wie viel Uhr war es? Eine ungefähre Angabe genügt.«

»Ich weiß es nicht mehr. Gegen Abend.«

»Nach Ihrem gewöhnlichen Dienstende.«

Gomes nickt. »Ja, danach.«

Pirlo beugt sich vor. »Herr Gomes, warum waren Sie nach Dienstende im Haus und wohnten einem Streit bei?« Gomes reagiert nicht. Pirlo wird etwas lauter. Etwas härter. »Herr Gomes, kann es sein, dass Sie mit diesem Streit etwas zu tun hatten? Kann es sein, dass es bei diesem Streit um Sie ging?«

In Gomes rumort es. Das kann man sehen. »Ja.«

Pirlos Gedanken rasen. Soll er die nächste Frage stellen? Ja, nein, vielleicht? Gomes steht in der Ecke. Angeschlagen. Aber noch nicht k. o. Also ist die Antwort: ja. »Herr Gomes, kann es sein, dass Herr von Späth Sie rausgeworfen hat, weil Sie sich aus seiner Sicht danebenbenommen hatten? Kann es sein, dass Sie aus seiner Sicht einen Fehler gemacht haben?«

Gomes sieht auf seine Hände. »Ja.«

»Und welcher Fehler war das?« Gomes antwortet nicht. Im Saal ist es vollkommen still.

»Er hat mir vorgeworfen, dass ich mit seiner Frau eine Affäre hatte.« Sofort geht das Gemurmel los.

Pirlo fixiert den Zeugen. »Und, hatten Sie das?«

Gomes sieht ihn direkt an. Er hat den schwersten Schritt hinter sich. Pirlo erkennt das. Ab jetzt werden die Antworten für Gomes leichter sein. »Ja.«

»War Herr von Späth deswegen sauer auf Sie?«

»Ja.«

»Haben Herr und Frau von Späth deswegen gestritten?«

»Ja.«

»Wer hatte Sie ins Haus gerufen?«

»Herr von Späth. Ich war nach der Arbeit noch im Haus. Herr von Späth kam unerwartet von einer Geschäftsreise zurück und hatte uns wohl zusammen gesehen. Er war wütend und hat mich zur Rede gestellt. Da ist aber schon seine Frau aus ihrem Zimmer gestürmt und hat angefangen, ihn zu beleidigen. Sie hat gesagt, dass er sich das alles selbst zuzuschreiben hat. Dass er jetzt weiß, wie sich das anfühlt. Dann hat sie angefangen, mit den Sachen zu werfen.«

»Was hat Herr von Späth gemacht?«

»Er hat mich rausgeworfen.«

»Und seine Frau?«

»Sie hat ihn angeschrien.«

Pirlo nickt. So weit, so gut. Ob das weiterhilft, werden sie sich nachher zu fragen haben. Für den Moment war das wohl alles. Wobei: Eines fehlt noch. Warum hat Gomes gelogen?

»Hat sich noch einmal jemand bei Ihnen gemeldet?«

Gomes sieht auf den Tisch. »Ja.«

»Wer?«

Die Hand des Zeugen zuckt. Da kann Pirlo es sehen. Die Enttäuschung. Die Wut. »Herr von Späth.«

»Was wollte er?«

»Er hat mich am Tag danach in sein Büro gerufen. Dort hat er gefragt, wie lange das schon so ging. Ich habe ihm erklärt, dass das etwa seit einem halben Jahr lief. Er hat mich gebeten, niemandem etwas zu sagen.«

»Hat er Sie nur gefragt? Herr Gomes, ich mache Sie darauf aufmerksam, dass Sie in einem Gericht sind. Ich spiele mit dem Gedanken, bei diesem zu beantragen, dass man sich Ihre Kontoauszüge einmal genauer ansieht.«

Gomes hebt den Blick. Müde. Geschlagen. »Herr von Späth hat gesagt, dass ich das niemandem erzählen darf, weil das schlecht für seinen Ruf wäre.«

»Und dann hat er Ihnen Geld angeboten. Richtig?«

Gomes zuckt mit den Schultern. »Ich wollte es eigentlich nicht haben. Darum ging es mir gar nicht.«

»Wie viel haben Sie von Herrn von Späth bekommen, Herr Gomes?«

Gomes flüstert nur noch. »Zwanzigtausend Euro.«

Pirlo wartet bis das Gemurmel im Saal abgeebbt ist. »Aber damit war die Sache für Sie noch nicht erledigt, oder? Das war nicht das, was Sie wollten. Nicht das, was Sie beschäftigt hat.« Gomes verharrt schweigend. Pirlo beugt sich vor. »Herr Gomes, wie oft hatten Sie seit Ihrer Kündigung noch Kontakt zu meiner Mandantin?«

Der Zeuge zittert. »Gar nicht mehr.«

»Kann es sein, dass Sie darüber nicht glücklich waren?«

Dann bricht Gomes zusammen. Bis hierhin hat es noch einigermaßen geklappt, sich zu beherrschen. Irgendwann ist es aber für jeden genug. »Sie hat sich nie gemeldet! Kein einziges Mal! Kein Anruf. Keine Nachricht. Nichts. Und das, obwohl wir uns nahe waren. Verstehen Sie, wir waren uns nahe!«

Pirlo nickt. Er versteht. »Keine weiteren Fragen.«

2

WUT. SORGEN. FRAGEN.

Unmittelbar danach.

Marlene von Späth wartet geduldig, bis der Wachtmeister die schwere Tür zu dem separaten Besprechungsraum schließt. Dann rastet sie aus.

»Was fällt Ihnen ein? Was glauben Sie, was Sie da tun? Ich hatte Ihnen gesagt, dass es keine Fragen an den Zeugen geben soll, und was machen Sie? Fragen den Zeugen! Was glauben Sie eigentlich, wer Sie sind?« Marlene von Späth steht mitten im Raum. Sie zittert. Der Blick ist kalt.

Sophie beobachtet, wie Pirlo durchatmet. Dann holt er zum Gegenschlag aus. »Warum haben Sie uns von dieser Affäre nichts erzählt?« Er spricht ruhig. Tiefe Stimme. Fast wie immer. Aber eben nur fast. Sophie bemerkt die Härte. Die Entschlossenheit. Sie sieht, dass das auch Marlene von Späth nicht entgeht. Einen Augenblick stehen sich die beiden direkt vor Sophie gegenüber. Marlene von Späth und Pirlo. Beide wütend. Beide verbissen.

»So kann ich Sie nicht verteidigen«, knirscht Pirlo schließlich.

»So kann ich mich von Ihnen nicht verteidigen lassen«, zischt sie.

»Ab jetzt gibt es keine Überraschungen mehr«, fordert Pirlo.

»Wenn Sie das sagen!« Marlene von Späth lacht – nicht besonders freundlich. Dann kommt der Wachtmeister und holt sie ab.

Als Pirlo und Sophie vor dem Gericht in die Sonne treten, hat Sophie immer noch viele Fragen.

»Was machen wir denn jetzt mit den neuen Informationen?«

»Wir sollten uns auf jeden Fall Zeit nehmen, das gründlich zu überlegen«, sagt Pirlo. Dann verstummt er. Sophie folgt seinem Blick. Vor dem Gericht steht ein schwarzer Mercedes. Getönte Scheiben. Wummernder Bass. Den Fahrer kann man unter seiner ins Gesicht gezogenen, schwarzen Kappe von den *Yankees* nicht erkennen. Eine Klischeekiste bis ins Detail. Sophie schmunzelt und dreht sich zu Pirlo. Sie erschrickt. Pirlo sieht blass aus. Besorgt.

»Ich muss mich um was kümmern«, sagt er. Klingt nicht gut. Ehe Sophie etwas erwidern kann, geht Pirlo über den Vorplatz und steigt bei dem Mercedes auf der Beifahrerseite ein. Die Reifen drehen durch. Die Kiste saust los.

Sophie bleibt allein zurück. Bis gerade hatte sie tausend Fragen. Und jetzt noch mindestens tausend weitere.

3

KEINE SCHISCHA. KEIN KOKS. KEINE LÖSUNG.

Im Anschluss an Gomes.

»Was soll der Scheiß?«, fragt Pirlo.

»Entspann dich, Bruder«, brummt Ahmid durch brüllenden Rap. Pirlo erkennt, dass der Text deutsch ist. Er versteht trotzdem kein Wort.

»Am Arsch, entspann dich, Bruder!«, motzt Pirlo. Er ist wütend. Zu Recht. »Was glaubst du, was passiert, wenn uns jemand bei so einer Aktion sieht? Wobei, warte mal, das war ja am helllichten Tag, verdammt! *Natürlich* hat uns jemand gesehen! Also korrigiere ich mich: Was glaubst du, was passiert, wenn uns jemand sieht *und* sich Gedanken darüber macht?«

»Macht schon keiner.« Ahmid biegt in die Immermannstraße ein. Die Reifen quietschen. »Ist den Leuten doch egal.«

»*Deinen* Leuten vielleicht«, brüllt Pirlo, »aber das da sind *meine* Leute! Und da kommt so was für uns alle scheiße an, okay?«

Ahmid bremst. Es quietscht. Er dreht sich zu Pirlo um und zieht die *Yankees*-Baseballkappe ab. Die schwarzen Haare über dem Undercut sind immer noch perfekt nach hinten gestylt. Tonnen von Gel verfehlen da selten ihre Wirkung.

»Deine Leute, meine Leute«, schreit Ahmid durch das Rapgebrüll. »Fick deine Leute, Bruder! Fick die! Wir sind Familie, Mann! Familie!«

»Hör mir auf mit dieser Scheiße!«, schreit Pirlo zurück. Eine Haarsträhne hat sich gelöst und fällt in die Stirn. Egal. Er ist jetzt richtig sauer. Noch mehr als gestern. So langsam erinnert er sich auch wieder, wie er mit Ahmid zu sprechen hat. Nämlich genau so, wie Ahmid spricht. Und kein bisschen anders. »Fick deine Scheiß-Ideen! Fick deinen fetten Auftritt mit dem fetten Mercedes! So was kommt nicht mehr vor, Bruder, ist das klar, du dummer Ficker?«

Ahmid grinst. »Du bist ja doch nicht so eine Schwuchtel, wie ich dachte. Zumindest keine so schlimme.« Dann macht er die Musik aus und die Tür auf. »*Ahlan wa sahlan*. Wir sind übrigens da.«

Dass Pirlo anders war als die anderen beiden Jungs, hatten seine Eltern früh gewusst, aber spät wahrhaben wollen. Seine älteren Brüder hatten sich damit noch schwerer getan, auch wenn sich die Anzeichen dafür verdichteten. Besonders übel: Pirlo rauchte keine Schischa.

»Rauch die verdammte Schischa«, hatte Mahmed gesagt, als Pirlo zwölf Jahre alt war, und ihm auf den Kopf gehauen.

»Du bist eine Schande für die Familie«, hatte Ahmid hinzugefügt und ihm auf den Kopf gehauen.

»Du blamierst uns vor unseren Freunden.« Dazu gab es die nächste Kopfnuss.

»Fickt euch«, hatte Pirlo ihnen entgegengeschleudert. Natürlich hatten sie ihn verprügelt. Geraucht hatte er trotzdem nicht.

»Schischa?«, fragt der Kerl, den Pirlo schon einmal gesehen zu haben glaubt, aber nicht richtig einordnen kann. Eine rhetorische Frage. Er hält ihm die Wasserpfeife sowieso schon hin.

»Nein, danke«, antwortet Pirlo.

»Er hat es an den Bronchien«, sagt Ahmid, einfach, um irgendwas zu sagen, damit er sich nicht so schämen muss. »Gesundheitsgründe.«

»Aha.« Der Anbietende nickt. Die anderen drei nicken auch. Sie sitzen im Hinterzimmer eines Wettbüros in Oberbilk. Das Bahnhofsviertel. »Klein Marokko« nennen es Medien und Polizei, wenn hier etwas passiert. Und hier passiert eigentlich immer irgendwo irgendwas. Die Schischa kreist zu Ahmid, der raucht und sie dann mit einer Demutsgeste weiterreicht. Pirlo sieht zu und begreift, dass sie hier nicht das Ruder in der Hand haben, sondern diejenigen sind, die eingeladen wurden. Wenn es nicht *vorgeladen* besser trifft.

»Wie geht es Mahmed?«, fragt der Mann mit den grauen Schläfen, der hier der Älteste sein dürfte.

Ahmid macht eine Handbewegung. Er antwortet. Vielleicht ist das besser so, denkt Pirlo. Sicher ist er sich nicht. »Mahmed kommt durch«, sagt Ahmid. »Die Kugel, die er sich gefangen hat, war nur eine Fleischwunde.« Pirlo weiß nicht, was ihn mehr irritiert. Die seltsame Grammatik, oder dass sein Bruder klingt wie ein Darsteller aus einem Terminator-Film. Die anderen nicken alle. Also nickt er auch. »Mahmed ist noch eine Woche im Krankenhaus. Dann kommt er raus und braucht noch ein bisschen Zeit. Und dann ficken wir die verdammten Albaner!« Den letzten Satz hat Ahmid geschrien.

Der mit den grauen Schläfen rührt weiter ruhig in seinem Tee. »So ist das also. Dann fickt ihr die Albaner.«

Pirlo sieht das Durcheinander in Ahmids Gesicht. Er kennt ihn lange genug. Das hier ist nicht gut. Gar nicht. »Ich dachte *wir* ficken die Albaner, Bruder. Wir gemeinsam!«

»Ist das so?«, fragt Emre. Er lächelt, ohne nett auszusehen. Eigentlich ist das für ihn gar nicht so leicht. Dazu ist er ein zu schöner Mann. Pirlo versucht, seinen Blick einzufangen, aber Emre sieht nur Ahmid an. Sogar alte Allianzen helfen hier also nicht weiter. Dabei kennt Pirlo Emre schon seit der Grundschule. Emre ist zwei Jahre älter als er, landete aber irgendwann in Pirlos Klasse. Da Pirlo ihn abschreiben ließ, schaffte Emre am Ende tatsächlich das Abi. Anders als in Pirlos Familie war das nicht einmal ein Grund zur Scham, aber Emre ist auch ein Ben Hamid. Wer die Hosen anhat, darf schon mal entspannter sein. Wobei von Entspannung jetzt gerade keine Rede ist. Pirlo merkt das nicht nur daran, dass Emre ihn nicht ansieht, sondern vor allem an dem Blick, den Ahmid sich fängt. »Ist das so?«, wiederholt Emre. Es klingt nicht gut. Diesmal bemerkt es auch Ahmid.

»Das ist so«, sagt er noch einmal. »Wir ficken die Albaner, Bruder! Die haben das verdient. Die haben auf Mahmed geschossen, die Arschlöcher. Wir ficken die!«

Emre sieht auf seine Hände. Dann schaut er zu dem Dritten im Bunde, dem Typen, den Pirlo nicht richtig einordnen kann und der locker als das Gegenteil von Emre durchgeht. Hier ist nichts weich, nichts freundlich. Der Mann, der sich als Bessim vorgestellt hat, ist aus Stein. Jedenfalls will er so aussehen. Da Steine nicht sprechen, sagt Bessim nichts. Der Blick wandert weiter zu dem Graumelierten.

»Und warum sollten wir das tun«, fragt der, »die Albaner mit euch gemeinsam ficken?« Er wiederholt zwar Ahmids Worte, lässt aber alle merken, dass es nicht seine eigenen sind. Pirlo ist sich nicht sicher, ob das bei Ahmid ankommt. Der ist damit beschäftigt, dass er alle seine Argumente eigentlich schon vorgetragen hat.

»Weil sie auf Mahmed geschossen haben!« Ahmid klingt empört. Und ein kleines bisschen vorsichtiger.

»Warum war Mahmed in Eller?«

Ahmid seufzt. »Wir haben gehört, dass die Kroaten eine Ladung mit Koks erwarten. Weil die Bullen gerade auf der Hut sind, sollte das über einen toten Briefkasten laufen, ein Auto, abgestellt hinten bei REWE auf dem Parkplatz. Die Sache war ganz einfach: Das Auto kommt, der Fahrer geht, die Kroaten kommen, holen mit einem Schlüssel das Zeug und verschwinden wieder. Der Plan war, dass wir gleichzeitig mit den Kroaten da sind und denen das Zeug dann abnehmen. Aber da waren auch die Albaner, die …« Weiter kommt er nicht. Der Graue hat die Hand gehoben. Ganz beiläufig zwar nur, verfehlt aber trotzdem nicht seine Wirkung.

»Warum war Mahmed in Eller?«

»Weil wir das Koks holen wollten.«

»Warum wolltet ihr das Koks holen?«

Ahmid zögert kurz. »Für einen Deal.«

»Einen Deal?«

Ahmid nickt. Die Atmosphäre hat sich verändert. Pirlo hofft, dass das auch bei seinem Bruder ankommt. Schnellstmöglich.

»Seit wann wickelt die Familie Khatib Koksdeals ab?«, fragt der Graue nachdenklich.

Ahmid antwortet nicht. Pirlo, der die Antwort nicht wusste und nie wissen wollte, weiß sie jetzt. *Scheiße*. Das ist nicht gut.

»Sag mir, Ahmid, seit wann wickelt die Familie Khatib Koksdeals ab?«, fragt der Graue noch einmal.

»Das wäre das erste Mal gewesen«, antwortet Ahmid. Er klingt kleinlaut. Aber auch trotzig.

»Also seit nie?«, fragt der Graue.

»Ja, seit nie.«

»Was glaubt ihr Arschlöcher, euch da einfach so einmischen zu können?« Ein Teeglas fliegt durch den Raum. Ahmid blutet an der Stirn. Pirlos Ohren dröhnen, so laut hat der Graue gebrüllt. Es ist gut, dass sie in einem Hinterzimmer sitzen, wo keiner sie hören oder sehen kann. Wobei: Vielleicht ist das eher nicht gut. Jetzt stehen die anderen drei nämlich im Raum, Emre, Bessim und der Graue. Alle starren Ahmid an, der auf seinem

Sitzkissen hockt und versucht, das Blut zu stoppen. Pirlo beachtet keiner. Noch.

»Was glaubt ihr Arschlöcher eigentlich, wer ihr seid?« Der Graue brüllt schon wieder. Bessim tritt Ahmid in die Rippen.

»Antworte!«

»Ich weiß nicht, Jassir«, stammelt Ahmid. Womit Pirlo den Namen des Grauen erfahren hat. Und dass es hier wirklich ein Problem gibt. Das wird noch größer, als Bessim ein Messer zückt.

»Vielleicht war das ein Missverständnis«, hört er jemanden sagen. Sich selbst. *Scheiße*!

Alle sehen ihn an. »Wer ist das?«, fragt der Graue.

»Ramzes«, stottert Ahmid. »Mein Bruder.«

Der Graue taxiert Pirlo. Die gepflegte Frisur. Den teuren Anzug. Die feinen Schuhe.

»Bist du Anwalt oder was?«

»Ja«, sagt Pirlo. Jetzt ist es ohnehin egal.

»Rechtsanwalt Khatib? Von dir hab ich ja noch nie was gehört.«

»Er nennt sich Pirlo«, haut Ahmid raus. Sogar jetzt ist er noch fies. »Dr. Pirlo.«

»Wegen der Haare oder wie?«, fragt der Graue. »Von diesem italienischen Mittelfeldspieler?« Blöd ist er nicht.

»Andrea Pirlo«, sagt Emre, »Weltmeister 2006, war erst bei Inter, dann Champions-League-Sieger mit Milan und Juve. Krasser Name, Bruder.« Emre zwinkert Pirlo zu. Ein bisschen Nähe darf dann doch sein. Zumindest zwischendurch.

»Warum ziehst du deinen Bruder in diese Scheiße?«, fragt der Graue den immer noch am Boden kauernden Ahmid. Er hat es nicht mal nötig, sich bei Pirlo zu erkundigen, ob er eigentlich freiwillig hier ist. Wie gesagt: Blöd ist er nicht.

»Kann es sein, dass ihr beiden übergeschnappt seid, dein beschissener älterer Bruder und du? Kann es sein, dass ihr, Mahmed und du, völlig den Verstand verloren habt? Wir hatten vieles erwartet, jetzt, da euer Vater nicht mehr unter uns ist. Dass ihr kommt und mehr Jobs wollt. Mehr Arbeit. Oder sogar ein eigenes Gebiet. Dass ihr großspurig seid und dreist und dumm. Aber dass ihr so dämlich seid, eine solche Nummer abzuziehen, weil ihr irgendwas von irgendwem gehört habt, und dass sich einer von euch Idioten auch noch abknallen lässt und danach tatsächlich so bescheuert ist, in ein öffentliches Krankenhaus zu fahren, das hat wirklich unser aller Vorstellungskraft gesprengt. Herzlichen Glückwunsch. Ihr Penner!«

Bessim schlägt Ahmid mit der flachen Hand auf die blutende Stirn. Ahmid heult auf, und Pirlo orientiert sich. Der Graue hat wieder geschrien. Pirlo kann ihn verstehen. Leider ist er aber irgendwie parteiisch.

Der Graue macht weiter: »Ist dir klar, dass ihr damit gegen *Interessen* verstoßen habt, Ahmid? Ist dir klar, dass es Leute gibt, die sagen, dass die Kroaten jetzt eine Entschädigung von euch kriegen müssen?«

Pirlo hofft inständig, dass jetzt nicht kommt, was eigentlich kommen muss. Das hält für ungefähr eine Sekunde. Dann hat der Graue sich wieder gefangen. Er wischt sich wütend den an seinem Kinn klebenden Spuckefaden ab und holt zum großen Finale aus: »Und ist dir klar, dass wir zu diesen Leuten gehören?«

Scheiße, denkt Pirlo.

»Lasst euch eine Lösung einfallen, ihr Penner!«, raunzt der Graue. Bessim tritt Ahmid noch einmal in die Rippen. Dann dürfen sie gehen. Emre bringt sie raus. Während Ahmid sich mühsam auf den Fahrersitz des Mercedes fallen lässt, tauschen Emre und Pirlo noch einen Blick aus. In dem von Emre liegt ein Hauch von Mitgefühl, in Pirlos Panik.

»Ihr hättet bei dem bleiben sollen, was die Familie Khatib beherrscht. Damit seid ihr nicht schlecht gefahren. Nicht spektakulär gut, klar. Aber auch nicht schlecht.« Dann schließt Emre die Tür des Wettbüros hinter sich. Pirlo steht einen Augenblick unschlüssig herum. Dann steigt er zu Ahmid in den Wagen.

»Vielleicht hat Emre ja recht«, sagt er. »Vielleicht wäre es besser, einfach bei den alten Strukturen zu bleiben.«

»Halt den Mund, Bruder«, gibt Ahmid zurück. Dann tritt er das Gaspedal durch.

4

FAMILIENBETRIEB.

Vor langer Zeit in einem anderen Land.

Riyad Khatib war zwölf Jahre alt, als er aus einem Flüchtlingslager im Libanon in ein fremdes Land kam. Er hatte weder eine Vorstellung davon, welches Land es war, noch, wo es lag. Überhaupt hatte er nicht besonders viel Ahnung von irgendjemandem oder irgendetwas, außer von Krieg, davon, wie es sich anhörte, wenn ein Haus unter einem Mörser zusammenstürzte, davon, wie man am Pfeifgeräusch einer Bombe erkannte, wie viel Zeit noch war, um Schutz zu suchen, ehe sie detonierte, und davon, wie man den Brechreiz unterdrückte, wenn man einer Leiche auf der Straße das Geld aus den Taschen nahm, damit man sich auf dem Schwarzmarkt etwas zu essen kaufen konnte. Er wusste, wie es aussah, wenn ein Mann einen offenen Bruch hatte. Er wusste, wie es klang, wenn ein MG abgefeuert wurde. Und er wusste, wie es sich anfühlte, ein Geschwister zu Grabe zu tragen. Er hatte das fünfmal getan, so oft, bis er das einzige Kind war, das noch lebte. In Deutschland gab es keinen Krieg. Riyad mochte das Land sofort. Noch mehr mochte er, was es dort sonst so gab. Das war, zu seiner eigenen Überraschung, Bildung. Riyad hatte sich aus Büchern nie besonders viel gemacht. Bücher helfen selten unmittelbar beim Überleben, jedenfalls nicht, wenn andere auf einen schießen. Er hatte im Libanon zwei Jahre auf der Grundschule verbracht. Danach hatte das Chaos alles Weitere obsolet gemacht. Im Flüchtlingslager hatte er Schuhe geputzt, Brot ausgefahren, Latrinen geleert und Wäsche gewaschen. Jeden Tag. In dieser Reihenfolge. In Deutschland hatten sie ihn in die dritte Klasse gesteckt. Dort waren nicht nur alle Kinder drei Jahre jünger als er, sondern konnten schon lesen, schreiben und rechnen. Riyad konnte das nicht. Trotzdem schaffte er ein Jahr später das Klassenziel und im Jahr darauf den Sprung in die weiterführende Schule. Die Mathematik setzte ihm noch zu, aber er biss die Zähne zusammen und schaffte den Abschluss, danach auch noch die Mittlere Reife. Er war achtzehn Jahre alt, sprach Deutsch mit rheinischem Zungenschlag, hatte eine blonde Freundin aus seiner Jahrgangsstufe, trank Altbier und ging auf den Karneval. Aus Riyad, dem Flüchtling, war ein Düsseldorfer Jung geworden. Ein Jahr später heiratete er eine Libanesin aus dem Nachbarort, in dem seine Eltern aufgewachsen waren. So viel Tradition musste dann doch sein. Kurz darauf war Maryam Khatib schwanger. Um die Familie ernähren zu können, begann Riyad eine Lehre als Kranfahrer auf dem Bau. Die Arbeit war hart und schlecht bezahlt. Er biss sich durch, arbeitete mehr als andere und wurde doch weniger beachtet. Egal, was er auch anstellte, er blieb immer »der Araber«. Auf dem Bau arbeiteten viele Ausländer, vor allem solche aus dem Ostblock – Albaner, Polen, Slowenen, Slowaken, Tschechen. Irgendwann kamen auch andere Bauarbeiter aus arabischen Ländern, die meisten Flüchtlinge wie damals Riyad selbst. Iraker, Iraner, Palästinenser. Auch Libanesen waren dabei. Da er der Erste gewesen war, den man als Araber wahrgenommen hatte und der sich aufgrund seines freundlichen Wesens mit allen gut verstand, blieb Riyad Khatib für die meisten aber trotzdem einfach der »Araber«. Er trug den Spitznamen wie einen Ehrentitel.

Die Sache mit dem Büro begann während der großen Baukrise Mitte der Neunziger. Nahezu alle Unternehmen stellten Mitarbeiter frei. Wie immer traf es bei der Sozialauswahl zuerst die schwächsten Glieder in der Kette: die Ausländer. Riyad blieb vorerst von der Entlassungswelle verschont. Zum einen war er schon lange dabei, zum anderen hatte seine Frau das zweite Kind bekommen nach Mohammed, den sie Mahmed nannten, einen weiteren Sohn mit Namen Ahmid. Die Baubranche war hart, aber nicht herzlos. Einen jungen Vater von zwei Kindern wollte man nicht auf der Straße haben. Andere dagegen schon. Der Erste, der zu ihm kam und ihn um Hilfe bat, war ein Palästinenser namens Walid, der fürchtete, in seine Heimat abgeschoben zu werden, wenn er keine feste Arbeit mehr nachweisen konnte. Da in Palästina einmal mehr der Krieg tobte, fragte er den Araber, ob der ihm bei einem Asylantrag helfen könne. Der Araber galt als freundlich und als klug. Man hatte ihn schon mit einer deutschen Zeitung gesehen. Wer deutsch lesen konnte, konnte vielleicht auch deutsch schreiben. Und das konnte nur von Vorteil sein. Einen Monat darauf wurde der Asylantrag bewilligt. Wenig später konnte sich Riyad Khatib vor Aufträgen kaum retten. Die Asylanträge traten dabei rasch in den Hintergrund. Was die Leute ohne Job am meisten brauchten, war Geld. Riyad half gern und schnell bei Anträgen auf Arbeitslosengeld. Alles, was er dafür nahm, waren Dank und eine Provision. Dabei war er weder billig noch teuer, genau so, wie es ein guter Dienstleister sein musste. Denn das war der Araber mittlerweile geworden: Ein Dienstleister in Sachen Anträge. Als ihm ein halbes Jahr später ebenfalls gekündigt wurde, fiel das finanziell kaum ins Gewicht. Für das Büro, das er in der Wohnung der Familie in Mörsenbroich am Küchentisch eingerichtet hatte, war es sogar der endgültige Durchbruch. Nach kurzer Zeit gingen dort am Tag bis zu dreißig Leute ein und aus, darunter bald auch die ersten Deutschen. Natürlich konnte man zum Amt gehen und sich dort bei einem Antrag helfen lassen. Es sprach aber einfach mehr dafür, einem zu vertrauen, der als Spezialist galt und dem, das war wichtig, andere ebenfalls vertrauten.

Häufig steht am Anfang einer großen Idee ein erstaunlich kleiner Zufall. Bei Chandurasilu Nahasaprapilarian war es schlicht ein Buchstabendreher. Wie viele pakistanische Namen war auch dieser kompliziert. Chandu, wie er sich selbst vorstellte, war an einem Wochenendtag, der für Riyad Khatib ein Arbeitstag wie jeder andere war, in den frühen Abendstunden gekommen und hatte um Unterstützung beim Ausfüllen eines Antrags auf Arbeitslosengeld gebeten. Riyad, der sich viel Mühe gab, immer schnell und korrekt zu sein, und sich noch mehr darauf einbildete, hatte, als sie endlich zum Ende kamen, in abendlicher Schläfrigkeit bei einem der vielen Vokale geschludert und einen Dreher eingebaut. Nahasaprapilarean statt Nahasaprapilarian. Weder ihm noch Chandu war das aufgefallen. Einen Monat später kam der Pakistani, um sich darüber zu beschweren, dass er von der Behörde noch nichts gehört habe. Es war Vormittag, und Riyad Khatib riet ihm, direkt beim Amt anzurufen. Riyad Khatib schickte seine Frau und die beiden spielenden Jungen aus der Küche und lauschte am Hörer mit. Die Dame vom Amt wirkte nicht besonders helle, war dafür aber hilfsbereit. Sie entschuldigte sich bei Herrn Nahasaprapilarian, dass sein Name als Nahasaprapilarean aufgenommen worden war. Das Arbeitslosengeld werde künftig auf das angegebene Konto bei der Stadtsparkasse Düsseldorf ausgezahlt. Er müsse wissen, dass es derzeit eine richtige Schwemme von Anträgen von Pakistanis gab, die alle vor der Arbeitslosigkeit einer sozialversicherungspflichtigen Tätigkeit nachgegangen seien und daher einen Anspruch auf Stütze hätten in dieser ja für alle schweren Zeit. Und alle Namen würden sich nur in Nuancen unterscheiden, manchmal noch nicht mal beim Vornamen, daher passierten ständig solche Fehler, die aber eigentlich nicht sein dürften, wie gesagt, es tue ihr darum auch leid, und sie hoffe, dass ihm deswegen nicht irgendwelche Unannehmlichkeiten entstanden seien und so weiter. Als sie aufgelegt hatten, sahen sich Chandu und Riyad lange an. Beide mussten verarbeiten, was sie gerade gehört hatten. Noch am gleichen Tag legten sie für Chandurasilu Nahasaprapilarian ein Konto bei der Volksbank Düsseldorf an und stellten den Antrag auf Arbeitslosengeld erneut. Kurz darauf ging das erste Geld ein. Chandu war von einem Baggerfahrer ohne Job zu einem gut situierten Arbeitslosen mit doppeltem Einkommen geworden. Riyad Khatib hatte eine Goldgrube entdeckt. Zwar hatten nicht alle, genau genommen sogar die wenigsten, das Glück, sich, wie Chandu, mit demselben Ausweis, nämlich ihrem eigentlich richtigen, bei der Behörde melden und den Antrag stellen zu können. Wie sich schnell herausstellte, war das aber ein lösbares Problem. Über einen seiner Kontakte aus den alten Zeiten im Flüchtlingsheim kam Riyad Khatib mit einem ehemaligen Mitarbeiter der libanesischen Militäradministration in Kontakt, der mittlerweile auch in Deutschland lebte. Zwar verabscheute Riyad Khatib alles, was mit Soldaten und Krieg zu tun hatte, aber er war auch Geschäftsmann. Der Militarist konnte Ausweise jeder Art fälschen. Damit war er an Bord, und der Laden lief. Und wie.

Als Jassir Ben Hamid das erste Mal auf einen Tee bei Riyad Khatib vorbeischaute, war das Büro bereits eine Goldgrube. Riyad stellte für seine Kunden am Tag mindestens zehn Anträge auf Arbeitslosengeld. Wer zwei Konten und zwei Ausweise mitbrachte, bekam zwei Anträge in Düsseldorf, wer mehr hatte, für den stellten sie Anträge auch in Duisburg, Essen, Oberhausen, wo auch immer. Flog ein Schwindel auf, erklärte ihn der Erwischte als Buchstabendreher, für den er nichts gekonnt habe. *Deutsche Sprache, schwere Sprache. Ich nix verstehen. Antrag schwer deutsch.* Wurde doch einmal Anklage erhoben und waren die Behörden wach genug, um nach Hintermännern zu fragen, schwiegen die Erwischten eisern. Für Sozialversicherungsbetrug kam schon lange keiner mehr ins Gefängnis. Man zahlte das Geld zurück, druckte ein paar neue Ausweise und war zurück in der Lotterie. Den Araber verpfiff keiner. Zu groß waren die Dankbarkeit und die Angst davor, wer den Araber schützen würde. Der Witz war: Lange tat das keiner. Jassir Ben Hamid war fest entschlossen, das zu ändern.

Riyad Khatib wusste sofort, was die Stunde geschlagen hatte. Die Ben Hamids waren Tunesier mit türkischen Wurzeln, die sie dadurch ehrten, dass ihre Kinder türkische Vornamen erhielten. Dafür waren sie bekannt. Außerdem erpressten sie Schutzgeld, kontrollierten den Strich, verkauften Drogen, verschoben gestohlene Fahrzeuge und erledigten angeblich Auftragsmorde. Unter dem Strich hatte ihnen das einen gewissen Ruf eingetragen. Das Gespräch war daher kurz und effektiv. Riyad sollte sich ein Leben lang angenehm daran erinnern. Jassir erklärte ihm, dass man das Geschäft übernehmen wolle. Allerdings war der Araber eine Institution, eine Referenz für gute und verschwiegene Arbeit. Das konnte man nicht einfach austauschen, zumal die Kinder des Arabers, die beiden Jungs, mittlerweile laufen und sprechen konnten und jetzt schon dabei halfen, Anträge zu tackern und zu heften. Die Khatibs hatten einen Familienbetrieb. Das respektierte man. Außerdem waren die Abläufe nicht so leicht zu ersetzen, wie zum Beispiel der Militär mit den Ausweisen. Ob ihn das störe, hatte Jassir gefragt, und Riyad hatte ihm diese Frage hoch angerechnet. Nein, hatte er geantwortet. Drei Tage später verschwand der Torso des Militärs auf einem Schrottplatz, und die Ben Hamids übernahmen die Sache mit den Pässen. Riyad Khatib arbeitete fortan für sie, erhielt pro Woche eine Pauschale, konnte nebenher immer noch genug abzwacken und musste sich nie mehr Sorgen um Geld machen.

»Das waren die guten Jahre«, murmelt Ahmid. Er wischt eine Träne aus dem Auge. Sie sitzen in Kaiserswerth auf dem Rheindamm. »Die Goldene Zeit«, fügt er hinzu und dann: »Die Zeit, bevor du gekommen bist.«

Tatsächlich hatte sich durch Pirlos Geburt überhaupt nichts geändert. Als Pirlo acht Jahre nach Ahmid überraschend auf die Welt kam, lief das Familienbusiness bereits wie am Schnürchen. Die Weltlage half nach Kräften mit. Ständig war irgendwo irgendein Krieg, der eine unüberschaubare Zahl neuer Menschen nach Deutschland brachte, eine Wirtschaftskrise nach der anderen spülte neue Arbeitslose an, spätestens alle vier Jahre änderten die Deutschen dann auch noch alle möglichen Gesetze. Das wiederum erforderte neue Formulare und damit auch neue Möglichkeiten. Riyad Khatib hatte viel Wert darauf gelegt, dass seine Söhne gut in der Schule waren, die sie beide – wie er – mit der Mittleren Reife abgeschlossen hatten. Im Anschluss absolvierten sie auf dem Papier eine Lehre in einer der Kfz-Werkstätten der Ben Hamids. Tatsächlich arbeiteten sie, sobald es ging, im Familienbetrieb mit. Für den kleinen Ramzes war da nicht nur kein Platz, er zeigte auch kein besonderes Interesse am Tackern und Lochen. Da der Laden brummte, störte das keinen, zumal der Knirps sich die Bildungsoffensive seines Vaters entschlossen auf die Fahnen geschrieben zu haben schien. Wo immer man ihn stehen oder gehen sah, trug er ein Buch mit sich herum, las, rechnete, schrieb. Ohne dass das jemandem besonders auffiel, rutschte er ehrenrundenfrei durch die Grundschule und das Gymnasium. Als Ramzes sein Abitur machte, stand eine Eins vor dem Komma. Riyad Khatib registrierte das mittlerweile durchaus und platzte vor Stolz. Das galt erst recht, als sein Sohn sich dazu entschloss, sich an der Uni einzuschreiben und Jura zu studieren. Ein paar Jahre später hatte Ramzes Khatib ein

Prädikatsexamen und einen Doktortitel. Das Familienunternehmen lief auch ohne ihn. Wenn er wollte, standen ihm alle Türen offen.

»Das war, bevor du Schande über uns gebracht hast«, keift Ahmid.

»Ach, Ahmid«, sagt Pirlo, »halt doch einfach mal den Mund.« Zu seiner großen Überraschung macht sein Bruder das wirklich. Er fährt ihn sogar nach Hause, so dass Pirlo noch den nächsten Verhandlungstag vorbereiten kann. Zumindest das, was es dafür überhaupt vorzubereiten gibt.

5

MANCHMAL IST DAS SO.

3. September.

Bei Dr. Reimund Kübler hat die Verteidigung nichts zu gewinnen. Manchmal ist das so. Der bei der Obduktion eingesetzte Gerichtsmediziner schildert minutiös jeden der fünf Stiche auf Florian von Späth. Er beschreibt, wie und wo das für die Tat verwendete Küchenmesser des Fabrikats WMF 2000 in den Körper eindrang, welche Nervenstränge es durchtrennte und welche Organe es perforierte. Pirlo kratzt sich an der Stirn. Das Küchenmesser WMF 2000 war einer der Endgegner. Das größte Messer aus dem Set in der Küche der von Späths. Gemeinsam mit den anderen im Block gekauft, nach der Tat am Tatort liegen lassen. Verwertbare Fingerabdrücke gab es kaum. Dazu war überall viel zu viel Blut gewesen. Die wenigen unvollständigen Abdrücke, die sich fanden, stammen von Marlene von Späth. Es war ihr Messer aus ihrer Küche. Die Spuren sind damit per se nicht tatrelevant, in Kombination mit dem Mord aber natürlich irgendwie doch.

Die Stiche, so Kübler, kamen von hinten. Florian von Späth sei überrascht worden. Er habe in der Diele gestanden, rechts neben der Küche, der Ausgangstür zugewandt. Es spreche viel dafür, dass er sich im Gehen befunden habe. Das macht Sinn. Von Späth war erst kurz zuvor von einer Abendveranstaltung an den Rheinterrassen zurückgekommen. Dort hatte er sich mit dem Hinweis verabschiedet, er sei gleich wieder da. Er war zu

Fuß aufgebrochen, was aber nicht verwunderte. In Düsseldorf gibt es zwar viele mondäne Villengegenden. Die beste Lage ist allerdings die in Golzheim in unmittelbarer Nähe zum Fluss, Blick auf die Rheinterrassen, Oberkassel und, wenn das Wetter mitspielt, einen malerischen Sonnenuntergang. Für Florian von Späth war es eine Selbstverständlichkeit, dort zu residieren. Ein rheinischer Baulöwe brauchte schließlich ein rheinisches Prachtdomizil. Von seiner Villa kam er allerdings nicht mehr zurück, weil ihm jemand, wie die Anklage behauptet, seine Frau, heimtückisch ein Messer mehrfach in den Rücken gerammt hatte. Und das war nur der Anfang.

»Die Stiche erfolgten mit solcher Wucht in den Herzbereich zwischen den Rippen, dass das Opfer vornüberfiel«, sagt Kübler. Er kann das so staubtrocken erklären, wie er will. Gegenargumente gibt es nicht.

Über einen Beamer wirft die Kammer ein Foto an die Wand. Die Zuschauer reagieren mit Stühlerücken. Pirlo kann das gut verstehen. Er kennt die Bilder zwar aus der Akte. In einer Größe von drei mal drei Metern ist der tote, in seinem eigenen Blut auf dem Bauch liegende Körper von Florian von Späth trotzdem auch für ihn starker Tobak. Er sieht nach rechts. Sophie muss ebenfalls schlucken. Aus Marlene von Späths wie immer sorgfältig geschminktem Gesicht ist jede Farbe gewichen. Pirlo hofft, dass das auch die Kammer bemerkt.

»Danke«, sagt Adams und macht sich eine Notiz.

Die Staatsanwaltschaft hat keine Fragen.

Für die Verteidigung beschränkt sich Pirlo auf ein kurzes Nachhaken: »Kann man ausschließen, dass es mehrere Täter waren?«

Kübler kratzt das spärlich behaarte Haupt. »Ausschließen kann man das nicht. Aber die zeitlich direkt aufeinanderfolgenden Stiche auf engem Raum sprechen doch deutlich dafür, dass wir es mit einem einzigen Täter zu tun haben.«

Dann ist die Vernehmung vorüber. Der Gerichtstag hat zwar nicht lange gedauert. Die Details des Mordes waren trotzdem anstrengend genug. Adams hat ein Einsehen und vertagt die Verhandlung auf den nächsten Tag. Marlene von Späth muss zurück in die JVA. Pirlo und Sophie spazieren durch Oberbilk und enden in der strahlenden Sommersonne an einem Dönerstand. Pirlo hat Hunger. Das hat er nach Verhandlungen immer, da kann noch so viel gemordet worden sein.

»Ideen?«, fragt er.

Sophie schüttelt den Kopf. »Er hat nicht ausgeschlossen, dass es mehrere Täter waren. Er hat allerdings auch nicht ausgeschlossen, dass es nicht so war. Die Sache mit den mehreren Stichen ist auch noch offen.«

»Was meinst du, woran das liegt?«

»Mir fällt immer noch nichts wirklich Schlüssiges ein. Es hat den Anschein, als sei der Täter noch einmal zurückgekommen, habe aber irgendwann dazwischen den Enthusiasmus verloren.«

»Und warum?«

Sophie beißt in ihre Falafel. Auch Pirlo isst. Beide denken nach.

»Keine Ahnung«, sagt Sophie.

»Fuck. Ich auch nicht. Immer noch nicht.«

»Sollen wir Marlene fragen?«

»Sie wird uns sagen, dass sie es auch nicht weiß, weil sie gar nicht dabei war, als ihr Mann getötet wurde.«

»Was ja eigentlich gut ist.«

»Eigentlich ja.«

Sie essen. Schweigen. Denken.

»Am Ende gehen alle mit dem Bild nach Hause, das heute im Gerichtssaal zu sehen war. Auch die Richter und die Schöffen. Von Späth in seinem eigenen Blut.«

»Ja.«

»Scheiße.«

6

HUNDERTFÜNFZIGTAUSEND PROBLEME.

Nach Kübler.

Pirlo mag keine Krankenhäuser. Als Mandanten sind sie anstrengend. Muss man jemanden dort besuchen, ist es sogar noch schlimmer.

»Schön, dich zu sehen, *Akhi*«, sagt der Ältere. »Komm rein, Bruder.«

»Du siehst besser aus, als ich dachte, Bruder«, antwortet Pirlo und meint das auch so. Mahmed ist noch etwas blass um die Nasenspitze. Ansonsten wirkt er weitgehend wiederhergestellt.

»Übermorgen wollen sie mich entlassen«, sagt Mahmed.

»Gut«, sagt Pirlo. »Auch wenn du draußen wahrscheinlich wenig Zeit hast, um dich zu schonen.«

»*Naam*«, sagt Mahmed. »Ich weiß.«

»War Ahmid hier?«

»Ja.«

»Hat er berichtet, was bei Jassir passiert ist?«

»Nicht alles, aber genug.«

Pirlo nickt. »Und jetzt? Was hast du vor?«

Mahmed fährt sich mit der Hand über den Bart. Sogar hier im Krankenhaus ist er sorgfältig gestutzt. Es gibt Dinge, bei denen man einfach nicht nachlässig sein darf. Nie. »Ich wünschte, ich hätte diese beschissene Idee nicht gehabt, Bruder.«

Pirlo nickt wieder. Dachte er sich schon. Macht es aber natürlich auch nicht besser.

Mahmed spricht weiter: »Vielleicht kannst du dir das ja vorstellen, Bruder, diesen Stress, den du hast, wenn du immer nur für den alten Mann arbeitest, was das mit dir macht, wenn du zuschaust, wie die anderen in der Zwischenzeit die Kohle scheffeln und du nur rumhockst mit deinen Anträgen und Formularen. *Der Sohn des Arabers*. Und die anderen fahren mit den richtig dicken Kisten und drehen das richtig große Rad. Das ist doch kein Leben, Bruder. Das ist doch nichts für einen Mann.« Er zögert kurz, macht eine Pause, holt Luft. »Als unser Vater gestorben ist, *Allah yirhamo*, Gott hab ihn selig.«

»Gott hab ihn selig«, murmelt Pirlo.

»Als er dann plötzlich gestorben ist, da blieben wir einfach übrig, Ahmid und ich und die Formulare, und alles ging weiter wie zuvor. Wir waren die neuen Araber. Ich war der neue Araber. Kannst du dir das vorstellen? Bruder, das wollte ich nicht. Das wollte ich nie, schon vorher nicht und danach erst recht nicht mehr. Also haben wir eine Gelegenheit ergriffen. Wir wollten das ändern. Oben mitspielen.«

»Ohne Rücksprache zu halten.«

Mahmed fasst sich ans Ohrläppchen. Was jetzt kommt, ist ihm unangenehm. »Das war natürlich dumm, vor allem im Nachhinein betrachtet. Was soll ich sagen, wir waren blind und gierig. Wir wollten einfach zu viel. Wir haben diesen Tipp bekommen, und da dachten wir, das müssen wir nutzen. Da schlagen wir zu. Himmel, Bruder, ich fand mich schon klug, weil ich Ahmid dazu gebracht hab, damit zu leben, dass ich derjenige bin, der die Waffe hat.« Mahmed lacht und verzerrt das Gesicht, als die Wunde schmerzt. Pirlo sieht ihn an, wie er da sitzt, eine ältere, dickere, gerade etwas blassere Version seiner selbst. Er mag Mahmed, mochte ihn schon immer. Sicher, als Kind hat sein älterer

Bruder ihn hemmungslos verprügelt. Bei Mahmed hatte er aber immer den Eindruck, dass er das nur tat, weil das eben etwas war, was man so machte. Es hatte das Fiese, über die Stränge Schlagende gefehlt, das Ahmid an den Tag gelegt hatte.

Pirlo setzt mit ruhiger Stimme an: »Ich will dich nicht stressen, Bruder, aber da draußen läuft noch einer von uns rum und bringt ein erhebliches Potenzial dafür mit, bald wieder Scheiß zu bauen. Also sieh mir die Frage nach: Was hast du vor?«

Mahmed kratzt sich an seinem dicken Bauch. »Wir müssen irgendwie dafür sorgen, dass die alle nicht mehr sauer auf uns sind. Das Einfachste wäre natürlich, wir nehmen diesen Albanern das Koks wieder ab und liefern es bei den Kroaten ab oder bei dem verrückten Ficker, dem es eben gehört.«

»Meinst du denn, das geht so einfach?«

Mahmed sieht ihn lange an. »Und ich dachte immer, du seist der Schlaue in unserer Familie.«

Pirlo räuspert sich. »Also was dann?«

»Wir werden irgendwo Geld auftreiben müssen.«

»Aha.«

»Ja. Wir brauchen hundertfünfzigtausend Euro.«

»Das ist viel«, sagt Pirlo.

»Stimmt.«

»Allerdings«, murmelt Pirlo und fragt sich einmal mehr, wie naiv er eigentlich ist. Oder wie dumm. Das trifft es noch besser. Er ist tatsächlich überrascht, als Mahmed sich erkundigt: »Wie viel hast du?«

»*Shoo*? Was?«

»Geld, Bruder. Wie viel Geld hast du?«

Pirlo sammelt sich. »Was meinst du? Geld, das ich dir gebe?«

»Geld, das du deiner Familie gibst. Das du deiner Familie schuldest.« Mahmed lächelt. Ein gemütlicher Brummbär, der aber auch ganz anders kann. Pirlo weiß das nur zu gut. Was er ebenfalls weiß, ist, dass Argumente jetzt hier nicht viel helfen, sondern nur die Stimmung vergiften. Und dass er am Ende ohnehin verliert. So oder so.

»Also, wie viel, Bruder?«, fragt Mahmed.

»Keine Ahnung«, sagt Pirlo. Was soll er jetzt antworten? Bei Ohmsen ist in den letzten Jahren einiges zusammengekommen. Den großen Schnitt hätte er aber erst als Partner gemacht. Zudem schluckt der Lebensstil als Staranwalt mehr, als man für möglich hält. Die Anzüge. Die Schuhe. Die Affären. Er ist immer wieder selbst überrascht. Pirlo bemerkt, wie er nervös wird. Mahmeds Blick bleibt an ihm kleben. Er muss jetzt etwas sagen. »Fünfzigtausend vielleicht?«

Mahmed lacht. Diesmal muss er sich nicht mal die Seite halten. »Fünfzigtausend? Nach den vielen Jahren bei Ohmsen?«

»Was soll ich sagen, Bruder? Frauen halt.«

»Was fickst du denn für eine Art Frau, Bruder?« Mahmed lacht. »Und jetzt verarsch mich nicht. Wie viel Geld hast du?«

Pirlo zuckt mit den Schultern. »Fünfundsiebzigtausend. Mehr nicht.« Das stimmt sogar mehr oder weniger. Auch Mahmed scheint das zu spüren. Er nimmt es zur Kenntnis. Entsetzt zwar, aber immerhin.

»Und dieser neue Fall, diese Verteidigung, die in der POST steht. Was wirft das ab?«

Pirlo zuckt wieder mit den Schultern. »Keine Ahnung.« Das wundert ihn zwar selbst, stimmt aber. Er hat mit Marlene von Späths Mutter nur über das Mandat gesprochen, nicht über das Honorar. Danach hat er einfach losgelegt. Sophie hat er bislang noch nicht bezahlen müssen und wenn, dann macht er das von seinem eigenen Geld. Denkt er jedenfalls. Er erinnert sich an Arlands Worte, von wegen zum Leben zu blöd. Vielleicht ist da wirklich was dran.

Mahmed scheint seine Gedanken zu erraten. »Du bist wirklich ein Träumer, Bruder.« Er gibt seiner Stimme etwas Weiches. »Das warst du schon immer.« Dann ist das Weiche weg. »Und jetzt versuch rauszufinden, was da zusammenkommt.«

»Wie viel fehlt denn?«, fragt Pirlo. Wenn schon naiv, dann wenigstens richtig.

»Bisher der Rest«, sagt Mahmed. »Aber das nächste Mal, wenn wir uns sehen, ist das bestimmt nicht mehr so.«

FÜNFTER TEIL
AUGUST

1

CASA PALMIERI.

3. August.

Pirlo räumt auf. Mistet aus. Wirft weg. Besonders zimperlich ist er dabei nicht. Immerhin lohnt es sich. Ein paar Stunden später sieht das Wohnzimmer aus wie ein halbwegs seriöser Arbeitsraum.

Die Blumenkübel mit den Ganzjahrespflanzen haben endlich einmal Wasser gesehen. Auch der Bonsai, den er für den Freispruch im Metternich-Verfahren von Fonsi geschenkt bekommen hat, hat wieder eine kleine Überlebenschance. Der Korb mit dem Fußball und dem Tennisschläger wandert ebenso in den Keller wie der Saxophonkoffer, zu dem Pirlo sich kaum mehr erinnert, wann er ihn das letzte Mal geöffnet hatte. Auch das orangefarbene Klapprad nimmt den Weg ins Untergeschoss.

Auf den frisch gewonnenen Platz stellt Pirlo einen Holztisch aus dem Möbelhaus, der weder teuer ist, noch besonders gut aussieht. Beides ist nicht wichtig. Kurz darauf ist er mit Ausdrucken aus der Akte bedeckt und von ihm fast nichts mehr zu sehen. An die Wände kommen die großen Übersichten, die Sophie und Pirlo in den vergangenen Tagen gezeichnet haben. Die Chronologie des Tatabends. Die Übersicht zu den wichtigsten Personen. Die Zeugenliste der Kammer. Die wichtigsten Verteidigungsstrategien. Die entscheidenden Sätze aus den Haustyrannen-Entscheidungen.

Dann ruft er Sarah an und trifft sich mit ihr zum Abendessen in der *Casa Palmieri*. Pirlo mag das kleine italienische Familienrestaurant auf der Hochzeitsmeile, wo sich ein Brautmodengeschäft an das nächste reiht. Er bestellt Spaghetti Vongole und kalten Weißwein. Der erste Schluck erfrischt nicht nur. Ein bisschen weckt er auch auf. Was Pirlo ins Grübeln bringt. Wann hat er eigentlich das letzte Mal an etwas anderes gedacht als an das Verfahren? Paolo bringt es bei der Begrüßung auf den Punkt. »Du solltest mal eine Pause machen, *Dottore*. Irgendwie siehst du ganz schön beschissen aus.«

Pirlo lacht. »Danke. Das höre ich öfter.«

»Pass auf dich auf, *amico*«, sagt Paolo und klopft ihm auf die Schulter. »Lass dich nicht zu sehr von deinen Mandanten stressen.« Dann lachen beide. Aus gutem Grund.

Vor ein paar Jahren hat Pirlo Paolo verteidigt. Eines Tages hatte der bei Ohmsen am Empfang gestanden und nach Pirlo verlangt, da er wegen des Fotos auf der Kanzlei-Homepage darauf geschlossen hatte, dass dieser gleichaltrige, schwarzhaarige Anwalt auch Italiener sein müsse. Das war Pirlo zwar nicht. Er verteidigte Paolo aber trotzdem. Am Ende gewann er das Verfahren, auch wenn es lange nicht danach aussah.

Paolo Palmieri hatte sich von zwei halbseidenen Restaurantgästen dazu überreden lassen, über die Adresse der *Casa Palmieri* ein Zweitgewerbe für den Handel von CO_2-Emissionszertifikaten anzumelden. Was nach etwas klingt, das eigentlich gar nicht funktionieren konnte, lief fast fünf Jahre gut. Es waren die goldenen Jahre des CO_2-Zertifikathandels. Medien und Wirtschaft begannen, sich mit dem neu entdeckten Problem des Klimawandels zu beschäftigen. Unternehmen wollten sauber sein und gaben Emissionszertifikate aus und kauften welche ein. Spätestens als die EU beschloss, dass die Zertifikate nicht mehr physisch weitergegeben werden mussten, stieg niemand mehr durch. Für interessierte Kreise war das wie ein Startschuss, der einfach nicht zu überhören war. Quasi über Nacht schossen Agenturen, die mit den Zertifikaten handelten, wie Pilze aus dem Boden. Da es dazu nichts weiter brauchte als eine Gewerbeanmeldung, fanden sich diese Agenturen bald nicht nur in Banken. Sondern überall. In Schneiderein, Glücksspielhallen, Waschsalons. Und Pizzerien. Nach außen änderte sich nichts, während im Hintergrund virtuelle Zertifikate im Wert von mehreren Millionen Euro über diese Adressen liefen. So weit, so gut. Und so erlaubt. Der Clou geschah mit der Grenzüberschreitung. Kamen die Zertifikate aus dem Ausland nach Deutschland, fiel Umsatzsteuer an. Da jedes Zertifikat aber schnell weitergereicht wurde, fehlte ebenso schnell der Überblick. Hier kamen die kleinen Unternehmen ins Spiel. Die Zertifikate wanderten fiktiv von einer Adresse zur nächsten. Jede erklärte die Umsatzsteuer für entrichtet. Am Ende stand das auch auf dem virtuellen Zertifikat. Ging dieses wieder ins Ausland, erstattete der deutsche Staat eine Umsatzsteuer, die niemals von irgendjemandem gezahlt worden war. Alles, was es brauchte, waren ein hinreichendes Durcheinander und eine Großbank, die den gesamten Geldverkehr abwickelte. Beides fand sich erstaunlich schnell. In den folgenden Jahren hatten die Erfinder des Systems mehr als genug Zeit, um alles zu verfeinern. Und um den Absprung vorzubereiten. Als die Blase schließlich platzte und landesweit die Staatsanwaltschaften ausrückten, waren die Urheber der Idee längst über alle Berge. Zurück blieben die kleinen Unternehmer auf der Abwicklungsebene. Das Landeskriminalamt durchsuchte die *Casa Palmieri* an einem Dienstag im Februar. Am Mittwoch stand Paolo Palmieri bei Ohmsen auf der Matte. Pirlo legte sofort los. Trotzdem dauerte es fast ein ganzes Jahr, bis es ihm gelang, die Ermittlungen zur Einstellung zu bringen.

Paolo zahlte einen großen Teil der Gewinne aus dem Zertifikatehandel an den Staat zurück, musste im Gegenzug nicht in den Knast. Alles in allem blieb nicht viel mehr als ein blaues Auge. Und eine lebenslange Freundschaft zu Pirlo. Seitdem ist die *Casa Palmieri* Pirlos Lieblingsrestaurant. Selbst wenn er will, zahlt er dort nichts. Wenn er, wie heute, eine Verabredung hat und zwei Gerichte anfallen, versteckt er das Geld einfach unter den Tellern. Paolo schickt ihm im Gegenzug eine Flasche Wein nach Hause. Jede Freundschaft hat nun einmal ihren ganz eigenen Rhythmus. Diese macht da keine Ausnahme.

Nach dem Essen trinken Pirlo und Sarah mit Paolo noch einen Grappa. Sie flunkern. Erzählen Geschichten. Lachen viel. Von allen Frauen, die Pirlo in die *Casa Palmieri* ausführt, mag Paolo Sarah am meisten. Sarah ist eigenständig und klug. Sie arbeitet als Designerin bei einem der vielen Labels im Modeviertel, reist in diesem Job permanent um die Welt und hat keinerlei Interesse an allzu festen Bindungen. Im Zusammenspiel mit Pirlo ergibt das eine gelungene Kombination. Paolo hat sich an das lose, aber herzliche Miteinander der beiden gewöhnt und stellt schon lange keine Fragen mehr. Alles in allem führt diese Konstellation zu einem sehr gelösten Abend. Die angenehme Atmosphäre tut Pirlo gut. Die Leichtigkeit. Mit keinem Wort spricht er über den Fall. Über das Gespräch in der Schischa-Bar erst recht nicht. Im Gegenteil, für einen kurzen Augenblick fühlt sich alles fast wieder normal an.

2

VERHANDLUNGEN.

5. August. In der Kanzlei.

Manchmal ist Wirtschaft einfach. Bevor man mit Menschen Geld verdient, muss man ihnen welches geben. Es bringt daher nichts, das Thema Gehalt noch weiter aufzuschieben. Selbst wenn Sophie es nicht von selbst anspricht. Sie arbeitet viel. Arland hatte recht, Pirlo braucht sie. Also muss er ihr auch etwas zahlen. Das steht außer Frage. Schwierig ist allerdings, wie er das Thema ansprechen soll.

»Ist alles in Ordnung?«, fragt Sophie.

»Klar«, sagt Pirlo. Sie sitzen auf einer Bank im Park. Die Nachmittagshitze hat die Wohnung/Kanzlei in einen Glutofen verwandelt. Vor der Tür, in dem kleinen Pempelforter Nachbarschaftspark, ist es zwar auch heiß. Zumindest ab und an kommt aber etwas erfrischender Wind auf. »Hast du eigentlich mal darüber nachgedacht, was du in der Kanzlei verdienen willst?« Pirlo hört selbst, dass er unbeholfen klingt. Und ist. Aber mal ernsthaft: Wie viel zahlt man der Tochter von Ernst Mahler? Was ist der Marktwert einer Kanzlei, die noch nicht einmal ein Klingelschild hat? Oder einen eigenen Namen. Seit dem ersten Gespräch veranstalten sie um dieses Thema einen kleinen Eiertanz. Pirlo weiß nicht, wie viel er Sophie bieten soll. Und sie scheint nicht zu wissen, wie viel sie haben will.

»Dreitausend?«, fragt sie.

»Brutto oder netto?«

»Brutto«, sagt sie.

Pirlo nickt. Aus der Zeit bei Ohmsen ist noch einiges übrig. Er hat keine besonderen Verpflichtungen und nichts zu tilgen. Die Verhandlungen bezüglich des Honorars mit Marlene von Späth stehen zwar noch aus, es wird die Kosten aber sicher decken. Er kann sich Sophie leisten. Also schlägt er ein. Es gibt keinen Grund, sich zu allem anderen auch noch finanzielle Sorgen zu machen.

Danach steht wieder die Arbeit mit der Akte an. Zwischenzeitlich sind sie Ortsberichte und alle polizeilichen Zeugenaussagen mehrfach durch. Besonders gut sieht es weiterhin nicht aus. Niemand hat mitbekommen, wie Florian von Späth erstochen wurde. Im Gegenteil, die Vorhänge im Erdgeschoss waren zugezogen. Selbst wenn jemand draußen vorbeigelaufen wäre, hätte er nichts sehen können. Außerdem hat niemand beobachtet, wie jemand in das Haus eingedrungen ist. Dazu passt, dass es auch keine Spuren für einen Einbruch gibt. In dem Haus wurde nichts entwendet. Der Safe im Arbeitszimmer von Florian von Späth stand zwar offen, war aber nicht leer. Im Gegenteil, das darin liegende Bargeld war unberührt. Niemand hat ein Geständnis abgelegt. Der ganze Verdacht liegt bei Marlene von Späth.

»Klar, sie könnte sich gegen einen Haustyrannen gewehrt haben«, fasst Pirlo zusammen. »Aber abgesehen davon, dass sie sagt, dass sie ihren Mann nicht getötet hat, wäre ein Alternativtäter natürlich deutlich besser.«

»Als Kandidat haben wir bislang nur diesen Markus Schütz«, sagt Sophie.

»Hast du zwischenzeitlich noch mehr über ihn rausgefunden?«

»In einem Artikel der Wirtschaftswoche hieß es vor ein paar Jahren, dass er einem Eskimo einen Kühlschrank verkaufen könnte. Schütz muss als Vertriebler richtig gut gewesen sein.«

»Das spricht umso mehr dafür, dass hinter der Trennung von WDvS eine Geschichte steckt. Warum hätte er sonst gehen sollen?«

»Sehe ich genauso. Ich habe daher versucht rauszufinden, wann und wo man ihn greifen kann.«

»Und?«

»Es ist schwieriger als gedacht. Schütz verbringt anscheinend sehr viel Zeit in der Zentrale seiner Splitterpartei in der Nähe des Aquazoos. Ich habe dort angerufen, um zu fragen, ob er für ein Gespräch mit uns zur Verfügung steht.«

»Was hast du gesagt?«

»Dass wir die Verteidiger von Marlene von Späth sind.«

»Und was hat er gesagt?«

»Er war nicht zu sprechen. Ich bin an dem Typen vom Telefondienst einfach nicht vorbeigekommen. Alles, was ich ihm abringen konnte, war das Versprechen, dass er Schütz unser Anliegen mitteilt und der dann zurückruft. Das hat er aber nicht gemacht.« Pirlo kratzt sich nachdenklich am Kinn. Sophie kommt auch ins Grübeln. »Was hättest du anders gemacht.«

Pirlo zuckt mit den Schultern. »Nichts, schätze ich. Ernsthaft, danke, dass du es versucht hast. Ich überlege auch gerade etwas anderes.«

»Wie wir sonst an Schütz herankommen?«

»Genau.«

»Was schlägst du vor?«

Pirlo sieht auf die Uhr. Kurz nach eins. »Vielleicht macht er irgendwo auswärts Mittagspause. Wir könnten einfach mal vorbeifahren.«

Sophie sieht ihn skeptisch an. »Bist du sicher, dass das was bringt?«

»Nein. Aber ich bin mir sicher, dass wir keine bessere Idee haben.«

3

REKAPITULATION.

5. August. Auf der Straße vor FPGE.

Kurz darauf sitzen sie in Pirlos Mercedes und genießen den Vorzug der Klimaanlage. Draußen tobt der Hochsommer. Kein Wunder, dass die Straße zur Mittagszeit leergefegt ist. Die Parteizentrale der FPGE residiert in einem erkennbar liebevoll restaurierten Bau aus der Gründerzeit. Davor stehen mehrere Nobelkarossen.

»Dafür, dass sie nichts mit Euros zu tun haben wollen, scheinen diese Leute ganz gut zu wissen, wofür man sie ausgeben kann«, bemerkt Sophie.

»Sie trennen sich davon so schnell und konsequent, wie sie nur können«, erwidert Pirlo. Kurz lachen sie. Dann atmet er durch und sagt: »Lass uns die Gelegenheit nutzen, um noch einmal zu rekapitulieren, was wir über den Tatabend wissen.«

»In Ordnung.« Sophie setzt sich auf. Kurz presst sie die Augen zusammen. Dann ist sie bereit. »Von Späth ist über WDvS bei einer Abendveranstaltung in den Rheinterrassen eingeladen, wo die Firma einen Preis erhalten soll. Dort geht er mit seinem Co-Geschäftsführer hin.«

»Danzinger«, wirft Pirlo ein.

Sophie nickt. »Richtig, Danzinger. Nach dem, was die Zeugen aus dem Unternehmen sagen, war es nicht ungewöhnlich, dass die WDvS-Geschäftsführer nach außen als Tandem auftraten.

Ebenso wenig ungewöhnlich war es, dass sie ohne ihre Frauen kamen. Bei der Veranstaltung sitzen sie an einem Achtertisch in der Nähe der Bühne. Eine halbe Stunde, bevor die Ehrung von WDvS auf dem Programm steht, unterhält sich von Späth kurz mit Danzinger. Dann steht er auf und geht.«

»Wobei er laut der Tischgesellschaft und der Kellner keinen gehetzten Eindruck macht.«

»Allerdings wirkt er durchaus entschlossen«, ergänzt Sophie. »Er verlässt den Raum und kommt nicht zurück. Danzinger bleibt allein zurück. Er wirkt etwas ratlos. Nach ein paar Minuten entschuldigt er sich und erklärt, er wolle sehen, wo sein Kompagnon sei.«

»Dann sucht Danzinger draußen nach jemandem. Das sagt jedenfalls der Türsteher. Wie heißt er doch gleich?«

»Kramer.«

»Richtig. Simon Kramer. Er sagt, dass Danzinger minutenlang auf und ab ging und danach unverrichteter Dinge wieder in das Gebäude zurückkehrte.«

»Dort wirkt er unaufgeregt. Manche von dem Achtertisch sagten, wenn überhaupt, habe er einen erleichterten Eindruck gemacht. Niemand erinnert sich an etwas Auffälliges. Insbesondere erinnert sich niemand an Blutspuren.«

»Allerdings trägt Danzinger ein schwarzes Sakko über einem schwarzen Hemd. Wenn es Blutspuren gab, müssen sie nicht zwingend aufgefallen sein. Es rechnet ja niemand damit, bei einem solchen Anlass auf Blut zu achten.«

Pirlo nickt. »Okay. Lass uns jetzt bei von Späth bleiben. Er läuft also nach Hause.«

»Wobei ihn niemand gesehen hat.«

»Das ist nicht wichtig. Schließlich ist er dort ja angekommen.«

»Die Frage ist: Warum will er überhaupt dorthin? Aus der Telefondatenauswertung wissen wir, dass er niemanden angerufen, keine Nachrichten geschrieben und auch keine bekommen hat. Er scheint sich auf direktem Weg nach Hause begeben zu haben. Also: Warum?«

»Vielleicht sollten wir uns dort mal umsehen«, murmelt Pirlo.

»Wo? Im Haus?«

»Warum nicht?«

»Ist das nicht als Tatort versiegelt?«

»Von vorn auf jeden Fall. Außerdem gibt es da die Straße auf der anderen Seite die Promenade. Im Sommer sind dort rund um die Uhr Leute unterwegs. Wenn man die Mauer zu dem Grundstück der von Späths von außen überklettert, ist die Wahrscheinlichkeit groß, dass das jemand beobachtet und meldet.«

»Wie sieht es hinten aus?«

»Sind angrenzende Grundstücke der feinen Düsseldorfer Gesellschaft. Jetzt wäre es natürlich toll, wenn wir jemanden kennen würden, der mit diesen Kreisen vertraut ist.«

Sophie seufzt. »Ich kann ja mal sehen, wer da so wohnt.«

»Sag dem Geldadel schöne Grüße.«

Sie zieht die Augenbrauen hoch. »Du bist nicht so lustig, wie du denkst.«

»Das war nicht lustig gemeint.«

»Bitte nicht.«

»Weil es doch witzig war?«

»Weil es sonst noch trauriger ist.«

Pirlo kommt nicht dazu, etwas zu erwidern. Auf der anderen Straßenseite verlässt Schütz das Haus. Sophie hat ihn auch gesehen. Beide rutschen in den Sitzen ein Stück nach unten. Nötig ist das nicht. Schütz steuert zielsicher auf einen Porsche Cabrio zu und fährt los.

»Und jetzt?«, fragt Pirlo, als er wieder auftaucht.

»Hinterher?«

Pirlo nickt. »Hinterher!«

4

DRAMA, BABY!

Direkt im Anschluss. Direkt dahinter.

In der Theorie sind Verfolgungsjagden einfach. Man fädelt hinter dem zu verfolgenden Auto ein, lässt ein, zwei andere Fahrzeuge dazwischen fahren und verliert trotzdem nie die Tuchfühlung. Klingt eigentlich simpel. Ist es aber nicht.

»Wo ist der beschissene Porsche denn jetzt schon wieder?«, flucht Pirlo.

»Keine Ahnung. Da!«

»Wo?«

»Nein, war er nicht. Aber da! Da ist er.«

Stimmt. Auf der langen geraden Straße, die Unterrath mit dem Zentrum verbindet, hat der Porsche so gut wie alle Ampelphasen ignoriert. Pirlo nicht. Jetzt taucht das Cabrio wieder in ihrem Blickfeld auf. Sophie rückt in ihrem Sitz nach vorn. Noch einmal wird sie diese verdammte Kiste nicht entkommen lassen. Tatsächlich gelingt es allmählich besser, an Schütz dranzubleiben, was aber auch daran liegt, dass Schütz zielsicher in Richtung Altstadt fährt. Kurz bevor rechter Hand die *Casa Palmieri* auftaucht, muss Pirlo sogar runter vom Gas, um nicht zu deutlich aufzuholen. Danach geht es vorbei am Hofgarten, nach dem Theatermuseum im Tunnel unter dem Kö-Bogen hindurch, raus auf die Berliner Allee und von dort nach rechts mitten auf das Zentrum der Stadt zu. Die Königsallee. Das Tor zur Altstadt.

Der Sehnsuchtsort der Reichen und Schönen und aller, die das eine oder andere gern sein würden. Die deutschen *Champs-Élysées*. Auf dem ganzen Kontinent wahrscheinlich der am besten geeignete Ort, um einfach mal ein paar Runden mit einem coolen Auto im Kreis zu fahren. Was Schütz jetzt auch tut. Und zwar zum dritten Mal. Die rechte Kö-Seite hoch, vorbei an den Banken, Pressehäusern und Kanzleien. Dann wenden am Südende des langen Wasserbeckens in der Mitte der Allee und auf der anderen Seite zurück, wo all die Edelboutiquen sind, die wie immer aus allen Nähten platzenden Straßencafés und die fast unüberschaubaren Massen an Sommertouristen. Dort biegt er links ab, rollt vorbei an der wasserspeienden Neptun-Statue und den Nobelhotels. Dann geht die Fahrt von vorn los.

»Was meinst du, was soll das?«, fragt Sophie.

»Keine Ahnung«, murmelt Pirlo. Er klingt verbissen. »Vielleicht ist diese Tour für ihn das, was für andere ein Mittagsspaziergang ist. Vielleicht will er den Car-Spottern was bieten. Vielleicht ist er auch einfach nicht ganz richtig im Kopf. Was auch immer, ich hoffe, er ist bald fertig damit. Langsam geht der Kerl mir ganz schön auf die Nerven.«

»Meinst du, er hat uns entdeckt.«

»Glaube ich nicht, dann hätte er uns wahrscheinlich abzuhängen versucht. Wenn er hier ständig im Kreis herumfährt, macht er es uns ja eher einfach.«

»Stimmt. Aber irgendwie fühlt es sich sonderbar an.«

Pirlo kommentiert das nicht. Sophie ist sich jedoch sicher, dass es in ihm genauso gärt.

Nach einer gefühlten Ewigkeit biegt Schütz am Südende der Kö ab, steuert gemütlich auf das ovale große GAP-Hochhaus zu und fährt von dort in entspanntem Tempo in Richtung Medienhafen. Pirlo folgt ihm in einiger Distanz.

»Vielleicht hat er einen Termin im Hafen und die Gelegenheit genutzt, ein paar Runden auf der Kö zu drehen und anzugeben?«, schlägt Sophie vor.

»Hoffentlich«, knirscht Pirlo.

Dann aber lässt Schütz den Medienhafen mit all den Hotels, Bars und Restaurants hinter sich und fährt weiter in Richtung Speicherhäuser. Die Straßen werden wieder breiter. Die Anzahl der Menschen nimmt ab. Dort, wo er jetzt hinsteuert, befinden sich die alten Docks. Große Klinkerbauten, die nahe am Wasser stehen. Weitläufig, aber schwer überschaubar. Schütz rollt langsam über die Pflastersteinstraßen, blinkt und biegt in eine Einfahrt ab. Pirlo hat schon eine Ecke vorher gehalten. Sophie und er sehen, wie das Cabrio im gemauerten Eingang verschwindet – und nicht wieder auftaucht.

»Fuck«, flucht Pirlo. »Und jetzt?«

»Sollen wir hinterhergehen?«

»Ich glaube nicht, dass das viel bringt.«

»Warum?«

Pirlo seufzt. »Ich hatte in dieser Ecke mal einen Mandanten, eines der Unternehmen, das Import/Export betreibt. Bei der Gelegenheit war ich mehrfach im Hafen unterwegs. Was wie eine unscheinbare Einfahrt aussieht, kann zu einem Gewirr von Straßen und Wegen führen. Ohne das Auto kommen wir da kaum weiter.«

»Dann fahren wir ihm nach!«

»Was die Gefahr erhöht, dass er uns entdeckt.«

»Was haben wir schon zu verlieren? Offensichtlich hat er kein Interesse daran, uns zurückzurufen. Wenn wir ihn nicht greifen können, tappen wir weiter im Dunkeln.«

Sophie sieht, wie Pirlo überlegt. Mehr will sie ihm eigentlich nicht reinreden. Es ist sein Auto. Er ist der Chef. Dann sagt sie doch noch etwas. Und bereut es im selben Augenblick. »Komm schon. Trau dich!«

Pirlo sieht sie lange an. Dann rollt er genervt die Augen und fährt los.

Die Einfahrt ist eng und Pirlos Mercedes deutlich breiter als das Cabrio von Schütz. Langsam rollt Pirlo auf einen sonnendurchfluteten Innenhof. Als sich die Augen an das grelle Licht gewöhnt haben, erkennt Sophie, dass von diesem Hof drei Straßen abgehen. Und dass es darauf gar nicht ankommt. Das Cabrio von Schütz steht am Ende der Durchfahrt und blockiert diese. Hinter Pirlos Mercedes fährt ein Transporter in die Einfahrt. Vor ihnen taucht Schütz auf. Er sieht nicht erfreut aus. Dasselbe gilt für den Mann neben ihm. Groß. Unfreundlich. Anzug. Sonnenbrille. Und in der Hand eine Pistole.

Langsam nähert sich Schütz dem Fenster an der Fahrerseite. Der Typ mit der Pistole hat sich neben Sophies Beifahrerfenster positioniert. Sophie sieht, wie Pirlo versucht, die Tür zu öffnen. Schütz drückt sie von außen wieder zu. »Wir wollen hier mal brav sitzen bleiben«, zischt er. »Und dann artig sagen, was diese ganze Scheiße hier eigentlich soll.«

Pirlo wirkt besorgt. Und wütend. »Nehmen Sie die Waffe runter.« Er klingt ruhig, aber bestimmt.

Schütz lacht. »Das ist gut!«, ruft er dem anderen Typen zu, der die Pistole in der Hand hält. »Die sind richtig gut! Da verfolgen einen diese Leute durch die halbe Stadt und beklagen sich dann, wenn man sie zur Rede stellt und zeigt, dass man bereit ist, sich im Zweifel gegen solche Nachstellungen zu wehren. Aber Gott sei Dank müssen wir uns das hier nicht gefallen lassen! Gott sei Dank leben wir noch in einem *Rechtsstaat*!« Das letzte Wort hat er geschrien. Sophie sieht, wie der Typ mit der Waffe grinst. Als sie nach dem Türöffner greift, tritt der Kerl gegen die Tür. Sophie atmet schneller. Sie gerät unter Stress. Die Lage könnte schließlich kaum beschissener sein. Sie weiß, dass sie gegen diese Männer ankommt. Dass sie den mit der Pistole entwaffnen und auch den anderen auf die Matte schicken kann. Dazu muss sie allerdings stehen können, Boden unter den Füßen haben. Boxen. Treten. Kickboxen im Sitzen funktioniert nicht. Die bittere Erkenntnis: Sie sitzen in der Falle.

»Also«, bringt sich Schütz in Erinnerung, »was soll die Scheiße?«

Sophie sieht aus dem Augenwinkel, wie Pirlo ihr ein Zeichen gibt. Wahrscheinlich soll es so viel bedeuten wie: Mach dir keine Sorgen. Sophie hofft, dass er es ihr nicht allzu sehr nachträgt, aber nachdem sein Vorstoß von vornhin schon nicht wahnsinnig erfolgreich war, fehlt ihr gerade der Optimismus.

»Wir haben keine falschen Absichten und wollen Ihnen nichts Böses«, sagt Pirlo ruhig.

»Schluss jetzt mit dem Gelaber!«, schreit Schütz. »Ich will sofort wissen, was hier los ist!«

»Wir sind die Verteidiger von Marlene von Späth!«, schreit Sophie aus dem Auto heraus. Sie hört selbst, dass sie genervt klingt. »Wir sind die Verteidiger von Marlene von Späth und wollen mit Ihnen reden!«

»Warum?«, schreit Schütz zurück. Er hat sich heruntergebeugt und sieht Sophie jetzt über Pirlo hinweg an.

»Wir haben Sorge, dass unsere Mandantin unschuldig im Gefängnis sitzt«, sagt Sophie ruhiger.

»Und was hat das mit mir zu tun?«, fragt Schütz.

Sophie versucht, seinen Blick zu fangen. »Wir müssen ausschließen, dass Sie nicht der eigentliche Täter sind.«

Schütz zuckt zusammen. Dann richtet er sich abrupt auf. Einen Augenblick erstarrt Sophie. Ihr Herz rast. Ihre Hand umklammert die Türklinke. Wenn das hier eskaliert, kann sie die Tür vielleicht doch aufreißen. Vielleicht doch angreifen. Der

Typ mit der Pistole scheint abgelenkt von Schütz, den es regelrecht schüttelt. Dann sieht Sophie, warum, und kann es auch hören. Schütz lacht so laut, dass es durch den gesamten Innenhof schallt.

»Ich sage es noch einmal«, fasst Schütz zusammen. »Ein allerletztes Mal, nur, damit wir uns hier klar verstehen. Ich habe Florian von Späth nicht umgebracht. Ich kann das auch gar nicht getan haben. An dem Abend, an dem er getötet wurde, war ich bei einer Parteisitzung der FPGE. Mindestens zehn Leute können das bezeugen. Außerdem gibt es zahlreiche Bilder von diesem Abend. Es wurde sogar ein Video meiner Rede auf YouTube gestellt. So leid es mir tut, ich kann von Späth gar nicht getötet haben. Und leid tut es mir wirklich. Wenn einer einen guten Grund hatte, diesem aufgeblasenen Arschloch ein Ende zu bereiten, dann ja wohl ich. Und ehe Sie noch einmal fragen: Es ist mir klar, dass ich bei dieser Steuersache Scheiße gebaut habe. Natürlich. Es vergeht kein Tag, an dem ich nicht darüber nachdenke, *wie* klar mir das war. Trotzdem war das alles von Späths Idee. Dieser ganze Mist mit der Schwarzen Kasse für die Auslandsreisen. Mit dem Schmiergeld für die Afrikaner. Sicher, ohne Bakschisch brauchst du erst gar nicht versuchen, denen in Namibia ihr Baumaterial für einen Staudamm unterzujubeln. So war das Geschäft schon immer. So wird es immer sein. Das hätte von Späth wahrscheinlich auch keiner übel genommen. Aber dass er dann auch noch versucht hat, diese Beträge als Betriebsausgabe an der Steuer vorbeizuschleusen, obwohl er wusste, dass die ihn sowieso auf dem Kieker hatten, das war einfach dreist! Gierig! Und dumm! Genau wie die brillante Idee, am Ende einfach zu behaupten, ich sei das gewesen. Mich hinzuhängen, rauszuschmeißen und dann mit E-Mails zu kommen, die angeblich zeigen, dass ich ihn hintergangen hätte. Das Arschloch! Mit einem Wisch hat er mir den Job genommen und um ein Haar auch noch die politische Karriere. Alles nur, um seinen eigenen Hintern zu retten. Der angeblich so feine Ehrenmann. Also: Ich habe ihn nicht umgebracht. Aber ich hätte es gern getan, und ich beneide seine Frau, dass sie das Privileg hatte, mir zuvorzukommen. Falls sie es tatsächlich war.«

»Was meinen Sie damit?«, fragt Sophie. Schütz' Mundwinkel zuckt. »Entschuldigung, dass ich gefragt habe«, sagt Sophie und rollt mit den Augen. »Ich weiß, dass ich gegen die Spielregeln verstoßen habe.«

Diese Spielregeln hat Schütz vorhin aufgestellt, als er fertig war mit Lachen und sich wieder gefangen hatte: Sie dürfen aussteigen und sich erklären. Danach halten Sie die Klappe und dürfen dann *vielleicht* abhauen.

Es rumort in Schütz. Dann gibt er sich einen Ruck. »Ich weiß, was die Zeitungen schreiben. Dass alles gegen Marlene von Späth spricht. Dass sie ihren Mann umgebracht hat. Kann ja sein. Muss aber nicht. Und ehe Sie jetzt noch einmal fragen, was ich damit meine: Vielleicht sehen Sie sich einfach mal Danzinger, Späths Nummer zwei, genau an.«

»Danzinger?«

»Genau den. Kann ja sein, dass von Späth eine linke Ratte war und ein Verräter. Dass er keine Freunde mehr gekannt hat, als es darum ging, seinen Arsch zu retten. Dass er sich plötzlich als richtiger Schweinehund entpuppt hat. Das allerdings erst, als ihm das Wasser bis zum Hals stand.«

»Und Danzinger?«

»Der war das alles bereits die ganze Zeit.«

»Würden Sie ihm einen Mord zutrauen?«

»Ich würde Jochen-Norbert Danzinger alles zutrauen. Wenn Sie mich fragen, ist das ein angstgetriebener und immer auf den eigenen Vorteil fixierter Kapitalistensack. Außerdem ist er hinterlistig und unehrlich wie gewisse Leute, die einem nachspionieren und danach auch noch versuchen, ihre Absichten zu verschleiern. Die mag ich offen gestanden genauso wenig.« Er geht einen Schritt auf Pirlo und Sophie zu und pumpt den breiten Brustkorb auf. »Und deshalb verpisst ihr euch jetzt sofort, ehe ich es mir noch mal anders überlege.«

Damit tritt er zurück und gibt dem Fahrer des Lieferwagens hinter dem Mercedes ein Zeichen. Der macht den Weg frei.

Als sie wieder auf Höhe der Altstadt sind, hat Sophie die Bilder und das Video auf dem Smartphone angesehen. Was Schütz gesagt hat, stimmt. Er war den ganzen Abend bei der Sitzung der Partei.

»Damit ist er als Alternativtäter raus«, sagt Pirlo. »Schade eigentlich. Ich hätte mich gefreut, ihn im Gericht wiederzusehen.«

»Andererseits haben wir so mehr Zeit, um uns um diesen Danzinger zu kümmern.«

»Richtig.«

»Wenn wir Reichskanzler Schütz von der Liste der Verdächtigen streichen, bleibt ja niemand anderes übrig.«

»Danzinger also?«

»Danzinger also.«

»Gut. Dann auf ihn mit Gebrüll.«

SECHSTER TEIL

SEPTEMBER

1

WEISS. DANZINGER. VON SPÄTH.

8. September. Vierter Verhandlungstag.

Danzingers massiger Körper füllt den Zeugenstuhl aus. Der Anzug ist maßgeschneidert. Edel. Geschmackvoll. Der Kontrast zu dem, was er verhüllt, ist augenfällig. Auch nicht schön: Danzinger schwitzt gewaltig. Ihn selbst scheint dies nicht besonders zu stören. Alle anderen müssen damit leben.

Jochen-Norbert Danzinger, zweiundsechzig Jahre, war ursprünglich der dritte Mann bei WDvS. Weiss. Danzinger. Von Späth. Dann starb Weiss an einem Gehirntumor und von Späth durch einen Mord. Danzinger blieb übrig. Zuvor war die Rollenaufteilung klar: Von Späth war das Gesicht. Der Charmeur. Der Verkäufer. Danzinger blieb im Hintergrund. Er war der Mann für Material und Zahlen. Der Nüchterne. Der Arbeiter. Viel Glanz blieb neben einem von Späth nicht übrig. Vielleicht startet Danzinger daher jetzt, wo er mal gehört wird, mit einer Anekdote.

Als von Späth und Danzinger Kinder waren, 1968, landete Dorthe mit »Wärst du doch in Düsseldorf geblieben« einen Hit. Der Refrain ging so: *»Wärst du doch in Düsseldorf geblieben, schöner Playboy, du wirst nie ein Cowboy sein. Wärst du doch in Düsseldorf geblieben, das wär besser für dich und für Düsseldorf am Rhein.«* Ein Gassenhauer der harmlosen Art, der auf Düsseldorf-Playlists ebenso zuverlässig auftauchte wie die Lieder der Toten Hosen. Von Späth hatte sich das geschickt zunutze gemacht, indem er bei Veranstaltungen immer mal mit schwarzem Stetson auftrat und sich zum Cowboy erklärte, der in Düsseldorf am Rhein geblieben war. Der Boulevard feierte ihn dafür.

»Und womit? Mit Recht«, sagt Danzinger. Er scheint sich darüber zu freuen. Pirlo zieht eine Augenbraue hoch. Sophie schreibt mit. Marlene von Späth starrt ausdruckslos den Mann an, der sich als der beste Freund und Kenner ihres Mannes verkauft. So, wie das bei ihm klingt, war er es wohl auch.

Die Kammer hat bald keine weiteren Fragen mehr.

Die Staatsanwaltschaft ist auch zufrieden.

Danzinger hat von Späth als extrovertierten Typen beschrieben. Einer mit Ecken und Kanten, trotzdem überall beliebt. Ein Sonnenschein. Einer, wie sie ihn im Rheinland lieben. Erfolgreich genug, um etwas Besseres zu sein, bodenständig genug, um es nicht jedem unter die Nase zu reiben. Die Angeklagte kassiert dagegen heftig. Danzinger schildert sie als Prototyp der Xanthippe, hier nicht glücklich, da unzufrieden, immer irgendwie auf der Suche nach Streit. Gut ist das nicht.

Dann ist die Verteidigung an der Reihe. Pirlo räuspert sich. Er würde jetzt gern aufstehen, durch den Raum schreiten, sich vor Danzinger aufbauen, dramatisch durchatmen und ihm dann seine Fragen um die Ohren hämmern. Leider ist das nicht drin. Die deutsche Justiz sitzt. Pirlo wartet daher brav, bis der Vorsitzende Richter sein Mikrophon freischaltet. Dann lächelt er Danzinger freundlich zu, und los geht's.

»Herr Danzinger, wie lange kannten Sie den Verstorbenen?«

»Ich beanstande die Frage«, brummt Grobulla. »Das haben wir alles schon geklärt.«

Der Vorsitzende Richter wendet sich Pirlo mit Blick über den Rand seiner rahmenlosen Brille zu. »Das haben wir tatsächlich schon besprochen. Genau genommen war das eine der ersten

Fragen, die ich selbst dem Zeugen gestellt habe. Bitte versuchen Sie, Wiederholungen zu vermeiden, Herr Dr. Pirlo.«

»Ich weiß, dass die Frage bereits gestellt wurde«, entgegnet Pirlo ungerührt. »Ich stelle sie trotzdem noch einmal.«

»Dann beanstande ich die Frage erneut und zur Sicherheit alle weiteren Wiederholungen gleich mit«, knurrt Grobulla.

Der Vorsitzende, Adams, schaut indigniert. So hat er sich das hier nicht vorgestellt. An Pirlo gerichtet, fragt er: »Und wofür soll das gut sein, wenn man fragen darf?«

»Ich muss Ihnen das nicht erklären«, antwortet Pirlo. »Wenn ich dem Zeugen eine bestimmte Frage noch einmal stellen will, dann bewegt sich das im Rahmen meiner Rederechte. Sie werden doch nicht ernsthaft der Verteidigung ihre Strategie verbieten wollen?«

»Strategie am Arsch«, zürnt Grobulla, das aber immerhin ohne angeschaltetes Mikro.

»Von mir aus«, murmelt Adams und fingert mit seinen schmalen Händen am Brillengestell herum. Glücklich ist er nicht. »Aber sehen Sie zu, dass es im Rahmen bleibt.«

»Natürlich«, sagt Pirlo. Er wendet sich Danzinger zu. »Also, wie lange kannten Sie den Verstorbenen?«

Danzinger lächelt schmal. »Seit fast einundvierzig Jahren. Wir haben uns als Neunzehnjährige in der ersten Semesterwoche an der Heinrich-Heine-Universität kennengelernt.«

»Wofür hatten Sie sich eingeschrieben?«

»Beide für Architektur, auch wenn das bei mir zu Hause nicht nur Freunde fand.«

»Warum war das so?«

»Wenn Sie so wollen, war meine Familie bis dahin eine Arztdynastie. Die Männer machten ihren Abschluss in Medizin und praktizierten dann in eigenen Praxen.«

»Und die Frauen?«

»Die nicht.«

Pirlo nickt. Er gibt vor, etwas aufzuschreiben, damit alle Gelegenheit haben, sich darüber klarzuwerden, dass Danzinger zuerst über sich selbst gesprochen hat. Der Zeuge macht einen selbstzufriedenen Eindruck. Pirlo bezweifelt, dass das andere auch so sehen. Und sie haben ja gerade erst angefangen.

»Wie war es bei Florian von Späth?«, fragt Pirlo.

»Ähnlich. Die von Späths haben ihr Geld mit Börsengeschäften gemacht und damit eine klassische Vermögensverwaltung aufgebaut. Die Kinder traten dann jeweils in das Unternehmen ein.«

»Auch die Frauen?«, fragt Pirlo.

»Auch die Frauen«, antwortet Danzinger. Falls er den Unterton wahrgenommen hat, lässt er es sich nicht anmerken.

Pirlo bemerkt, wie Grobulla unruhig wird. Er beschließt, es an dieser Stelle gut sein zu lassen. »Zurück zu Herrn von Späth und Ihnen. Haben Sie das Studium erfolgreich beendet?«

»Alle beide, ja. Wir waren Anfang der siebziger Jahre fertig.«

»Goldene Zeiten für die Baubranche«, sagt Pirlo.

Das war zwar keine Frage, aber Danzinger antwortet trotzdem. Er fühlt sich auf sicherem Grund. Was gut ist. »Zweifelsohne. Wir hatten es zwar nicht immer leicht, haben das Glück aber einfach erzwungen.« Er nickt zufrieden. Mehr Applaus für sich selbst ist im Zeugenstand nicht drin.

»Wer kam auf die Idee, WDvS zu gründen?«

»Das war Weiss. Er war an der Uni unser Dozent und ein paar Jahre älter als wir. Martin Weiss hatte auch schon an der Sorbonne und in Buenos Aires an der Independiente gelehrt. Für uns war er zwar altersmäßig noch einigermaßen greifbar, ansonsten aber ein unerreichbares Vorbild.«

»Was hat Weiss dazu bewogen, Sie beide Jungspunde mit ins Boot zu holen?«

Jetzt reicht es Grobulla. Er wirft genervt die Arme in die Höhe. »Was hat das denn mit dem Mord an Florian von Späth zu tun?«

Der Vorsitzende ignoriert ihn.

»Beantworten Sie die Frage«, sagt Pirlo. »Bitte.«

Danzinger lächelt. »Ich glaube, es gibt da keine Geheimnisse. Weiss hatte eine Idee und wollte junge Leute, die sich engagieren. Da er als einfacher Hochschullehrer nicht besonders gut situiert war, gab er von Späth und mir eine Chance und hat sich damit bestimmt auch den finanziellen Rückhalt der jeweiligen Familien gesichert. Die Kombination ergab Sinn: Die Expertise und die internationalen Kontakte von Weiss, der Erfolgshunger und das Geld von Florian und von mir. Das Projekt stand von Beginn an auf einem soliden Fundament und konnte daraus organisch wachsen. So ist es schließlich ja auch gekommen.«

»Wie war Ihr Verhältnis zu Martin Weiss?«

»Freundschaftlich. Sein Krebstod vor fünfzehn Jahren hat mich schwer getroffen.« Danzinger macht eine kleine Pause. Pirlo lässt sie ihm.

»Und wie war Ihr Verhältnis zu Florian von Späth?«

Danzinger zögert. »Florian war mein bester Freund. Sicher, wir sind sehr unterschiedliche Persönlichkeiten, er war ganz klar der Lebemann, ich bin eher ein Mann der Zahlen, der Struktur. An diesen Unterschieden sind wir aber gewachsen und gereift, zumal wir auch viele Gemeinsamkeiten hatten. Wir haben uns beide immer als Freigeister gesehen, als Kreative in unserem Bereich.« Danzinger schluchzt. »Wir sind miteinander durch sämtliche Höhe und Tiefen gegangen. Wir haben eine extrem erfolgreiche Firma aufgebaut und entwickelt. Sicher waren wir nicht immer einer Meinung. Manchmal hatten wir auch unsere Differenzen. Unter dem Strich hat aber kein Blatt Papier zwischen uns gepasst, ehe Florian so plötzlich und so grauenvoll aus dem Leben gerissen wurde.« Sein Blick geht zur Anklagebank.

Marlene von Späth starrt ihn ausdruckslos an.

Pirlo stellt die nächste Frage. Sie führt auf dünnes Eis. »Wie haben Sie die Beziehung zwischen Marlene und Florian von Späth wahrgenommen?«

Danzinger seufzt. »Als schwierig. Florian war schon fünfundvierzig, als er sie kennenlernte. Ich hatte ihn bis dahin immer als ewigen Junggesellen gesehen. Irgendwann war einfach klar, dass sich unsere Lebenswege an dieser Stelle anders entwickeln würden. Ich habe meine Frau mit sechsundzwanzig kennengelernt. Mit dreißig war ich verheiratet. Florian war mein Trauzeuge. An so etwas wie eine feste Beziehung war bei ihm zu diesem Zeitpunkt nicht einmal im Ansatz zu denken. Florian war ein Abenteurer. Wie Sie wissen, hat er damit auch öffentlich kokettiert. Der Boulevard hat sich darüber königlich amüsiert, wenn auch wahrscheinlich nicht halb so königlich wie Florian selbst.« Danzinger hat sich in einem versonnenen Lächeln verloren. Er bemerkt es und fährt sich hektisch über die Augen. »Ich rechnete schon lange nicht mehr damit, eine mögliche Frau von Späth kennenzulernen, als plötzlich Marlene Pogorzelskij auftauchte.« Er spricht den Nachnamen hart aus. Dramatisch. So wie man über eine Krankheit spricht, die man niemandem wünscht, noch nicht einmal einem schlimmen Feind. »Sie war gut zwanzig Jahre jünger als Florian und, wenn ich das so sagen darf, eine dieser Frauen, die man in den Düsseldorfer Bars trifft. Ein bisschen modeln hier, ein bisschen Fotos da, mal hier eine Beziehung mit einem Fußballer, mal dort eine mit einem Manager. Ansonsten habe ich bei ihr nicht viel Substanz gesehen. Das Motto schien mir eher ›Spaß haben, solange jemand anderes bezahlt‹. Und darauf hat sich Florian schließlich bestens verstanden. *Work hard, play hard.* So hat er mir das erklärt. Jedenfalls war Marlene irgendwann fester Bestandteil des Trosses, mit dem er durch die Altstadt und den Hafen zog. Wie dann das eine zum anderen fand, habe ich offen gestanden nie nachvollziehen können, musste aber mit dem Ergebnis leben. Kurz darauf haben die beiden nämlich tatsächlich geheiratet.«

»War es eine glückliche Ehe?«, fragt Pirlo.

»Nein«, sagt Danzinger, »nein, wirklich nicht.«

»Woran lag das nach Ihrer Meinung?«, fragt Adams. Es ist seine Verhandlung. Er entscheidet, wer wann was fragt. Insofern kein Problem. Es nervt Pirlo trotzdem, dass der Vorsitzende Richter ihm den Wind aus den Segeln nimmt.

Danzinger schielt zu der bewegungslosen Marlene von Späth. Dann sagt er: »Ich glaube nicht, dass die Angeklagte Florian wirklich geliebt hat. Das Geld und alles andere bestimmt schon. Die Möglichkeiten. Den Lifestyle. Aber Florian als Mensch? Ich weiß es nicht. Ich glaube nicht. Oder anders: Ich kann es mir beim besten Willen nicht vorstellen.«

»Woran machen Sie das fest?«, fragt Pirlo. Der Vorsitzende lässt es geschehen, obwohl Pirlo schwierige Negativtatsachen abklopft.

Danzinger seufzt. »Woran soll man so was schon festmachen?« Er reibt sich die Stirn. »An der Art, wie sie ihn angesehen hat, zum Beispiel.« Er windet sich. Es fällt ihm schwer, sich zu solchen Fragen zu äußern. Er, der Baulöwe, spricht über Gefühle. Öffentlich. »Ich weiß nicht, wie ich es sagen soll, aber da war einfach nicht so richtig, wie soll ich es formulieren, da war nicht so richtig Liebe in den Augen. Und dann der viele Streit. Ständig haben die beiden gestritten.«

»Worum ging es dabei?«

»Ach, das weiß ich nicht mehr so genau. Irgendwas war immer. Sie warf ihm vor, dass er sich zu wenig um sie kümmere. Er fand sie undankbar und warf ihr Untreue vor. Sie sah sich nicht richtig gewürdigt. Er fühlte sich ausgenutzt.«

»Waren Sie selbst einmal bei einem solchen Streit dabei?«

Danzinger schnaubt. »Natürlich war ich das.«

»Mehr als ein Mal?«

»Mehr als ein Dutzend Mal.«

»Wie lief das ab?«

»Was weiß denn ich«, grummelt Danzinger. »Sie haben halt gestritten. Der eine hat dem anderen dies vorgeworfen, der andere dem andere das.«

»So war das also? Der eine dem einen dies, der andere dem anderen das.«

»Ja, so war das.«

»Also wechselseitig?« Danzinger stutzt. Es entsteht eine winzige Pause. Pirlo grätscht sofort hinein. »Ich habe Sie gerade so verstanden, dass die Vorwürfe gegenseitig vorgetragen wurden. Dass der Streit von beiden Seiten ausging. Das ist doch richtig, oder?«

»Sicher«, murmelt Danzinger. »Aber meistens hat Marlene angefangen.« Dann präzisiert er: »Die Angeklagte.«

Pirlo geht nicht weiter darauf ein. »Wie ging es dann zwischen den Streitenden weiter?«

Danzinger sieht den Vorsitzenden hilfesuchend an. »Was soll ich dazu sagen?«

Der Vorsitzende tippt an seine Brille. »So wie ich die Frage des Verteidigers verstehe, will er wissen, wie ein Streit zwischen den Eheleuten von Späth abgelaufen ist. Das sollten Sie beantworten. Offen gestanden scheint mir die Frage nicht allzu schwer verständlich zu sein.«

»Mir aber«, wirft Grobulla ein. »Wir wissen ja nicht, was für einen Streit die Verteidigung meint.«

»Inwiefern?«, fragt der Vorsitzende.

»Einen Streit zwischen Tür und Angel, einen Streit über Grundsätzliches, drinnen, draußen, was weiß denn ich?«, rattert Grobulla herunter.

»Dann präzisiere ich das.« Pirlo gibt sich einen Ruck. Er kann hier noch lange um den heißen Brei herumreden. Oder er fragt einfach das, worauf es ihm ankommt. Also: »Herr Danzinger, haben Sie mal miterlebt, dass Herr von Späth die Hand gegen seine Ehefrau erhob?«

Im Augenwinkel sieht er, wie Grobulla auf seinem Mikrophon herumdrückt. Danzinger ist aber schneller: »Nein.« Womit alles genau so gelaufen ist, wie es laufen sollte.

Kurz danach ist Grobulla nämlich freigeschaltet und beklagt sich: »Ich beanstande die Frage! Was soll das denn bitteschön heißen, ›die Hand gegen jemanden erheben‹?«

Adams nickt. »Herr Dr. Pirlo, bitte präzisieren Sie Ihre Frage.«

Pirlo nickt. Dann fragt er: »Herr Danzinger, wie oft hat Herr von Späth seine Frau in Ihrem Beisein geschlagen?«

»Ich beanstande die Frage.« Grobulla. Im Zuschauerraum wird geraunt. Grobullas Gesichtsfarbe ähnelt einer Tomate. Langsam hat er die Nase voll. Aber so richtig. »Herr Vorsitzender«, klagt er, »es kann nicht sein, dass die Verteidigung offene Fragen stellt, die niemand versteht, und dann direkt eine Suggestivfrage hinterherschiebt.«

Adams tippt an seine Brille, diesmal etwas energischer. »Herr Dr. Pirlo, bitte feilen Sie an Ihren Fragen. Sie wissen genau, was in Ordnung ist und was nicht.«

Pirlo hebt entschuldigend die Hände. »Es soll nicht wieder vorkommen. Ich frage anders: Herr Danzinger, hat Herr von Späth seine Frau in Ihrem Beisein geschlagen?« Der Zeuge dreht den Kopf weg. Pirlos Stimme holt ihn ein. »Hat er oder hat er nicht?«

Danzingers Finger klopfen in schnellem Takt auf den kleinen Tisch vor dem Zeugenstuhl. »Was weiß denn ich?«

»Das fragen wir Sie ja gerade«, folgt Pirlo ihm, »was Sie wissen!«

Danzinger verdreht genervt die Augen. »Sie müssen mich auch ausreden lassen. Was weiß denn ich, was Sie unter Schlagen verstehen.«

Pirlo schaut überrascht. »Wie soll ich das denn verstehen?«

Danzingers Finger legt an Tempo zu. »Was ist Schlagen, was Schubsen, was nur zurechtweisen, oder wie Sie das nennen wollen? Gerade in einer Ehe!«

Pirlo hört das Geraune im Saal. Er wartet einen Moment. Sortiert umständlich seine Unterlagen. Lässt die letzten Sätze wirken. Dann kommt der radikale Kurswechsel.

»Wie ist es mit Ihnen selbst? Können Sie Marlene von Späth gut leiden?«

Danzingers Antwort kommt mit Schwung. »Ganz bestimmt nicht. In meinen Augen hat die Angeklagte Florian die besten Jahre gekostet. Da ist es fast konsequent, dass sie ihn am Ende auch noch umgebracht hat.«

Der Vorsitzende will zur Ordnung rufen, aber Pirlo winkt ab. Ihm ist die nächste Frage wichtiger. »Wem gehört eigentlich WDvS?«

Danzinger antwortet sofort: »Mir.«

»Stand jetzt?«

»Stand überhaupt.«

Pirlo hält eine Aktenseite hoch. »Ich habe hier den Gesellschaftsvertrag von WDvS in der Hand. Sie kennen diesen Vertrag, oder? Es ist ja schließlich Ihr Unternehmen.« Danzinger nickt. Pirlo fährt fort: »Können Sie mir sagen, was laut diesem Vertrag passiert, wenn einer der beiden geschäftsführenden Gesellschafter stirbt?«

Danzingers Blick geht hilfesuchend in Richtung Staatsanwaltschaft. Grobulla schüttelt den Kopf. Er hat nicht vor, die Frage zu beanstanden. Da muss Danzinger jetzt durch. Pirlo hakt nach: »Würde das Unternehmen denn aufgelöst werden?«

»Ich weiß nicht. Ich glaube nicht. Ich müsste dazu unseren Anwalt fragen.«

Pirlo legt die Stirn in Falten. »Aber gerade haben Sie uns doch noch mit großer Überzeugung erzählt, das Unternehmen gehöre Ihnen. Wie kamen Sie denn auf diese Einschätzung? Haben Sie davor etwa nicht mit einem Anwalt gesprochen?«

Danzingers Blick verändert sich. Er wirkt unsicherer. Und wütend. »Doch.«

»Und hat der Ihnen vielleicht gesagt, dass die Gesellschaft jetzt, nach dem Tod von Florian von Späth, aufgelöst wird? Herr Danzinger, ich weise Sie darauf hin, dass wir diesen Anwalt hier auch als Zeugen benennen können.«

Danzinger schüttelt den Kopf. »Nein, das hat er nicht gesagt.« Er präzisiert: »Ich meine, er hat nicht gesagt, dass die Gesellschaft dann aufgelöst wird.«

»Sondern?«

»Dass sie fortbesteht.«

»Und wie?«, fragt Pirlo.

Danzinger drückt den Rücken durch. »Wenn ich den Anwalt richtig verstanden habe, rückt nach Versterben eines geschäftsführenden Gesellschafters dessen Ehegatte in die Anteile nach. Der Ehegatte erhält dann die Hälfte des Gesellschaftsvermögens. Wir wollten diese Klausel immer ändern. Aus den bekannten Gründen kamen wir aber nicht mehr dazu.« Danzinger wirft Marlene von Späth einen finsteren Blick zu.

Pirlo ignoriert das. »Wie hoch war der Anteil von Florian von Späth an WDvS?«

»Fünfzig Prozent.« Danzinger knirscht mit den Zähnen. »So war die Regelung nach dem Tod von Martin Weiss. Die eine Hälfte gehörte Florian, die andere mir. Mit Florians Tod wäre also die Hälfte des Unternehmens an seine Frau gegangen. Das ist es doch, was Sie hören wollen.«

»Wir sind im Strafverfahren der Wahrheitsfindung verpflichtet, Herr Danzinger. Ich will also nur hören, wie es wirklich ist«, antwortet Pirlo unschuldig. »Lassen Sie mich das jetzt richtig verstehen: Sie haben vorhin gesagt, dass WDvS Ihnen gehört. Stimmt das denn dann überhaupt? Oder gehört tatsächlich die Hälfte meiner Mandantin?«

Danzinger drückt erneut den Rücken durch und sitzt kerzengerade auf dem Stuhl. »Mein Anwalt sagte mir, dass das nicht so sei.«

»Und warum nicht?«

»Weil Marlene ihren Mann, verdammt nochmal, umgebracht hat und als Mörderin erbunwürdig ist.«

Pirlo lächelt schmal. »Meine Mandantin ist also erbunwürdig, und an Sie geht das gesamte Unternehmen.« Er hat keine Frage gestellt. Danzinger antwortet auch nicht. Im Saal ist es still. »Eins vielleicht noch«, sagt Pirlo. »Wer hat Marlene von Späth eigentlich bei der Polizei angezeigt?«

Danzinger ist erschöpft. Seine letzte Kraft legt er in den trotzigen Blick, den er der Verteidigung von Marlene von Späth zuwirft. Und ihr selbst. »Ich.«

2

DAS LIEBE GELD.

Nach Danzinger.

»Danke«, sagt Marlene von Späth später in der Gewahrsamszelle. »Ich glaube, das ist gut gelaufen.«

»Es geht auf jeden Fall in die richtige Richtung«, antwortet Pirlo. »Danzinger ist für drei Tage geladen. Wir haben also noch etwas Zeit. Aber klar, der Auftakt hat ganz gut geklappt.«

»Glauben Sie nicht, dass das Gericht in ihm den Täter vermutet?«

Pirlo zieht die Stirn in Falten. »Glauben Sie es denn?«

»Natürlich«, sagt Marlene von Späth.

Pirlo nickt. Nach dem Streit nach der Vernehmung von Gomes ist ihre Zuversicht natürlich willkommen. Teilen kann er sie jedoch nicht. Dazu kommt Danzinger zu gut weg. Noch zumindest. Das ganze Italien-Thema ist für den zweiten Vernehmungstag geplant.

Der Wachtmeister taucht auf, um Marlene von Späth zum Transport in die JVA abzuholen. Pirlo bittet noch um einen Moment.

Er räuspert sich. »Ich weiß, dass es ein ungewöhnlicher Zeitpunkt ist. Möglicherweise hätte ich mich darum früher kümmern müssen. Wahrscheinlich ist das alles nicht so gut gelaufen.« Er bemerkt, dass Sophie ihn irritiert ansieht. Besonders souverän wirkt er gerade nicht. Also kann er auch gleich auf den

Punkt kommen: »Frau von Späth, wir haben noch nicht über die Frage der Vergütung gesprochen.«

»Oh«, sagt sie und schlägt die Augen auf. Der Audrey-Hepburn-Blick. Nur in Blau.

»Ja«, sagt Pirlo. Er fühlt sich blöd. Ganz erheblich sogar.

Marlene von Späth verschränkt die Hände: »Ich dachte, Sie hätten schon mit meiner Mutter gesprochen.«

»Das habe ich.«

»Ich ging davon aus, dass Sie sich geeinigt haben.«

Pirlo lächelt dünn. »So kann man das nicht nennen.«

Unmittelbar nach dem Gespräch bei Mahmed im Krankenhaus hatte er Eva Pogorzelskij angerufen. Die Agenda für ihr Treffen war klar. Pirlo brauchte hundertfünfzigtausend Euro. Und zwar dringend.

Sie trafen sich in der Wohnzimmerkanzlei. Eva Pogorzelskij registrierte die Veränderungen wohlwollend, aber kommentarlos. Dann fragte sie: »Wie steht es um meine Tochter?«

Pirlo hatte seinen Eindruck von der Verhandlung geschildert. Davon, wie er den Richter wahrnahm. Den Staatsanwalt. Marlene selbst. Er war bemüht und freundlich. Sie sollte sich wohlfühlen. Aufgehoben. Verstanden. Dann war es endlich Zeit für das, was ihm auf der Seele brannte: »Frau Pogorzelskij, wir müssen über die Vergütung sprechen.«

»Was meinen Sie?«

»Ich meine, dass wir bislang ohne Honorar für ihre Tochter arbeiten.«

»Dafür bin ich Ihnen sehr dankbar«, erklärte Eva Pogorzelskij huldvoll.

»Es ist allerdings so«, fuhr er fort, »dass wir Ausgaben haben. Ich muss meine Mitarbeiterin bezahlen, die Kammerbeiträge, das Versorgungswerk, solche Sachen.« Sie nickte verständnisvoll. »Im Augenblick strecke ich das alles aus meiner privaten Kasse vor«, erklärte Pirlo. »Aber irgendwann wird das etwas unverhältnismäßig. Und auch schwierig.«

Eva Pogorzelskij nickte weiterhin. »Was kann man tun?«

»Wir könnten darüber sprechen, wie Sie mich bezahlen.«

Eva Pogorzelskij lachte. Damenhaft zwar. Es tat aber trotzdem weh. »Aber junger Mann, wie soll ich das denn machen? Ich habe doch kein Geld!«

Was folgte, war der bekannte Abriss über ihr Leben. Die Jugend in Polen. Die Hochzeit mit dem Industriellen. Das Verlassenwerden. Das Kind von einem armen Schlucker. Die Wirtschaftsflucht nach Deutschland. Das harte Leben in Reisholz. Die bildschöne Tochter. Das Glück, dass diese Florian von Späth heiratete. Der Geld hatte.

»Aber nur er«, sagte Eva Pogorzelskij. Sie klang aufrichtig traurig. »Er hatte doch das Geld. Nicht ich.« Sie zuckte schwermütig mit den Schultern. Ihre Perlenkette klackerte. »Das, was ich habe, kommt von Marlene. Und jetzt, wo mein armes Kind im Gefängnis sitzt, lebe ich von den eisernen Rücklagen.«

Pirlo wusste nicht, was er darauf sagen sollte.

»Wird ein Strafverteidiger denn nicht vom Staat bezahlt?«, fragte Eva Pogorzelskij.

»Der Staat zahlt nur die Pflichtverteidigergebühren eines Anwalts. Das ist bei uns Frau Rechtsanwältin Mahler. Die weiteren Kosten bleiben offen.«

Eva Pogorzelskij sah ihn so ausdruckslos an, wie ihre Tochter den Prozess verfolgte. Sie wartete ab. Immerhin wusste Pirlo jetzt, woher seine Mandantin diese bezaubernde Eigenschaft hatte. Er räusperte sich. »In meiner alten Kanzlei war es daher üblich, dass man nach Stunden bezahlt wurde.«

»Aha«, sagte Eva Pogorzelskij und klang gänzlich unbeteiligt.

»Ja«, sagte Pirlo. Dann gab er sich einen Ruck. »Mein Stundensatz lag bei dreihundert Euro.«

»Oh«, sagte Eva Pogorzelskij mit einem Augenaufschlag, als wolle sie ihm gratulieren. »Das ist viel.«

»Ja.«

»Ja. Bekomme ich noch einen Schluck Tee?«

»Natürlich.« Er schenkte ihr ein. Sah ihr zu, wie sie trank. Schenkte nach. Dann verlor er die Geduld. »Frau Pogorzelskij, wir können Ihre Tochter nur weiter verteidigen, wenn sie ein Wahlverteidigerhonorar zahlen kann. Angemessen ist ein Vorschuss von mindestens fünfundsiebzigtausend Euro. Ansonsten ist das Mandat nicht nur unwirtschaftlich, sondern ruinös.« Er beugte sich vor. Jetzt war sowieso alles egal. »Wir brauchen Ihre finanzielle Unterstützung. Ich brauche sie!«

Eva Pogorzelskij lächelte schwach. »Wie gesagt, junger Mann, ich habe leider kein Geld. Das hatte immer nur meine Tochter. Ich bin mir aber ganz sicher, dass es kein Problem sein wird, Ihr Gehalt zu bezahlen, wenn sie bald aus dem Gefängnis kommt.«

Pirlo spürte, wie ihm die Nerven flatterten. »Ich brauche Ihre Unterstützung aber auch, wenn Ihre Tochter verurteilt und als erbunwürdig erklärt wird.«

»Was meinen Sie damit?«

»Wenn sie verurteilt wird, bekommt Ihre Tochter als Erbin keinen Cent.«

»Oh. Das ist schlecht. Dann gewinnen Sie dieses Verfahren besser.« Eva Pogorzelskij lächelte gütig. Das Interesse der Königlichen Hoheit für die Anliegen des Volkes. »Was schwebt Ihnen denn vor?«

»Wie wäre es mit einer Pauschale?«

»In welcher Höhe.«

Pirlo holte tief Luft. »Hunderttausend Euro.«

Eva Pogorzelskij lächelte immer noch. »Sprechen Sie mit meiner Tochter.«

»Einverstanden«, sagt Marlene von Späth. Sie dreht an einem der Ringe, die sie während der Verhandlungen tragen darf. Er ist schlicht und elegant. Damit passt er perfekt zu den üblichen Ohrringen und Colliers, die sie mit dezenten schwarzen Kostümen kombiniert. Sie ist schließlich Witwe. Und sehr reich. Noch. »Hunderttausend Euro für den Fall, dass Sie dieses Verfahren gewinnen.«

»Gut«, sagt Pirlo. »Glauben Sie mir, der Fall macht wirklich viel Arbeit.«

»Sie sind ja auch sehr engagiert«, antwortet sie.

»Natürlich. Wir sitzen Tag und Nacht daran.«

»Das denke ich mir. Sie sollten vollständige Nachweise darüber führen. Wenn Sie verlieren, verklage ich Sie nämlich.«

Pirlo hustet. Sophie entgleisen ebenfalls die Gesichtszüge. »Warum das denn?«

»Weil ich einen Freispruch erwarte. Immerhin bin ich unschuldig.«

3

KEIN SCHUTZ.

10. September. Morgens.

Als Pirlo nach dem zehnten Klingeln öffnet, steht draußen Mahmed. Er sieht scheiße aus.

»Was ist los?«, fragt Pirlo.

Mahmed drängt sich an ihm vorbei in die Wohnung. Die neue Einrichtung lässt er unkommentiert. Er hat andere Anliegen. Mit einem unterdrückten Schmerzenslaut sinkt er aufs Sofa und presst die Hand auf die Wunde an seiner Seite. Gut sieht das alles noch nicht aus. Was er sagt, ist allerdings noch schlimmer.

»Ahmid war gestern in der *Nachtresidenz.*« Mahmed keucht kurz auf und richtet sich so ein, dass er ohne Schmerzen sprechen kann. Pirlo weiß, was kommt. »Er war da wohl mit einer neuen Eroberung, nichts Besonderes. An der Bar kam es zu einem Streit zwischen dieser neuen Perle und einer anderen. Die eine fühlt sich von der anderen gestresst, die andere von der einen. Frauen halt, Bruder, du weißt, wie das ist. Dann fängt der Typ von der anderen an, laut zu werden. Also geht Ahmid dazwischen.«

Pirlo ahnt, wie die Geschichte ausgeht. Innerlich seufzt er. Sie hatten das Thema schon ein paarmal. Pirlo verteidigt keine Angelegenheiten der Familie Khatib. Nie. Das war von Anfang an seine feste Regel und hatte insbesondere auch die Zustimmung von Riyad Khatib, des großen Patrons, gefunden. Es macht keinen Sinn, seinen Weg in die bürgerliche Welt als Dr. Anton Pirlo zu suchen und parallel dazu die Brüder von Ramzes Khatib zu vertreten. Alle drei hatten die gleichen schwarzen Haare. Die sehr dunklen braunen Augen verrieten sie sowieso. Zwar hatte Pirlo nicht dasselbe dichte Barthaar wie seine Brüder und versuchte zudem, es jeden Tag zu trimmen. Das war es aber auch schon an nennenswerten Unterschieden. Kein Zweifel, würde er seine Brüder vertreten, wäre das in kürzester Zeit überall bekannt. Es wundert ihn nicht, dass jetzt, wo ihr Vater nicht mehr lebt, ein neuer Anlauf unternommen wird. Bringen wird das nichts. Seine Haltung steht fest. Felsenfest. Er lässt sich in die Geschäfte seiner Familie nicht hineinziehen, egal, was kommt. Denkt er jedenfalls.

Mahmed fährt fort: »Die beiden gehen raus vor die Tür, und Ahmid verpasst dem Typen eine Kopfnuss.«

»Und weiter?«, fragt Pirlo, der das alles eigentlich nicht wissen will.

»Zwei andere halten Ahmid fest und ballern ihm eine und dann noch eine. Am Ende langt der Typ vom Anfang auch noch mal zu. Dann hauen sie ab.«

Pirlo braucht einen Augenblick, bis ihm auffällt, warum ihm das alles eigenartig vorkommt. »Sind die Türsteher der *Nachtresidenz* nicht von den Saids?«

Mahmed nickt schwerfällig. »Doch.«

»Warum sind die nicht dazwischengegangen.«

Mahmeds Stirn liegt in Falten. »Eben, Bruder, eben.«

Pirlo braucht einen Moment, um das sacken zu lassen. Auch wenn das Problem auf der Hand liegt. »Die haben ihn im Stich gelassen, weil er keinen Schutz mehr genießt.«

»Weil kein Khatib mehr irgendeinen Schutz genießt. Jedenfalls nicht zurzeit.«

»Scheiße.«

»Ja, scheiße, Bruder. Also: Wann kommt das Geld?«

Pirlo atmet schwer aus. Das Geld kommt, wenn sie den Fall gewinnen. Also wahrscheinlich nie.

»Lass dir was einfallen, Bruder«, sagt Mahmed. Es klingt fordernd. Aber nicht nur. Vielleicht auch ein bisschen besorgt.

»Klar«, murmelt Pirlo. Wobei es nicht so ist, als ob sie nicht schon alles Mögliche probiert hätten.

SIEBTER TEIL

AUGUST

1

DÜSSELDORF KOMPAKT.

12. August. Am Abend in der Altstadt.

Sophie lacht. Kramer freut sich. Dann erzählt er weiter, und sie fragt sich ernsthaft, ob das alles hier nicht eine große Zeitverschwendung ist. Wobei: Irgendwo muss sie ja anfangen. Pirlo und sie haben lange überlegt, wie sie sich Danzinger nähern könnten. Am Ende fiel die Entscheidung, es zuerst mit Kramer zu versuchen, dem Typen, der bei der Abendveranstaltung »*Unternehmen am Rhein – Reiten auf der Erfolgswelle*« in den Rheinterrassen als Türsteher arbeitete und der Polizei erklärt hatte, dass Danzinger von Späth zunächst nachgelaufen war, dann aber im Eingangsbereich gewartet hatte. Als von Späth nicht mehr auftauchte, sei Danzinger unverrichteter Dinge wieder zu der Veranstaltung zurückgekehrt. Was schlecht ist. Danzinger kann von Späth nur getötet haben, wenn er ihm bis zu dessen Haus gefolgt ist. Was bedeutet, dass Kramer lügt. Hoffentlich jedenfalls.

»Ich hab neulich den Lumpi gesehen«, erklärt Kramer wichtig. »Du weißt schon, den Lambertz, der ewig bei der Fortuna gespielt hat.« Er trinkt sein Alt aus. Sofort bringt der Köbes ein neues Bier. Sophie schiebt einen Bierdeckel auf ihr Glas. Die Regeln in der Altstadt sind schlicht: Wer ein leeres Glas vor sich stehen hat, bekommt von den Köbessen, den notorisch schimpfend-scherzenden Brauereikellnern, ein neues, volles hingestellt. Keine Ausnahme. Keine Gnade. Das findet auf der längsten Theke der Welt schnell mal Opfer. Simon Kramer ist eines davon.

»Triff dich einfach mit ihm«, hatte Pirlo gesagt. »Bring ihn zum Reden und schau, was er über Danzinger erzählt.«

»Ist das die neue Strategie?«, hatte Sophie gefragt: »Beweisen, dass Danzinger der Täter ist?«

»Unsinn«, hatte Pirlo gebrummt, »das ist schließlich kein Cluedo. Für Marlene reicht es aus, dass wir vernünftigen Zweifel daran säen, dass nur sie es gewesen sein kann. Im Zweifel entscheidet das Gericht für den Angeklagten. *In dubio pro reo*. Wenn es auch nur *möglich* ist, dass von Späth durch jemand anderes umgebracht wurde, genügt das bereits, um das Verfahren zu gewinnen. Aktuell ist die Liste der möglichen Alternativtäter beschränkt auf Danzinger. Deshalb brauchen wir den Kerl, der ihn angeblich die ganze Zeit gesehen hat.«

Was Sophie einleuchtete. »Wie kommen wir an ihn ran?«

Pirlo grinste. »Nicht wir. Du.« Er drehte seinen Laptop um und zeigte auf das rot-weiße Facebook-Profil von Kramer. Interessen: Die Fortuna. Altbier. Die Toten Hosen. Sozusagen einmal Düsseldorf kompakt. Ansonsten Muckibude. Bärtchen. Unterarmtätowierung mit Rheinturm-Motiv.

Sophie sah Pirlo irritiert an. »Was soll ich deiner Meinung nach tun?«

Pirlo zuckte mit den Schultern. »Schreib ihm doch eine Nachricht. Ich wette, er freut sich.«

»Ist das nicht eher traurig als verlockend?«, fragte sie.

»Manche sagen so, manche so. Ich sage, dass wir gerade keine andere Wahl haben. Also mach einfach mal, und wir schauen, wohin es uns führt.«

»Und du?«

»Ich gehe raus. Überlegen und spazieren. Wir können schließlich nicht immer alle nur an die Liebe denken.«

Und weg war er. Sophie seufzte. Dann gab sie nach und schrieb Simon Kramer eine Nachricht. Sie sei neu in Düsseldorf und habe im Internet rumgesucht, wer die Stadt gut kenne und einen sympathischen Eindruck mache. Dabei habe sie ihn gefunden. Ob er Lust habe, ihr ein paar gute Ecken zu zeigen. Er schrieb nach zehn Minuten zurück. Sie trafen sich bereits am selben Abend. Von der Heinrich-Heine-Allee spazierten sie über den Jan-Wellem-Platz zum großen Biertrinktrubel vor dem *Uerigen*. Er stellte ihr das obergärig-süffige Altbier vor, als habe er den Heiligen Gral entdeckt. Dazu gab es den örtlichen Schnaps, Killepitsch, eine Art klebriger Jägermeister. Der Alkohol floss zügig dahin. Für alles andere galt das allerdings nicht. Im Gegenteil, auch nach einer Stunde stand auf der Habenseite noch immer nur, dass wenigstens niemand Sophie erkannt hatte. Alles andere lief schleppend. Immerhin hatte sie behauptet, nichts über Düsseldorf zu wissen. Kramer schien überaus motiviert, das zu ändern.

Düsseldorf existierte seit dem zwölften Jahrhundert. Die Fortuna gab es seit 1895. Es gab also das ein oder andere zu erzählen.

Nach dem dritten Schnaps hatte sich Kramer in die Geschichte verstrickt, wie Düsseldorf statt Köln zur Landeshauptstadt geworden war. Sie befanden sich im Jahr 1946. Dann verlor Sophie die Geduld. »Mich interessiert eigentlich sehr, was gerade in der Stadt passiert. Du weißt schon, um mitreden zu können und so. Ich hab daher angefangen, die POST zu lesen.«

Kramer winkte ab. »Ach, die POST.«

»Da stehen echt krasse Sachen drin. Hast du zum Beispiel schon mal von dem Mord an diesem von Späth gehört? Dem toten Cowboy von Düsseldorf?«

»Ja, habe ich«, antwortete er knapp.

»Verfolgst du das auch?«

»Am Rande«, erwiderte er und spielte mit dem Ärmel seines schwarzen T-Shirts. Darunter kämpften ein paar Tätowierungen einen undefinierbaren Kampf.

»Ist alles okay?«, fragte Sophie.

»Klar«, murmelte Kramer. Dann gab er sich einen Ruck. »Ich muss dir was erzählen«, raunte er. »Aber es ist vertraulich, okay?«

»Klar«, raunte sie zurück. Ein bisschen mies fühlte sie sich schon. Aber nur ein bisschen.

»Ich bin Zeuge in diesem Verfahren«, erklärte Kramer.

»In *diesem* Verfahren?« In dem er sie sehen würde. Allerdings erst später. Jetzt riss Sophie die Augen auf. »Cool.«

»Ja.«

»Wow. Und, hast du da was Besonderes gesehen?«

»Darf ich nicht sagen.« Und das tat er auch nicht. Verdammte Scheiße.

Sie befinden sich bereits beim dritten Anlauf. Schon wieder hat Kramer einen sitzen. Was frustrierend ist. Drei Wochen bis zur Verhandlung, und er hat noch nicht einmal angefangen, über den Abend an den Rheinterrassen zu sprechen. Sophie ist nervös. Kramer auch. Wenn auch aus anderen Motiven. Drittes Date und so. Er kennt die ungeschriebenen Regeln. Heute soll was gehen.

Der Wiedersehenstanz lief noch rund. Küsschen hier, Küsschen da. Wie geht es dir, mir geht es gut. Sophie hat lange überlegt, was sie tun sollte, wenn Kramer sie im Zusammenhang mit der Prozesseröffnung in der Zeitung gesehen hat und sie darauf anspricht. Zur Sicherheit hat sie einen Kapuzenpullover angezogen, als scharfen Kontrast zu der schwarzen Hosen/Blazer-

Kombination, in der sie in der Presse zu sehen war. Den Pulli ziert ein geschnörkelter Fortuna-Schriftzug. Kramer freut sich und nimmt es persönlich. Er hat ihr ein kleines Geschenk mitgebracht. Rheinturmohrringe von einem Laden auf der Kö. Auf den ersten Blick so geschmacklos wie teuer. Optik und Geste genügen für einen kleinen Schock. Kramer bekommt davon nichts mit. Er stürzt ein paar Alt runter, gegen die Aufregung. Bei Sophie verhindert der Deckel Schlimmeres. Dann nimmt die Sache plötzlich eine interessante Wendung. Kramer fragt: »Wir reden immer nur über die Stadt und über mich. Das ist eigentlich nicht korrekt. Also sag mal, was machst du denn so? Im Ernst, ich will das voll gern wissen.«

Sie lächelt. »Nett, dass du fragst.« Er grinst zurück. Bierselig. Aber noch anwesend. Sophie sagt: »Ich arbeite als Anwältin.«

»Cool«, antwortet Kramer. Er wirkt nicht überrascht. Dass sie ein kluger Kopf ist, hat er schon bemerkt. Kluge Köpfe haben kluge Jobs. Kein Problem. »Was für eine Anwältin?«, fragt er.

Sophie schluckt. Jetzt könnte sie eigentlich doch noch einmal ein Bier gebrauchen. »Ich arbeite als Strafverteidigerin.«

»Aha. Was macht man da so?«

»Ich setze mich dafür ein, dass Menschen keine Strafe bekommen, die sie nicht verdient haben.«

»Das finde ich gut«, sagt Kramer. »Was ist denn so ein typischer Fall?«

»Ich arbeite zurzeit vor allem an einem besonders großen Verfahren.«

»Cool«, sagt Kramer. Als er nach dem Altbierglas greifen will, rutschen seine Finger kurz ab. Ganz frisch ist er nicht mehr. »Worum geht es? Ich meine, ich mag nicht drängeln oder so. Du weißt schon, falls es da Schweigepflichten gibt. Aber vielleicht willst du ja einfach kurz davon erzählen?«

»Will ich«, sagt Sophie. Sie seufzt. Bisher hat ja nichts geklappt. »Simon, ich bin Verteidigerin in dem Mordverfahren, in dem du als Zeuge geladen bist.«

»Ist nicht dein Ernst«, murmelt er. »Was für ein Zufall!« Er trinkt einen Schluck. Dann verändert sich sein Blick. Er braucht einen Moment. Aber er denkt nach. Das kann Sophie sehen. »Moment mal. Du hast das die ganze Zeit gewusst, oder?«

Sie senkt die Augen. »Ja.«

»Hast du dich deshalb mit mir getroffen?«

»Natürlich nicht.« Sie weiß, dass sie eine schlechte Lügnerin ist. In seinem Blick erkennt sie, dass ihm das jetzt auch klar ist. »Entspann dich, Simon, bisher hast du mir ja nichts über den Fall erzählt!«

»Und das ist auch gut so«, brummt er. Der Muskelberg ist jetzt angespannt. Noch ist Kramer aber eher irritiert als wütend. »Du wolltest also nur an mich rankommen, weil ich Zeuge in dem Fall bin!« Sein Blick ist leer. Er muss das erst mal verarbeiten. Ein bisschen tut er ihr gerade leid. Dann überrascht er sie. Es gibt keine Wut. Kein Selbstmitleid. Fast kein Theater. Stattdessen die nüchterne Frage: »Sag mal, was willst du eigentlich von mir?«

Sophie versucht es mit einem Lächeln. »Ich brauche deine Hilfe.«

Kramer schüttelt den Kopf. Dann läuft er weg.

»Was soll das, verdammt? Was glaubst du eigentlich, wer du bist?« Er schreit. Was unangenehm ist.

Sie hat ihn am Burgplatz eingeholt, wo auf einer breiten Treppe Hunderte von Leuten sitzen, um dem Sonnenuntergang über dem Rhein zuzusehen. Jetzt allerdings gehört die Aufmerksamkeit dem wütenden Kramer. Und Sophie.

Sie flucht. Das hätte alles besser laufen können. Besser laufen *müssen*! Andererseits hilft das auch nicht weiter. Sie muss da durch. Und zwar jetzt! Als sie sich vor ihm aufbaut, ahnt sie, dass es albern aussieht. Kramer ist gute zwei Meter groß, Sophie keine einssiebzig. »Simon, bitte hör mir zu!«

Er fährt mit der Hand über die Augen. »Warum sollte ich?«

Sie seufzt. Spricht ganz ruhig. »Weil du der einzige Zeuge bist, der sagt, dass er gesehen hat, wie Jochen-Norbert Danzinger zwar aus den Rheinterrassen herausgekommen und Florian von Späth nachgelaufen ist, dann aber dort gewartet hat. Angeblich.«

»Und?«

»Genau zu der Zeit hat jemand von Späth ermordet.«

»Das ist nicht mein Problem.«

»Das stimmt. Aber es ist das Problem meiner Mandantin.«

Er sieht sie ausdruckslos an. »Was hat das mit mir zu tun? Ich bin von der Polizei gefragt worden, was ich gesehen habe, und das habe ich denen auch gesagt. Was kann denn ich dafür, dass du damit nicht zufrieden bist? Oder deine Mandantin?«

»Simon, hast du Danzinger wirklich da rumlaufen sehen?«

»Wieso denn nicht?«

»Weil das niemand anders ausgesagt hat. Nur du.«

»Vielleicht waren alle anderen nicht so nüchtern wie ich. Wenn ich an der Tür arbeite, trinke ich nie was.« Das macht Sinn, kam aber zu schnell. So, als habe er mit diesem Einwand gerechnet. So, als habe er das schon einmal gesagt und zwar genau auf diese Weise.

»Woher wusstest du denn, dass es Danzinger war, der herumlief?«

Kramer ist weitergegangen und trottet jetzt Richtung Tonhalle. Sophie läuft nebenher. Auch wenn es nicht so wirkt, als würde er noch einmal loslaufen, lässt sie ihn nicht aus den Augen.

»Das wusste ich damals natürlich noch nicht«, sagt Kramer.

»Ich wusste ja nicht mal, um was für eine Art von Veranstaltung es sich handelte. Alles, was man mir vorher sagt, ist, welches Motto der Abend hat, welches Alter die Leute haben und wie sie wahrscheinlich so drauf sind. Bei dieser Sache ging es um irgendwelche Reden und Preise. Da war es meine Aufgabe, eher zu verhindern, dass Leute reinkommen, als irgendwelchen Streit zu schlichten.«

»Und woher wusstest du dann, wer Danzinger ist?«

»Ich habe ihn auf den Fotos erkannt, die die Polizei mir gezeigt hat.«

Sophie nickt. Die Fotos sind in der Akte. Bilder von Danzinger und fünf anderen Männern, die ihm grob ähnlich sehen. Zumindest sind alle ziemlich dick. Ansonsten weichen einzelne Merkmale voneinander ab. Mal hat ein Mann einen Bart, mal dichtes Haar, mal Glatze. Alle Bilder sind Porträts.

»In der Akte steht, dass du Danzinger auf und ab hast gehen sehen. Ist dir dabei irgendwas aufgefallen?«

»Nein«, brummt Kramer. »Und ich will dazu auch nichts mehr sagen, okay? Ich habe der Polizei alles gesagt, und wenn ich muss, dann sage ich das auch noch einmal dem Gericht. Ich habe nichts zu verbergen, und ich habe kein Interesse daran, wie diese Sache ausgeht. Ihr sollt mich einfach alle in Ruhe damit lassen. Okay? Lasst mich einfach in Ruhe! Alle! Und vor allem du!«

Sophie zögert. Das hat gesessen. Ob sie es sich eingestehen will oder nicht. Sie nimmt noch einen Anlauf, bricht dann aber ab. Er hat ja recht. Wobei es aber eigentlich auch egal ist und sie diese eine Frage doch noch raushauen kann. Einfach so. Auf Verdacht. »Wie viel hat er dir bezahlt?«

Kramer erstarrt. »Wer?«

»Du weißt genau, wer. Wie viel hat Danzinger dir für deine Aussage bezahlt?«

Kramer, der stehen geblieben ist, schüttelt langsam den Kopf.

»Du spinnst ja! Du bist völlig verrückt!« Er ist wütend, regt sich auf. Aber eben nicht nur. Sophie spürt, dass etwas nicht stimmt. Dann glaubt sie, es greifen zu können. Seine Großzügigkeit. Die Ohrringe.

»Du gibst mehr Geld aus, als du hast, Simon. Du lebst über deine Verhältnisse.« Sie stellt es einfach fest. Ohne jede Provokation.

»Ich bin ein Kind dieser Stadt. Wir nennen das Stil haben.« Er hat es mit einem schiefen Grinsen versucht. Mit Coolness. Seine Augen verraten ihn trotzdem. Sie hat einen wunden Punkt erwischt.

»Irgendwas passt hier nicht«, sagt Sophie. »Ich weiß es, und du weißt, dass ich es weiß. Also überleg dir, wie lange du diese Geschichte aufrechterhalten willst. Zieh die richtigen Schlüsse, und dann ruf mich an. Nur dann.«

Sie dreht sich um und geht, im Schlepptau einen letzten Rest Würde. Zumindest hofft sie das.

2

RADIO GA GA.

12. August. Gleiche Zeit. Anderer Ort.

»Yo, die Firewall war ein Endgegner, Mann, verstehst du?« Pirlo nickt. Er versteht kein Wort. Das macht aber nichts. Weder ihm noch Fenina. »Die hatten das schon safe aufgesetzt, Alter. Ich meine, ich hab schon härtere Nüsse geknackt, wenn du verstehst, was ich meine. Banken und so. Aber ich sag's dir, Mann, easy war das hier nicht.«

»Ist eben ein international erfolgreiches Unternehmen«, antwortet Pirlo, einfach so, um überhaupt irgendwas zu sagen. Für den unwahrscheinlichen Fall, dass Fenina eine Art Dialog erwartet. Tatsächlich sieht Fenina ihn aber reichlich genervt an. Klares Zeichen: Dialoge sind hier nicht gefragt. Was gut ist. Pirlo interessiert ohnehin nur das Ergebnis. Auch wenn er Fenina dafür noch ein wenig dozieren lassen muss.

»Yo, mir ist schon klar, dass das keine Pommesbude ist. Aber ich sag ja nur, selbst wenn das eine internationale Topbude ist, haben sie sogar für diese Maßstäbe eine krasse Security. That's all I say, Alter.«

Pirlo nickt wieder. Innerlich flucht er. Fenina scheint beleidigt zu sein. In der Hackerehre verletzt. Oder was auch immer. Pirlo versucht es mit einem aufmunternden Lächeln. »Aber du hast es ja geschafft, den Code zu knacken!«

»Klar, dude.«

»Toll.«

»Ja.«

Pirlo atmet durch. Diese Art Gespräch kostet Nerven. Aber es hilft ja nichts. Wer konkrete Antworten will, muss konkrete Fragen stellen. Also: »Hast du was Besonderes gefunden?«

Fenina schüttelt nachdenklich den Kopf. »Content-wise jetzt oder im Aufbau?«

»Content-wise.«

»Schade eigentlich. Weil weißt du, die structure der Firewall ist schon irgendwie heavy.«

»Content-wise«, unterbricht Pirlo ihn. »Ernsthaft, Fenina. Geh mir nicht härter auf den Sack, als du musst. Du weißt genau, worauf ich rauswill. Also sag mir das einfach, okay?«

Fenina schiebt beleidigt die Unterlippe vor. Dann blubbert er in seiner Bionade. Pirlo schaut genervt durch den Raum. Das *Khasba* am Rheinbecken ist gut gefüllt. Wenn er Fenina jetzt schüttelt, gibt es zu viele Zeugen. Schade eigentlich.

»Komm einfach auf den Punkt, okay?«

»Okay. Der Punkt ist: Ich habe nichts Dramatisches gefunden.«

»Fuck. Warum nicht?«

»Weil ich nicht richtig reingekommen bin«, murmelt Fenina in sein Getränk.

»Was?«

»Weil ich nicht richtig reingekommen bin, okay?« Jetzt klingt er patzig.

Pirlo muss fast lachen. »Im Ernst jetzt? Andromeda 2.0 ist am System von WDvS gescheitert?«

»Nicht so laut«, flüstert Fenina. »Muss ja keiner meinen Namen kennen!«

»Du meinst, keiner außer der Justiz.«

»Pst!«

Pirlo lacht los. Auch wenn die Lage natürlich scheiße ist. Und ein klein bisschen verzweifelt. Wenn Fenina – Andromeda2.0 – nicht in die EDV von WDvS kommt, gelingt das wahrscheinlich auch keinem anderen. Zumindest keinem, den Pirlo kennt. Unter den Hackern ist Fenina der Beste. Was ihm immer mal wieder Ärger einbringt und wiederum dazu geführt hat, dass Pirlo und er sich gut kennen. Alle paar Monate fängt sich Fenina ein Ermittlungsverfahren ein wegen Verstößen gegen Datengesetze und so weiter. Da er seine Spuren ordentlich verwischt, kommt am Ende nie etwas dabei heraus. Einen Strafverteidiger braucht er trotzdem, allein schon, um in die Ermittlungsakte schauen zu können, um zu wissen, *was* er löschen muss.

»Du sagst nichts«, bemerkt Fenina.

»Ich weiß nicht, was ich sagen soll«, antwortet Pirlo. »Um ehrlich zu sein, hatte ich ziemlich große Hoffnungen in dich gesetzt.«

»Ich weiß«, murmelt Fenina. »Sorry.« Er lacht nervös und kratzt an den Ausläufern des Undercut. Heute ist er blond. Pirlo überrascht es nicht. Es ist ihm auch egal. Er hat Feninas Haare schon schwarz, braun, lau und grün gesehen. Nur der Undercut bleibt derselbe. Und die Qualität der Leistung. Normalerweise.

»Die Festplatte war also nicht zu knacken«, sagt Pirlo. Einfach nur so, um es wirklich sacken zu lassen.

»Nein.«

»Fuck.«

»Ja.«

»Und da kannst du nicht irgendwie trotzdem dran rumschrauben?«

»Was meinst du?«

»Was weiß denn ich? Mit einem digitalen Rumschraubgerät vielleicht. Oder eben irgendeinem anderen Zauber.«

Fenina lacht. »Du hast echt Vorstellungen, Alter! Das ist nicht mal so eben easy-peasy gemacht, Mann. Glaub mir, ich hab schon alle meine skills reingeballert. Das Ding ist eine echte challenge. Ich hatte wirklich Bock drauf. Trotzdem muss man das halt auch mal akzeptieren. Die Daten sind safe. Das kannst du penetraten, wie du willst, du kommst da trotzdem nicht rein.«

»Auch nicht durch die Hintertür?«

Fenina grinst in die Bionade. »Komm damit klar, Pirlo. Es geht nicht. Selbst wenn das in deinen analogen Kopf nicht reinwill.«

»Was meinst du damit?«

»Dich, so wie du halt bist. Schau dich an. Du schreibst mit, was ich sage.«

»Und?«

»Du schreibst es in ein Notizbuch.«

»Und?«

»Nichts und. Fine by me. Nur eben oldschool. Renaissance Man. Die alte Zeit. Nichts mit gestreamtem Nicky Jam. Eher so Radio Ga auf Mixtape.«

»Aha«, sagt Pirlo und tut uninteressiert. Fenina ist Anfang dreißig. Zwischen ihnen liegen nur ein paar Jahre. Trotzdem fühlt Pirlo sich alt.

Er seufzt. »Und sonst?«

»Was meinst du?«

»Ist dir denn sonst etwas aufgefallen? Etwas Besonderes? *Irgendwas*?«

»Na ja.« Fenina grübelt. »Die EDV ist ganz interessant aufgebaut.«

»Ich meine inhaltlich«, motzt Pirlo.

»Jetzt warte halt mal und lass mich ausreden, verdammt. Ich komme da schon noch hin.« Fenina schnauft theatralisch. Der missverstandene Künstler. Das unterbrochene Genie. »Sie haben die Datenverarbeitung der Geschäftsführer dort über den gemeinsamen Sekretär gebündelt, einen Herrn Schlichting. Der Datenverkehr beider Manager, von Späth und Danzinger, läuft konzentriert über den Schlichting-Kanal. Er ist quasi das personifizierte Vorzimmer. Der Manager der Manager. Von dort wird dann alles an die eigentlichen Schreibdienste und Sekretariate verteilt.«

»Und?«

»Das hat zur Folge, dass wir zwar nicht in die Daten des Unternehmens oder der Geschäftsführer kommen, wir aber trotzdem sehen können, was sie geöffnet und womit sie gearbeitet haben.«

»Und was ist das?«

Fenina zuckt mit den Schultern. »Alles Mögliche zu irgendwelchen Projekten. Das meiste versteckte sich hinter Zahlenkürzeln.«

»Irgendwas zu Marlene von Späth?«

Fenina schüttelt den Kopf. Der Undercut wackelt. »Nein.«

»Sonst was Auffallendes?«

»Beide haben in den letzten Wochen immer wieder Dokumente im Zusammenhang mit einem Projekt in Italien gesichtet. Außerdem haben sie dazu gegoogelt. Schlichting genauso.«

»Und was bedeutet das?«

»Keine Ahnung. Ich kann nur sehen, dass von Späth und Danzinger viele Dokumente dazu geöffnet hatten. Was darin steht, konnte ich leider nicht erkennen. Vielleicht hat das aber irgendwas mit Elwood & Watkins zu tun.«

Pirlo kennt den Namen. »Das ist eine ziemlich große Wirtschaftskanzlei.«

Fenina nickt. »Ich weiß, ich habe sie nachgesehen. Bekannt und gefürchtet bei internationalen internen Untersuchungen.«

»Und was ist mit denen?«

»Es gab viel Korrespondenz mit dieser Kanzlei, sowohl von

Seiten von Späth als auch von Danzinger. Dabei schien es ebenfalls um ein Projekt in Italien zu gehen. In den Betreffzeilen der E-Mails klingt immer wieder Genua an.«

»Genua?«

»Ja.«

»Und was bedeutet das?«

»Keine Ahnung. Wenn du mich fragst, gibt es ein Projekt in Genua, um das sich Danzinger und von Späth besonders kümmerten. Elwood & Watkins hat dazu in irgendeiner Form gearbeitet. Ich weiß zwar nicht, was sie gemacht haben. Es war aber auf jeden Fall teuer. Die erste E-Mail dazu stammt von März, die letzte von Mitte Juli.«

»Also kurz vor von Späths Tod.«

»Alles in allem keine vier Monate. Trotzdem hat es die Rechnung ganz schön in sich.«

»Was meinst du?«

»Es gibt eine interne E-Mail von Danzinger an von Späth. Im Betreff steht: *Eine halbe Million für Elwood & Watkins.* Im Ernst?«

»Interessant«, sagt Pirlo.

»Gut«, erwidert Fenina.

»Mehr konntest du nicht rausfinden?«

»Nein. Aber, come on, Mann. Das ist nicht nichts.«

»Nein, ist es nicht«, murmelt Pirlo. Italien. Genua. *Elwood & Watkins.* Eine halbe Million Euro. Das ist alles andere als nichts. Auch wenn er keine Ahnung hat, was das bedeutet.

3

TRAUERARBEIT.

12. August. Irgendwann nachts.

Pirlos Flirtversuche scheitern kläglich. Das fängt schon damit an, dass die Frau kein Interesse hat, mit ihm zu reden. Und das ist noch höflich ausgedrückt.

»Verpiss dich, Toni«, zischt Christina Soares als er neben ihr am Tresen der *LIQ-Bar* auftaucht. Die Inneneinrichtung passt zu ihrem Outfit. Alles schwarz, alles teuer. Wobei die Farbe bei Christina weniger mit Stil zu tun hat als mit den Umständen. Sie trauert. Sagt sie. »Ich trauere, okay?«

»Klar«, erwidert Pirlo und bestellt einen Dry Martini. Sechs Zentiliter Gin. Ein Zentiliter trockener Wermut. Eiswürfel. Zitronenschale. Drei grüne Oliven. Er prostet ihr zu und zwinkert. »Auf Florian von Späth. Auf die Liebe.«

Ihre Augen verengen sich. »Echt, Toni, du bist so ein Arsch.«

Er lächelt. »Ich erinnere mich an unser letztes Gespräch. Wenn ich mich richtig entsinne, endete das mit ganz ähnlichen Worten. Du hattest dabei nur weniger an.«

»Das hättest du dir vielleicht so gewünscht.«

Pirlo verzichtet auf eine Antwort. Er lacht. Christina Soares hält es ebenfalls kurz. Sie zeigt ihm den Mittelfinger. Dann besinnt sie sich eines Besseren und knallt ihm auch noch eine.

Kurz darauf kommt die Nachricht von Sophie: »Wie läuft es mit dem Flamingo?« Dazu schickt sie einen Screenshot von Instagram. Das Bild ist aktuell, gepostet vor zwei Stunden. Die in nichts als eine Decke gehüllte Christina Soares schmachtet mit einem Augenaufschlag in die Kamera. Die Decke ist ebenso pink wie der sonstige Inhalt des Accounts. Pirlo schmunzelt. Jeder hat seine eigene Art, mit Trauer umzugehen. Für Sophie und Pirlo ist es jedenfalls ein Fest. Schon seit Tagen schicken sie sich die neuesten Soares-Bilder zu. Trotz ihrer mittlerweile fast dreißig Lebensjahre zeigt Christina sich fast täglich neu im Bikini, im Kleidchen oder unschuldig an einem Wassereis knabbernd. Vorzugsort: Ibiza. Vorzugspose: Duckface mit Augenaufschlag. Vorzugsfarbe: Pink. Und zwar überall.

»Das war früher schon so«, hatte Pirlo erklärt.

»Ach, du kennst Christina Soares?«, hatte Sophie gefragt.

»Eher gut als lange.« Pirlo hatte gegrinst. Auch wenn es wirkte, als sei ihm das Ganze nicht nur angenehm.

Sophie verdrehte die Augen. »Manchmal glaube ich, irgendwas stimmt nicht mit dir.«

»Was meinst du?«

»Diese Sache mit den Frauen. Ist dir das nicht selbst zu viel?«

»Ach was.«

»Meinst du nicht, dass das manche irgendwie scheiße finden könnten?«

Sein Grinsen wurde noch süffisanter. »Wieso? Die meisten kommen doch ganz gut mit mir klar.«

»Ja, je nachdem, wie lange sie dich kennen.«

Daran denkt Pirlo jetzt und schmunzelt, auch wenn die Wange brennt. Christina Soares hat ganz schön zugelangt. Er konzentriert sich auf seinen Antworttext an Sophie: »Läuft nicht wirklich rund.«

Sie schreibt direkt zurück. »Hast du schon Kontakt aufgenommen?«

»Ja.«

»Kein Wunder.«

4

PINK.

Gleiche Bar. Wenig später.

Eine halbe Stunde später ist Sophie da. Sie trifft Pirlo draußen vor der *LIQ-Bar*. Der Abgleich über die Erkenntnisse des Abends fällt kurz aus. Kramer war ein Flop. Feninas Erkenntnisse geben Rätsel auf. Jetzt ist aber zunächst die Soares dran.

»Nur noch mal für mein Verständnis«, sagt Sophie. »Das war nicht mehr als eine Affäre, oder?«

»Mit von Späth?«

»Nein, mit dir.«

»Klar. Ein bisschen Liebemachen. Mehr nicht.«

Sophie lacht. Pirlo schaut irritiert. »Liebemachen? So redet doch kein Mensch.«

Pirlo überlegt kurz. »Was soll ich sonst sagen? Nur ficken?«

Sie lacht noch mehr. Nach der Ernüchterung des Abends mit Kramer tut das gut. »Was bist du, ein Clan-Gangster oder was?«

»Wie kommst du darauf?« Jetzt wirkt Pirlo richtig von der Rolle.

»Die ficken doch auch immer alles. Ich fick deine Mutter, ich fick deine Brüder, fick dich, du Ficker und so.«

Jetzt lacht auch Pirlo. Besonders froh sieht er dabei allerdings nicht aus.

Sophie beschließt einen Richtungswechsel. »Gehen wir rein?«

Pirlo nickt. »Gute Idee.« Drinnen gibt er dem Barmann ein Zeichen. »Noch zwei Dry Martini.« Sophie ist das recht. Zwar ist ihr das Getränk zu bitter. Es ist aber auch nicht zum Trinken da. Kurz unterhält sie sich mit Pirlo. Dann, als sich beide sicher sind, dass sie wahrgenommen wurden, nimmt sie ihr Glas und schüttet ihm den Inhalt schwungvoll ins Gesicht. Im Anschluss knallt sie ihm eine und stürmt in Richtung Toiletten.

Als sie zurückkommt, ist Pirlo verschwunden. Unsicher stellt sich Sophie an die Bar. Kurz darauf taucht Christina Soares neben ihr auf.

»Pirlo ist verschwunden.«

»Du meinst den Typen, der gerade noch bei mir stand?«

»Ja. Und soll ich dir was sagen? Du hast alles richtig gemacht. Pirlo ist zwar aufregend, aber auch ein Penner. Wobei: Sind sie das nicht alle? Entweder du hast einen, der nett ist, aber langweilig, oder du landest bei einem wie Pirlo.«

Christina Soares ist schon ordentlich angeheitert. Das muss nicht schlecht sein. »Kennst du ihn gut?«

»Wir hatten mal was miteinander.«

»Und, hast du deinen Frieden mit ihm gemacht?«

Christina Soares zuckt mit den Schultern. »Pirlo ist mir ehrlich gesagt vollkommen egal. Das ist lange her.« Dann legt sie Sophie eine Hand auf den Arm. »Ich kann mir aber vorstellen, was du meinst, wenn du das sagst. Dass ich so friedlich wirke. Weißt du, ich trauere gerade. Das ist eine total krasse Erfahrung für mich. Ganz viele unterschiedliche Gefühle. Wie so eine Art Reife. Irgendwie voll *deep*, falls du weißt, was ich meine.«

Sophie lässt ihr einen Augenblick, damit sie angemessen ergriffen sein kann. Dann fragt sie: »Warum trauerst du?«

»Mein Schatz ist gestorben.«

»Oh, das tut mir leid.«

»Danke«, haucht Christina Soares. Sie schluchzt. Sophie reicht ihr eine Serviette. Die Soares tupft vorsichtig um ihre Augen herum. Nach einer Weile geht es wieder.

»Dein Mann?«, fragt Sophie vorsichtig.

»Fast«, antwortet Christina Soares. »Er war mein Liebhaber. Dann wurde er grausam ermordet. Einfach so.« Die Art, wie sie das sagt, spricht dafür, dass sie diese Szene schon öfter gespielt hat. Sophie schüttelt betroffen den Kopf. Sie ist ein gutes Publikum. Das bemerkt auch die Soares. »Weißt du, dass es voll guttut, mit dir zu reden? Glaub mir, es ist nicht leicht, wenn du jemanden so verloren hast wie ich meinen Schatz. Jemandem, dem du nahe warst und so. Außerdem ist da immer noch die Presse, die das voll ausschlachten will. Das ist alles sehr schwierig. Da ist es gut, auch mal einfach mit jemandem reden zu können.«

»Gern«, sagt Sophie. Kurz schießt ihr durch den Kopf, ob das alles eigentlich richtig ist. Die Soares hat ihren Liebhaber verloren, und Sophie horcht sie aus. Oder das, was sie mit Kramer gemacht hat. Diese Scharade. Das Versteckspiel. Und alles nur für den Fall. War das überhaupt noch angemessen? Noch vertretbar? Eine hochgeschossene Brünette unterbricht ihre Gedanken. Sie war aus dem Nichts aufgetaucht und wirft Sophie einen kalten Blick zu. »Christina, denk daran, dass du mit Fremden vorsichtig sein wolltest.«

»Aber sie ist nicht fremd«, mault Christina Soares. Und verschlimmert Sophies Gewissensbisse nur noch. »Das ist Sophie. Ich habe bei ihr ein gutes Gefühl. Sie versteht mich.«

Die Brünette schnaubt. Dann dreht sie sich um und ist verschwunden. Christina Soares schenkt Sophie ein Lächeln und ihre Aufmerksamkeit. Nur: Sophie weiß im Moment nicht, was sie damit anfangen soll. Das war hier sowieso alles auf dünnem Eis gebaut. Pirlo hatte ein paar Anrufe getätigt und erfahren, dass die Soares regelmäßig am Donnerstag in der *LIQ-Bar* auftauchte. Dann hatten sie sich die Ohrfeige ausgedacht, die Sophie den Kontakt zu Soares ermöglichen sollte. Und jetzt? Noch einen Flop wie bei Kramer kann sie sich nicht erlauben und will es auch nicht. In ihrer Not landet Sophie bei der Wahrheit. »Pirlo ist der Verteidiger von Marlene von Späth. Ich helfe ihm dabei.«

Christina Soares zieht ihre Augenbrauen hoch. »So?« Kurz, knackig und vor Ablehnung triefend.

Sophie sieht zu, wie die Soares ihr Getränk in einem Zug leert. Der Barmann bemerkt Sophies hektischen Blick und bereitet zwei neue Getränke zu. Die Soares war beim Cosmopolitan. Sophie soll es recht sein. Selbst wenn das vielleicht gar nicht mehr nötig ist. Wobei die Soares überraschenderweise keine Anstalten macht zu gehen. Stattdessen fragt sie: »Und was hat das mit mir zu tun?«

Der Barkeeper stellt die neuen Cocktails ab. Sophie nimmt einen großen Schluck. Dann noch einen. »Hast du sie mal kennengelernt?«

»Marlene von Späth?«

»Ja.«

»Natürlich. Immerhin war sie mit Flo verheiratet.«

Sophie trinkt wieder. Mittlerweile ist das Glas schon fast leer, aber so ist das nun mal. Sie hat einen starken Zug. Das liegt quasi in der Familie.

»Wie hast du sie kennengelernt?«

»Schon beim ersten Mal, als ich Flo getroffen habe, war sie dabei. Weißt du, die hingen immer bei diesen Society-Events ab.« Sie winkt mit der linken Hand ab. Society-Events. Wer braucht schon so was? »Sie haben nichts ausgelassen – Pferderennen, Geburtstage, Einweihungen, *you name it.* Die waren wirklich überall.«

»Und du auch?«

»Natürlich. Schon berufsbedingt.«

Sophie verkneift sich die Nachfrage. Christina Soares lacht. »Was bist du nur für ein Gedankenluder! Ich arbeite als Hostess im Eventbereich.«

Ihr Blick wandert an Sophie rauf und runter. »Du hättest da auch ganz gute Chancen.«

»Nein, danke.«

»Kannst es dir ja mal überlegen.«

Sophie leert ihr Glas. Die Soares hat ihren Drink kaum angerührt. Sophie nimmt sich vor, aufzupassen, dass sie beim Trinken nicht links blinkt und rechts überholt. Es wäre nicht das erste Mal.

»Wie hast du ihn kennengelernt?«

»Den Flo?«

»Ja.«

Die Soares beugt sich leicht zu Sophie vor. Sie kichert und fragt mit gesenkter Stimme: »Willst du das wirklich wissen?«

»Klar.«

»Aber das ist die inoffizielle Version, okay? So von Pirlo-Geschädigter zu Pirlo-Geschädigter.« Sophie zwinkert ihr verschwörerisch zu. Wegen des Alkohols muss sie sich wahrscheinlich keine Sorgen machen. Die Soares hat diesbezüglich einigen Vorsprung.

»Also?«

»Er war mit seiner Frau bei dieser Weihnachtsspendenaktion, beide ganz fein herausgeputzt, am besten Tisch und so. Aber weißt du, ich habe natürlich schon bemerkt, dass er mir mit seinen Blicken gefolgt ist.«

»Und dann?«

»Dann habe ich ihm im Garderobenbereich einen geblasen.«

Sophie räuspert sich. »Einfach so?«

Christina Soares lächelt. »Ich wusste da ja noch nicht, was für ein toller Mann das ist. Aber gespürt habe ich es natürlich schon.

Unsere Verbindung und so. Außerdem hatte er wirklich einen ganz tollen Anzug an. Von Louis Vuitton, weißt du. Jedenfalls hat sich daraus eine wundervolle Beziehung ergeben. Richtig *big love.* Wir haben tolle Sachen zusammen gemacht. Wochenenden auf Ibiza, Skifahren in Ischgl, eine Woche in Faro.« Sie zeigt auf die Halskette über ihrem üppigen Dekolleté. Sie ist dünn, schimmert silbrig und sieht teuer aus. »Die ist von ihm. Ich trage sie als Andenken.«

»Wie oft habt ihr euch getroffen?«

»So oft es ging. Bestimmt zweimal die Woche. Anfangs war das noch einfacher.«

»Was meinst du?«

»Später wurde seine Frau richtig eifersüchtig.«

»Wie hast du sie erlebt?«

»Seine Frau?«

»Ja.«

Christina Soares pustet die Backen auf. »Sie ist schon schön. Aber ich glaube, für Flo war sie auch anstrengend.«

»Sonst nichts?«

Christina Soares sieht Sophie ratlos an. »Was soll ich denn sonst noch sagen? Glaub mir, diese Frau war mir unheimlich egal. Zumal Flo sie ja sowieso verlassen wollte.«

»Er wollte was?«

»Sie verlassen, natürlich. Flo wollte weg von ihr, das alles hinter sich lassen. Er wollte nur noch mich, mit mir abhauen, weggehen, verschwinden.«

Sophies Mund fühlt sich trocken an. »Wann wolltet ihr weg?«

»Irgendwann jetzt dann. Im August. Er sagte, dass er nur noch ein paar Angelegenheiten klären müsse. Dann sei er frei.«

»Wie meinte er das?«

Die Soares zuckt mit den Schultern. Sophie hält sie fest, damit sie auf dem Barhocker nicht ins Rutschen gerät. Die Soares lächelt dankbar. »Ich weiß nicht, was Flo damit meinte. Verstanden habe ich es so, dass er bald mit mir weggeht. Vielleicht ganz nach Ibiza oder so.«

»Hätte er denn nicht zumindest für seinen Job in Düsseldorf bleiben müssen?«

»Kam mir nicht so vor. Aber was weiß denn ich? Alles, was er mir gesagt hat, war: Christina, hat er gesagt, Christina, bald ist alles vorbei. Dann bin ich alles los. Dann bin ich frei. Dann gehen du und ich fort von hier und kommen nie mehr zurück. Dann bleibst du bei mir, und dann bekommen wir ein Baby.«

»Das hat er gesagt?«

Die Soares nickt heftig. »Das hat er gesagt! Und zwar genau so!«

Sie kippen beide noch einen Cocktail. Dann einen weiteren.

Zum Abschied fragt Sophie: »Dir ist klar, dass wir uns bald im Gericht sehen, oder?«

Christina Soares zuckt wieder mit den Schultern. »Natürlich. Aber ich kann da auch nicht mehr sagen als jetzt. Und wie viel war das schon?« Die Konsonanten verschwimmen gefährlich. Trotzdem ist sie noch nicht durch. »Weißt du, mir ist schon klar, dass du nur mit mir geredet hast, um deinen Fall voranzubringen. Aber ganz ehrlich, das ist mir egal. Mir ist es offen gestanden auch ganz egal, wer meinen Schatz umgebracht hat, ob das jetzt seine Frau war oder jemand anderes. So oder so kommt er ja doch nicht zurück zu mir. So oder so fehlt er mir.« Im Augenwinkel schimmert eine Träne. Sie sieht anders aus als noch vor kurzem. Trauriger. Ehrlicher. Die Soares schluchzt. »Und so oder so war es nett, dass ich mich mit dir darüber unterhalten konnte. Auch wenn du jetzt besser gehst.«

5

PATRICK.

18. August. In der Kanzlei.

»Noch Stracciatella-Eis?«

»Nein, danke.«

»Sonst was?«

»Höchstens noch ein Glas Wein.«

»Der ist leider alle.«

»Hm.«

»Ja.«

»Manchmal ist das so.«

Womit der Dialog ins Stocken kommt. Sophie und Pirlo starren weiter in den Nachthimmel über Pempelfort. Hinter ihnen liegt ein anstrengendes Gespräch mit einer noch anstrengenderen Erkenntnis. Seit dem Tag, an dem sie Kramer, Fenina und die Soares getroffen haben, ist nicht wirklich viel Gutes passiert. Oder besser: gar nichts Gutes. Die Akte haben sie bereits mehrfach ausgewertet. In Danzingers Vergangenheit haben sie nichts Belastendes gefunden. Der letzte Besuch bei Marlene von Späth verlief ohne Ergebnis. Weder mit den Begriffen Italien, Genua oder *Elwood & Watkins* konnte ihre Mandantin etwas anfangen. Sophie und Pirlo haben stundenlang im Internet und in der Presse recherchiert, ohne eine Verbindung zu finden, mit der sie etwas hätten anfangen können. WDvS hatte zwar vor zwanzig Jahren eine große Ladung Baumaterial nach Italien verkauft. Der daraus gemischte Zement sollte unter anderem in Genua eingesetzt werden. Das Handelsblatt hatte darüber am Rande berichtet. Was es damit aber auf sich hatte und weswegen das in den letzten Monaten ein Thema für das Unternehmen hätte sein sollen, blieb unklar. Sophie hatte zwar bei der Redaktion angerufen, der Reporter lebte aber nicht mehr.

Schlichting war ein echter Hoffnungsschimmer gewesen, der gemeinsame Chefsekretär von Danzinger und von Späth. Pirlo und Sophie hatten ihn sowohl einzeln als auch zusammen angerufen. Seine Linie blieb immer gleich: Er war absolut nicht daran interessiert, mit den Verteidigern von Marlene von Späth zu sprechen. Die Polizei hatte ihn zwar während der Ermittlungen befragt. Etwas Nennenswertes war allerdings nicht dabei herausgekommen. Nach der Italien-Geschichte war in der Vernehmung nicht gefragt worden. Schlichting hatte sie auch nicht von sich aus angesprochen.

»Vielleicht rennen wir einem Hirngespinst hinterher«, murmelt Pirlo nach einer Weile.

»Hm«, brummt Sophie. Sie kommt aus der Küche. Tatsächlich kein Wein mehr da. Paolo hatte ihnen am Abend drei Flaschen Primitivo vorbeigebracht. »Als Denkhilfe.« Aus mysteriösen Gründen ist davon nichts mehr übrig. Schwerfällig lässt sie sich auf einen der beiden Holzstühle fallen. Auf dem anderen hängt Pirlo wie ein Schluck Wasser in der Kurve. Bequem sieht das nicht aus. Was auch daran liegt, dass die Stühle nicht bequem *sind*. Größere passen leider nicht auf den winzigen Balkon. »Wir könnten noch einmal eine Runde bei Elwood & Watkins drehen«, sagt sie. »Uns noch einmal überlegen, wen wir dort fragen können, was die eigentlich für WDvS geprüft haben.«

»Sicher«, brummt Pirlo. Begeistert klingt er nicht. Er hatte sein Glück bei Sandra Wagner versucht, Salary Partnerin am Standort Düsseldorf. Schlau. Erfolgreich. Und stinksauer. Sie ließ ihn wissen, dass er immer noch eine Jeans bei ihr rumliegen habe, aber gar nicht erst daran denken sollte, dass er sie abholen könnte. Pirlo war bereits daran gescheitert, diesen Widerspruch aufzuklären. So weit, nach einem Prüfauftrag von Elwood & Watkins fragen zu können, war er gar nicht erst gekommen. Im Anschluss hatte Sophie ihr Glück versucht. Die Idee war, das Soares-Modell zu kopieren. Der praktische Erfolg fiel allerdings überschaubar aus. Kaum hatte Sophie mitgeteilt, dass sie anrufe, weil sie mit Pirlo zu tun habe, hatte Sandra Wagner aufgelegt. Dann zurückgerufen und Sophie als »Schlampe« beleidigt. Und danach wieder aufgelegt.

»Wie machst du das nur?«, hatte Sophie gefragt.

»Was? Dass die Frauen sauer auf mich sind? Oder dass sie sich überhaupt erst mit mir einlassen?«

»Beides.«

Pirlo hatte nicht geantwortet. Ein Opfer hatte er aber trotzdem gebracht und sich mit Arndt Seifert getroffen. Sie hatten zusammen an der Heinrich-Heine studiert und parallel das Examen gemacht. Danach hatten beide eine Blitzkarriere hingelegt, Seifert bei Elwood & Watkins, Pirlo bei Ohmsen. Beide waren ehrgeizig. Beide waren von sich überzeugt. Es war für Sophie nicht besonders schwer, zu erraten, warum sie sich nicht sonderlich leiden konnten. Umso größer war ihre Überraschung, als Pirlo sich bereit erklärte, mit Seifert essen zu gehen und ihn nach einem Mandat mit WDvS zu fragen. Andererseits: Was hätten sie sonst tun sollen? Die Tage rannen dahin, ohne dass sich etwas Neues ergab. Sie brauchten eine Spur. Und zwar dringend.

Als Sophie danach zu Pirlo in die Wohnzimmerkanzlei kam, hatte er schlechte Laune. Und einen sitzen. »Ich mache es kurz: Er hat mir nichts verraten«, grollte er. »Jedenfalls nichts über einen Fall mit WDvS.«

»Sondern?«

»Nur über dich.«

Sophie stutzte. »Über mich?«

Pirlo nickte in Richtung Küche, wo drei Weinflaschen standen. »Paolo war vorhin da und hat den Wein als kleine Kopfstärkung vorbeigebracht. Magst du ein Glas?«

Sie zögerte nur kurz. »Von mir aus.« Das war ein paar Stunden her. Seitdem haben sie den Fall immer wieder von rechts nach links und danach wieder von links nach rechts gedreht. Weiter sind sie trotzdem nicht gekommen. Nicht mehr zur Sprache gekommen ist dagegen das, was Seifert über Sophie gesagt hat. Oder besser: über ihre Familie. Über Patrick. Sophie rechnet es Pirlo hoch an. Sie ist in diesem Leben schon ein paar hundertmal zu oft auf diese Geschichte angesprochen worden. Andererseits spricht vielleicht genau das dafür, sie Pirlo freiwillig zu erzählen. Wahrscheinlich ist es besser, als wenn er es von Dritten erfährt.

Sie seufzt und sieht in den Himmel. Die Sterne tanzen ein bisschen vor ihren Augen. »Dieses Gespräch mit dem Seifert«, fängt sie an.

»Hm«, brummt Pirlo.

»Was hat er noch mal genau gesagt?«

»Ach, ist doch egal. Seifert ist eine Arschgeige.«

»Das kann ja sein. Aber was hat er genau gesagt?«

»Dass er nichts von einem WDvS-Fall bei Elwood & Watkins weiß und dass er es mir auch nicht sagen dürfte, wenn er etwas wüsste. Von wegen Berufsethos und so. Aber dass ja klar sei, dass ich davon nichts verstehe. Von wegen Ohmsen und so.« Er setzt sich mühsam auf. »Wie gesagt: Eine Arschgeige vor dem Herrn.«

Sophie lacht. »Das meine ich gar nicht. Ich meine, was er über mich gesagt hat. Und über Patrick.«

»Er hat gesagt, dass er es mutig findet, dass ich auf dich setze.

Ich habe ihn gefragt, was er meint, und er sagte, dass es bezeichnend sei, dass ich keine Ahnung habe, worauf ich mich einlasse, wenn ich Sophie Mahler anstelle.«

»Und worauf lässt du dich seiner Meinung nach ein?«

Pirlo seufzt. Sophie kann die Wackler in seiner Sprache deutlich hören. Er scheint trotzdem zur Antwort entschlossen und tastet sich langsam voran. »Er meinte, dass es sicher anstrengend sei, weil dein Vater der große Ernst Mahler sei und einen gewaltigen Schatten werfe.«

»Geschenkt«, murmelt Sophie.

»Das habe ich der Arschgeige auch gesagt. Und dann sagte er noch, dass ja sowieso unklar sei, wie lange du dich als Anwältin hältst, und dass die meisten gedacht haben, du schmeißt alles hin, nach dem, was mit deinem Bruder passiert sei.«

»Und was hast du gesagt.«

»Dass er eine Arschgeige ist. Schien ihm nicht zu gefallen. Wahrscheinlich mag er es nicht, wenn man ihn daran erinnert.« Sophie lacht. Als Pirlo weiterspricht, hat sich seine Stimme verändert. Er lallt immer noch leicht. Trotzdem klingt er ruhiger. Weicher. »Ich kenne natürlich die Gerüchte, aber ehrlich gesagt interessiert mich so was nicht. Ich will mit dir zusammenarbeiten. Das tut mir gut. Du tust mir gut. Wir sind ein gutes Team. Da hatte der Alte schon recht. Alles andere geht mich erst mal nichts an. Das erzählst du mir, oder du erzählst es mir nicht. Und wenn mich einer wie die Arschgeige darauf anspricht, dann ignoriere ich das sowieso.«

»Gut«, sagt Sophie. »Danke.« Sie meint es so. Eine Weile sieht sie in die Sterne. »Was weißt du?«

»Dass du einen älteren Bruder hattest, der vor ein paar Jahren tödlich verunglückt ist.«

Sophie nickt ins Dunkel. »Patrick ist vor vier Jahren gestorben. Er war drei Jahre älter. Ich bin heute also so alt, wie er es war, als er starb.« Sie seufzt. Drückt eine Träne weg. Dann gibt sie sich einen Ruck. »Die Rollenverteilung zu Hause war immer klar. Patrick war der Thronfolger. Er war der Sohn von Ernst Mahler und damit für Großes ausersehen. Dass ihm das schwerfiel, war für meinen Vater zweitrangig. Wenn du mich fragst, war er einfach der Überzeugung, dass Patrick reinwachsen werde, allein schon, weil er reinwachsen *musste*. Patrick fügte sich so gut wie möglich. Dabei schien es völlig egal zu sein, ob er sich schwertat oder nicht. Es war sowieso alles nur eine Zwischenstation auf dem Weg zur Partnerschaft bei Müller & Mahler. Sein Abi schaffte er nur mit großer Mühe. Danach schrieb mein Vater ihn zum Studium in Düsseldorf ein und schickte ihn nach Harvard und Oxford. Das war die Welt, in der Patrick sich bewegen sollte. Elite-Unis mit Elite-Menschen, den Söhnen und Töchtern der anderen großen Kanzleigründer. Das meiste habe ich nur aus der Ferne mitbekommen. Ich hatte eine unbeschwerte Kindheit. Der ganze Druck lastete auf Patrick. Wo ich schwimmen, reiten und Ballett anfangen und aufhören konnte, wie ich wollte, *musste* Patrick Golf spielen, fechten und vor allem segeln.« Sie verstummt. Pirlo sagt nichts, hört zu. »Ich weiß es nicht genau«, fährt Sophie nach einer Weile fort. »Aber ich glaube, mein Bruder war ein zutiefst unglücklicher Mensch. Nein: Ich bin davon *überzeugt*. Wann immer ich ihn einmal in Ruhe erlebt habe, saß er allein irgendwo und las in einem Buch. Er liebte die Geschichten von Karl May. Als ich noch kleiner war, las er mir oft daraus vor. Mit diesen Büchern konnte er sich stundenlang befassen. Wenn ich ihm dabei zusah, wirkte er unendlich viel entspannter als bei all den anderen Terminen und Verpflichtungen. Einer dieser Pflichttermine war die Teilnahme an der Regatta *Düsseldorf/Ruhrort* des Düsseldorfer Yachtclubs.« Sophie bemerkt, dass sie an Tempo zulegt. Sie will das hier schnellstmöglich hinter sich bringen. »Patrick trat mit Christian

Sartorius, einem jungen Associate von Mahler & Müller, in einem *Double-Hand*-Boot an. Das Wetter war rau. Es regnete, und es blies ein straffer Wind. In einer Kurve auf der Höhe von Kaiserswerth wagten sie ein riskantes Überholmanöver. Patrick arbeitete am Segel, Christian Sartorius war am Steuer. Als das Boot plötzlich ins Schlingern geriet, stolperte Patrick und verhakte sich dabei mit dem Fuß in einem Tau. Er fiel über Bord und wurde unter den Rumpf gezogen. Als Sartorius das Boot ans Ufer brachte, war Patrick ertrunken.« Sophie schluchzt. Nach einer Weile spürt sie Pirlos Hand an ihrer Schulter.

»Das tut mir leid«, murmelt er.

»Danke.« Sie trocknet ihre Tränen mit dem Saum ihres T-Shirts. »Mein Vater machte Sartorius heftige Vorwürfe. Er hielt ihm vor, dass das Manöver zu riskant gewesen sei. Außerdem hätte er nicht am Steuer bleiben dürfen. Er hätte das Seil kappen müssen. Hinterherspringen müssen. Einfach *irgendetwas* tun müssen. Die Staatsanwaltschaft ermittelte gegen ihn wegen fahrlässiger Tötung. Mein Vater befeuerte diese Ermittlungen, wo er nur konnte. Er ließ seine Kontakte spielen. Kurz darauf fing auch die Presse an, sich zu fragen, ob Sartorius meinen Bruder aus Angst um sich selbst »geopfert« hatte. Sie brandmarkten ihn öffentlich als Feigling. Natürlich verlor er auch seinen Job bei Müller & Mahler. Kurz darauf kaufte er ein Flugticket nach Buenos Aires. Wahrscheinlich hat er einfach das Chaos hier nicht mehr ausgehalten. Er hatte auch einen Rückflug gebucht. Trotzdem unterstellte die Staatsanwaltschaft Fluchtgefahr. Sartorius kam in Untersuchungshaft. Dort nahm er sich am zweiten Tag das Leben.« Sophie schwieg. Pirlo auch. »Ich habe damals noch studiert – Jura. Anders als Patrick hatte ich eine Wahl und hätte auch was anderes machen können. Die Neigung zur Juristerei liegt aber wohl doch in der Familie. Vor Patricks Tod hatte sich niemand besonders für mein Studium interessiert. Im Gegensatz zu meinem Bruder war ich immer gut. Ich musste nie die Beziehungen meines Vaters in Anspruch nehmen, um etwas zu bekommen. Anders als bei ihm kümmerte das aber niemanden besonders. Ich fand das übrigens nicht schlimm. Im Gegenteil, ich habe das Desinteresse meiner Eltern immer als eine Art Befreiung erlebt. Als Patrick starb, fiel ich in ein Loch. Ich war mir nicht sicher, ob ich das Studium zu Ende bringen wollte. Eigentlich wollte ich mit diesem ganzen Rechtskram nichts mehr zu tun haben und nach einem harten Schnitt weit weg und etwas vollkommen anderes machen. Ein neues Kapitel aufschlagen. In diese Richtung gingen jedenfalls meine Gedanken. Der Suizid von Christian Sartorius geschah zwei Wochen nach dem Tod meines Bruders. Ich erfuhr davon beim Kickbox-Training. Von dort lief ich nach Hause, ging aber nicht rein. Stattdessen lief ich immer weiter, bis zum Morgengrauen kreuz und quer durch die Stadt. Am nächsten Morgen setzte ich mich bei meinen Eltern an den Frühstückstisch und erklärte ihnen, dass ich von jetzt an nur noch Strafrecht machen werde.«

6

HOUDINI.

21. August. Am Rhein.

Drei Tage später hat Sophie sich immer noch nicht richtig von dem Abend auf dem Balkon erholt. Dass sie auf Patrick angesprochen wird, ist sie gewohnt, nicht aber, dass sie von ihm erzählt. Sie bereut es nicht, trotzdem hängt ihr der Abend noch nach. Außerdem hat sie eindeutig viel zu tief ins Glas geschaut. Sie hat geschlagene zwei Tage gebraucht, um wieder in die Spur zu kommen.

»Champagner?«, fragt einer der Kellner in weißem Sakko.

»Nein danke«, antwortet sie. Beim nächsten nimmt sie allerdings ein Kanapee. Russischer Kaviar mit Ei und Zwiebel auf rheinischem Schwarzbrot. Dann schlendert sie ein wenig durch den Garten, der ungefähr die Maße eines halben Fußballfeldes hat. Hier, in bester Rheinlage, war das mindestens einen siebenstelligen Betrag wert. Hier und da erkennt Sophie ein bekanntes Gesicht, lächelt höflich, spaziert aber weiter. Der Plan ist zwar, gesehen zu werden. Zum Reden ist sie aber nicht hergekommen. Als sie am Rand der Rasenfläche ankommt, verschafft sie sich einen Überblick. Die Band spielt gerade einen Dixie. Ein paar Leute tanzen. Die meisten plaudern noch. Zwar färbt sich die Sonne bereits rot. Dunkel wird es allerdings erst in zwei Stunden sein. Bis dahin verlustieren sich die etwa dreihundert Gäste noch mit entspanntem *Socializen*. Mein Haus, mein Auto, meine junge Frau. Das Motto: Tennislegenden. Die Düsseldorfer und ihre Verkleidungen. Um Sophie herum stolzieren ungelenk Männer in Björn-Borg-Outfits, ab und zu ein Agassi, ein Sampras, ein Boris Becker oder Michael Stich. Bei den Frauen dominieren Steffi Graf und Monica Seles. Wer eine Brille trägt, versucht sich als Martina Navratilova. Sophie hat sich für Chris Evert entschieden. Kurze Hose statt Röckchen. Sie will sich schließlich gut bewegen können. Der Gedanke lenkt den Blick zu der entscheidenden Stelle. An die Breitseite des Grundstücks grenzt eine Mauer an. Dahinter liegt die Villa der von Späths. Das Tatortgelände. Sperrgebiet. Beim diesjährigen Sommerfest sicher ein willkommenes Plus für Familie Horten. Die Einladungen gingen standardmäßig auch an die Mahlers raus. Sophie hat sie beim sonntäglichen Mittagessen auf der Ablage im Flur entdeckt. Die Gefahr, dass ihre Eltern hier aufkreuzen könnten, ist allerdings äußerst gering. Ernst Mahler macht sich nichts aus Veranstaltungen, die sich nicht um ihn drehen. Helena Mahler ist nach sechzehn Uhr nur noch bedingt vorzeigbar, erst recht, wenn es Alkohol umsonst gibt. Sophie ist daher allein gekommen und hat auch vor, allein zu bleiben. Sicher, hier und da vielleicht ein Gespräch, ein kurzer Plausch, aber immer so, dass die Mauer zum Gelände der von Späths im Blick bleibt. Wenn sie es richtig sieht, grenzt am anderen Ende des Horten-Grundstücks ein Gartenpavillon daran. Vielleicht kann sie sich am Gestell hochziehen und von dann auf die Mauer springen. Sie spaziert dorthin und inspiziert die Lage. Ein halber Meter liegt zwischen Pavillonholz und Mauerrand. Was nicht ungefährlich ist. Aber machbar. Jetzt muss es nur noch dunkel werden.

Drei Stunden später ist es so weit. Gerade noch rechtzeitig, um den nächsten Düsseldorfer Society-Morden zuvorzukommen. Sophies Geduld wurde jedenfalls ordentlich strapaziert. Während die Sonne einen spektakulär langen Abgesang hinlegte, hat sie sich durch etliche Grauen des Smalltalks gequält. Gute fünfmal wurde sie nach ihrem Vater gefragt, ebenso oft nach ihrer Mutter und ungefähr dreimal so häufig nach Patrick. Sie war immer höflich geblieben. Und nüchtern. Obwohl beides zunehmend schwerer fiel.

Mit der Dunkelheit kommt endlich die Erlösung. Und die Anspannung. Unbemerkt schafft sie höchstens einen Sprung. Der muss sitzen. Was danach auf der anderen Seite passiert, weiß sie ohnehin noch nicht. Auf dem Weg zum Pavillon nimmt sie ein letztes Kanapee zur Stärkung. Lachs mit Madeiratomate. Noch ein paar Schritte zur Seite. Danach die Engstelle zwischen Holz und Mauer erklettern. Springen. Auf das Beste hoffen. Fertig. Sie atmet durch und gibt sich einen Ruck. Weiter kommt sie nicht.

»Sophiiiiie!«, tönt es in ihren Ohren. Sie dreht sich vorsichtig um. Hinter ihr steht Anna Obhoven. Ausgerechnet. Ehe sie weiterdenken kann, drückt sich Annas spindeldürrer Körper an sie. »Sophiiiiie!«, jubelt Anna noch einmal. »Wir haben uns ja eeeeeeewig nicht gesehen!«

Ja, denkt Sophie. Und das war auch gar nicht schlimm. Sie sagt: »Hallo Anna.« Schon ist sie mittendrin im nächsten Smalltalk-Purgatorium. Sie kennt Anna schon seit der Schulzeit. Ihr Vater ist ein bekannter Gefäßchirurg, der im Rheinland im vergangenen Jahrzehnt durch geschickte Zukäufe von Kliniken ein Ärzteimperium errichtet hat. Die Vertragsverhandlungen waren über Müller & Mahler gelaufen. So hatten Ernst Mahler und Achim Obhoven sich kennen- und schätzen gelernt. Kurz darauf ging Anna Obhoven bei den Mahlers ein und aus. Relativ schnell war klar, dass ihr Interesse weniger der gleichaltrigen Sophie galt, als vielmehr deren Bruder. Selbst die Auswahl einer geeigneten Frau hatte Ernst Mahler für seinen Sohn übernommen. Als Patrick verunglückte, tat Anna Sophie leid. Eine Weile hatte sie versucht, sie zu trösten. Dann war der Kontakt abgeflaut.

Was Anna zwischenzeitlich gemacht hatte, war Sophie nicht klar. Bis jetzt. In aller Kürze erfährt sie: Anna hat immer noch nicht geheiratet. Sie wartet immer noch auf Mr. Right, was natürlich schwierig ist, weil sie diesen eigentlich schon hatte. Als sie das sagt, spürt Sophie noch einmal, wie das Mitleid sie übermannt. Annas weitere Informationsflut relativiert das etwas. Sie war ein halbes Jahr in Australien. Sie mag Wombats, weil die so süüüüüß sind. Sie macht jetzt Yoga und Pilates. Bei Jaipur hat sie einen Ashram besucht, was eine sehr intensive Erfahrung war. Sie glaubt, dass sie dort auf einer spirituellen Ebene mit Patrick in Kontakt trat. Und mit John Lennon. Mit dem auf jeden Fall. Aktuell überlegt sie, den Sommer in der Provence zu verbringen. Vielleicht will sie malen. Die Farben atmen. So wie van Gogh.

Dann wird sie unterbrochen.

»Entschuldigung, wenn ich störe, junge Frau. Ein Mann in meinem Alter ist für gewöhnlich nicht mehr allzu spät auf den Beinen. Erlauben Sie mir, vor meiner Verabschiedungsrunde kurz meine bezaubernde Doktorandin zu entführen?« Arland lächelt breit. Sophie schmunzelt. Er ist als McEnroe gekommen.

»Aber natürlich«, flötet Anna. »Wir sehen uns später, Sophie, meine Liebste.« Und weg ist sie.

»Danke«, sagt Sophie.

»Keine Ursache«, erwidert Arland. »Was machst du hier?«

»Ganz ehrlich? Abwarten, bis keiner schaut, dann zwischen Pavillon und Mauer hochklettern, auf die Mauer springen, auf der anderen Seite runter, in das Haus der von Späths einbrechen und dort irgendwas suchen, was mit Italien, Genua oder Elwood & Watkins zu tun haben könnte.«

»Ich sehe, Pirlo und du, ihr versteht euch«, antwortet Arland trocken und nimmt einen Schluck Wein. Dann lachen beide. Woraufhin er sagt: »Jetzt!«

»Was jetzt?«

»Gleich hält der Hausherr eine Rede. Da hört zwar keiner zu. Aber alle sehen hin. Also ist jetzt ein geeigneter Zeitpunkt.«

»Gut.«

Er sieht sie an. »Viel Glück, Sophie.«

Sie nickt. Dann stemmt sie den Fuß gegen den Pfosten des Pavillons, den anderen an die Mauer und klettert rasch und behände nach oben. Dort angekommen schwingt sie sich zunächst auf das Dach des Pavillons. Der Sprung klappt fehlerfrei. Sie lässt sich auf der Mauer an der von Späth'schen Seite hinab und steht in einem Blumenbeet. Alles zusammen hat kaum zwanzig Sekunden gedauert. Trotzdem schlägt ihr Herz wie nach einem Marathon. Von der anderen Seite der Mauer hört sie die gedämpften Worte einer per Lautsprecher übertragenen Rede. An den richtigen Stellen lachen alle Leute. Sophie wartet noch einen Moment, bis sich ihre Augen an die Dunkelheit gewöhnt haben. Dann schaltet sie eine kleine Taschenlampe ein und geht los.

Es fühlt sich seltsam an, durch den Garten eines Toten zu laufen. Das Gelände ist weitläufig, wenn auch nicht so riesig wie das der Familie Horten. Gomes hat gute Arbeit geleistet. Englischer Stil. Gepflegt, aber nicht zu symmetrisch. Angenehm fürs Auge. Und für Verstecke. Obwohl das Haus groß und dunkel vor ihr liegt, schleicht sich Sophie vorsichtig näher heran und sucht immer wieder Schutz hinter den Hecken. Dann steht sie vor der Schiebetür zur Veranda. Wie erwartet ist die verschlossen, was ebenso für die Fenster des Erdgeschosses und der Küche gilt. Innerlich flucht sie darüber, dass Pirlo und sie sich nach langen Debatten dagegen entschieden haben, Marlene nach ihrem Schlüssel zu fragen. Ihre Mandantin soll nicht wissen, was sie vorhaben und dass sich ihre Verteidiger wegen Siegelbruchs und Hausfriedenbruchs strafbar machen.

Die Haustür ist ebenfalls verschlossen. Fuck. Das ist noch nicht alles. Kreuzweise flattert davor das Absperrband der Polizei. Sophie flucht leise. Dann schleicht sie zurück zu der Seite mit dem Küchenfenster. Pirlo hat ihr einen Glasschneider gegeben, der ebenso einfach wie effizient funktioniert. Mit einer einzigen Bewegung hat Sophie in die Scheibe in Höhe des Fenstergriffs ein Loch gefräst. Um ihren Arm zu schützen, zieht sie einen Gartenhandschuh aus der Tasche und streift ihn über. Dann greift sie nach innen und öffnet das Fenster. Es ist fast unheimlich, wie leicht das alles geht. Dasselbe gilt für den Weg hinein in die Küche. Hier zahlt sich die durch das jahrelange Kickbox-Training erworbene Gelenkigkeit aus. Das Fenster ist wieder geschlossen. Wenn sie hier erwischt wird, ist das Loch in der Scheibe eines ihrer kleineren Probleme.

Im Haus ist es dunkel. Nur durch eine entfernte Straßenlaterne von der Cecilienallee dringt schwaches Licht herein. Mit der rechten Hand hält Sophie die Taschenlampe. Mit links das Telefon.

»Ich bin drin«, flüstert sie.

»Gut«, flüstert Pirlo zurück.

»Warum flüsterst du? Du sitzt allein zu Hause.«

»Keine Ahnung. Wahrscheinlich hab ich mich einfach von dir anstecken lassen. Warum flüsterst du? Du bist allein in einem leeren Haus.«

»Auch keine Ahnung. Wahrscheinlich hab ich mich einfach von der Atmosphäre anstecken lassen.«

»Haben wir das also geklärt. Legen wir los?«

»Unbedingt.«

»Okay. Was siehst du?«

Sophie lässt den Blick schweifen. »Ich bin in der Küche und schaue über die Bar. Darauf steht immer noch der Messerblock. Das Messer in der Mitte fehlt. Dahinter ist die Freitreppe zu erkennen.«

»Abstand zwei Meter fünfundvierzig«, sagt Pirlo, der sich parallel durch die Akte klickt. »Wie fühlt es sich an, wenn man dort steht?«

»Plausibel«, antwortet Sophie. »Es erscheint schlüssig, dass man das Messer schnell aus dem Block ziehen kann. Sogar wenn man in Eile ist.«

»Fuck. Das ist nicht gut. Was siehst du noch?«

Sophie läuft um die Bar herum. Sie schluckt. »Auf dem Boden ist sein Körper nachgezeichnet.« Auch wenn sie das Bild aus der Akte kennt, fühlt es sich hier anders an. Aber das muss sie Pirlo ja nicht unbedingt auf die Nase binden.

»Was fällt dir noch auf?«

»Ansonsten ist hier alles wie zu erwarten. Auf der anderen Seite der Freitreppe, mir gegenüber, ist die große Sitzecke mit dem Kamin. Rechts der Treppe geht es in den Garten. An den Räumlichkeiten ist eigentlich nichts auffällig.«

»Aber?«

»Es ist schon ziemlich riesig hier. Ich meine, das in der Akte zu lesen ist die eine Sache. Wenn man hier aber durchläuft, drängt sich der Eindruck auf, dass das wirklich ein kleiner Palast ist.«

»Erkennst du von unten die Räume von Marlene?«

Sophie schaut nach oben. »Nein, nur die Galerie.«

»Gut. Was hältst du davon, dir mal das Arbeitszimmer anzusehen?«

»Mache ich, Chef.« Sophie geht über die Treppe, die groß und breit das Untergeschoss einnimmt, in den ersten Stock. Am Ende der Galerie bleibt sie stehen. Rechts um die Ecke liegen die Räume Marlenes. Links ist das Arbeitszimmer. »Ich bin da.«

»Siehst du den Safe?«

»Ja. Er sieht genau so aus, wie er in der Akte fotografiert und beschrieben ist. Ziemlich klein. Eher wie ein groß geratenes Schließfach.«

»Ist er leer?«

»Ja.«

»Wie ist der Verschluss?«

»Ein Zahlenfeld. Auf mich wirkt es unauffällig.«

»Der Rest auch?«

»Was meinst du?«

»Hast du den Eindruck, der Safe wurde irgendwie besonders rasant geöffnet? Vielleicht aufgerissen oder so? Gibt es irgendwo Absplitterungen?«

»Warte. Nein.«

»Hm. Kannst du irgendwie erkennen, was drin war?«

»Warte, ich leuchte mal rein. Nein. Selbst wenn es vorher einen Abdruck gegeben haben sollte, ist es mittlerweile viel zu staubig.«

»Fuck.«

»Ich schließe mich an.«

»Wie wirkt der Raum sonst auf dich?«

Sophie sieht sich um. »Sortiert. Es wirkt, als sei von Späth Ordnung wichtig gewesen. Das und sein Selbstbild.«

»Wie bitte?«

»An den Wänden hängen Fotos von ihm an unterschiedlichen Plätzen der Welt. Sydney Harbour Bridge. Taj Mahal. Angkor Wat. Er zeigt immer dasselbe Grinsen. Und er ist immer allein drauf.«

»Klingt nach einem klassischen Sympathieträger.«

Sophie schmunzelt. »Hier ist auch der Cowboyhut, den er bei Veranstaltungen trug.«

»Was uns aber alles nicht wirklich weiterhilft.«

»Nein. Glaub mir, ich ärgere mich genauso wie du. Nur, dass ich dazu auch noch im Tenniskostüm hier rumstehe. Außerdem …« Sophie verstummt.

»Außerdem was?«, fragt Pirlo. »Hallo?«

»Pst«, zischt Sophie, »ich glaube, hier ist wer.«

»Was?«

Sophie lauscht. Von der Treppe her hört sie Stimmen.

»Da sind Leute.«

»Wirklich?«

Sophie linst um die Ecke. »Wirklich.«

»Polizisten?«

Sophie wagt einen genaueren Blick. Am Übergang der Treppe zur Galerie stehen zwei Männer. Beide haben Tenniskleidung an. »Nein. Partygäste. Wie ich.«

»Scheiße. Mach, dass du wegkommst!«

»Das musst du mir nicht zweimal sagen.« Sophie lugt noch einmal ums Eck. Die Männer stehen immer noch dort. Sie wirken jung. Sportlich. Unangenehme Gegner.

»Wie machen wir es?«, sagt der mit der Agassi-Perücke. »Getrennte Räume oder beide gleichzeitig in einem?«

»Was schneller geht«, antwortet Boris Becker. »Ich fühl mich hier gar nicht wohl. Wie viele Räume müssen wir erledigen.«

»Er sagt, drei. Das Billardzimmer, das Arbeitszimmer und die Bibliothek.«

»Dann lass es uns aufteilen.«

»Gut. Sag Bescheid, wenn du was findest. Du fängst unten in der Bibliothek an. Ich gehe ins Billardzimmer. Danach nehmen wir uns das Arbeitszimmer zusammen vor. Er meinte, dort sei die Chance am größten.«

»Obwohl der Safe leer war?«

»Ja. Sie haben den Stick nirgends gefunden. Und irgendwo muss er ja sein.«

»Okay. Dann los. In fünf Minuten wieder hier.«

»Ist gut. Fünf Minuten. Schau einfach hinter ein paar Büchern nach. Nimm dir vor allem die über Italien vor. Würde ja Sinn ergeben.«

»Mach ich. Bis gleich.«

»Bis gleich.« Agassi geht die Treppe runter. Becker begibt sich in den Billardraum. Und Sophie traut sich, wieder auszuatmen. Noch mal davongekommen. Allerdings ist das Arbeitszimmer als Nächstes dran. Sie muss also raus. Jetzt! Vorsichtig setzt sie einen Fuß auf die Galerie. Das Holz knarrt. Sie verharrt. Als kein Kopf in der Tür des Billardraums auftaucht, macht sie den nächsten Schritt. Dann den nächsten. Es knarrt jedes Mal. Am Ende der Freitreppe ist links der Billardraum. Einer der Männer. Agassi. Durch die offene Tür sieht sie den Lichtkegel seiner Taschenlampe. Dann schleicht sie nach rechts und eilt die Treppe hinunter. Rechts neben der riesigen Chaiselongue am Kamin geht es in die Bibliothek. Auch dort kreist ein Lichtkegel. Sophie wendet sich nach links, huscht über die am Boden eingezeichnete Silhouette des Toten und eilt in die Küche. Dort öffnet sie rasch das Fenster, drückt sich auf die Arbeitsplatte und springt hinaus. Ein paar Sekunden steht sie bewegungslos da, mit dem Rücken an die Wand gepresst. Dann reißt sie sich los und sprintet, so schnell sie kann, über die Freifläche des Eingangsbereichs zum Gartentor. Leichtfüßig erklimmt sie den Stäbezaun. Kurz darauf ist die draußen auf der Promenade. Nach ein paar Metern ruft sie Pirlo an.

»Alles in Ordnung?« Er klingt atemloser als sie.

»Alles in Ordnung. Ich glaube, sie haben mich nicht bemerkt. Das Fenster ist zwar offen. Aber warum und seit wann müssen die beiden selbst auskaspern.«

»Ein Hoch auf deine Houdini-Fähigkeiten. Astrein entfesselt.« Er bemüht sich, witzig zu sein. Er räuspert sich. »Es tut mir leid, dass ich dich in Gefahr gebracht habe«, sagt Pirlo. Jetzt klingt seine Stimme grau. Und deutlich authentischer.

»Schon okay. Genau genommen habe ich mich selbst in Gefahr gebracht. Konnte ja keiner wissen, dass auch andere die Gartenparty nebenan nutzen würden.«

»Was haben sie denn gesucht?«

»Einen Stick. Das haben sie jedenfalls gesagt.«

»Konntest du sie hören?«

»Klar und deutlich. Sie standen in dem leeren Haus ja nur ein paar Meter weg von mir. Außerdem haben sie sich nicht besonders viel Mühe gemacht, leise zu sein.«

»Profis flüstern«, sagt Pirlo.

Sophie lächelt. Es tut ihr gut. Erst jetzt spürt sie, wie die Spannung von ihr abfällt.

»Sie haben also einen Stick gesucht?«

»Ja. Einen Stick, der mit Italien zu tun haben dürfte.«

»Schon wieder dieses Thema.«

»Da ist noch was. Sie sprachen davon, dass sie von jemandem geschickt worden seien. Einen Namen haben sie nicht genannt. Es klang aber nach einem Mann. Sie sagten: ›Er will, dass wir uns das Arbeitszimmer ansehen‹ und so weiter.«

»Ein Mann sucht im Haus der von Späths einen Stick, der mit Italien zu tun hat. Er macht das aber nicht selbst, sondern schickt zwei Handlanger.«

»Könnte das Danzinger sein?«

»Wer sonst?«

»Und was will er damit?«

»Da werden wir ihn wohl selbst fragen müssen.«

ACHTER TEIL
SEPTEMBER

1

ZEUGENBEISTAND.

15. September. Fünfter Verhandlungstag.

Pirlo zwinkert Marlene von Späth zu. Sie lächelt dünn. Die blauen Augen bleiben kühl. Pirlo sieht es ihr nach. Die Anspannung ist greifbar. Auch für ihn. Es geht mit Danzinger weiter. Der thront feist im Zeugenstuhl. Teurer Anzug. Gerader Rücken. Schwitzen. Alles so wie beim letzten Mal. Zumindest fast. Neu ist der hagere Mann mit Brille und Anzug, der neben Danzinger sitzt. Pirlo kennt ihn vom Sehen. Jens Wolf von Wieser & Kollegen. Ende vierzig. Fachanwalt für Strafrecht. Kein schlechter Mann. Allein seine Anwesenheit setzt ein Zeichen. Danzinger hat sich einen Zeugenbeistand genommen, der verhindern soll, dass er sich mit seiner Aussage selbst belastet. Kein Zweifel, er darf das. Lediglich der Zeitpunkt ist unglücklich. Jedenfalls für Danzinger.

Adams lässt sich nichts anmerken. Im Gegenteil, als Wolf sich noch einmal in Richtung Toilette entschuldigt, führt er einen kurzen Smalltalk mit Danzinger. Er lobt ihn für seine Pünktlichkeit. Harmlose Sätze mit harmlosem Inhalt. Danzinger antwortet, dass er vor den Verhandlungstagen mit seiner Frau in seiner Stadtwohnung übernachte. Das Haus im Bergischen Land sei angesichts des morgendlichen Berufsverkehrs nach Düsseldorf einfach zu ungünstig gelegen. Dann ist Wolf zurück. Es geht los.

»Herr Danzinger, Sie haben das letzte Mal schon bemerkt,

dass die Kammer noch einige Fragen hat. Lassen Sie uns heute bitte den Ablauf durchgehen, ab dem Moment, an dem Florian von Späth bei der Veranstaltung in den Rheinterrassen seinen Platz an ihrem gemeinsamen Tisch verlassen hat.«

»Gern«, antwortet Danzinger. Er macht einen aufgeräumten Eindruck. »Wir, also WDvS und damit Florian und ich, waren zu der Veranstaltung ›Unternehmen am Rhein – Reiten auf der Erfolgswelle‹ eingeladen, um einen Preis für Innovation im Bereich Materialgestaltung entgegenzunehmen. Bei der Gelegenheit hatten wir vor, einen kurzen Abriss über laufende Projekte zu geben. Wir wollten also ein bisschen Werbung machen.« Er schmunzelt, als habe er sich gerade eine besonders vertrauliche Information entlocken lassen. »Wir hatten die Einladung angenommen und kamen aber ohne unsere Frauen. Ich meine, ich hätte meine Irmgard natürlich mitgebracht, aber angesichts der schwierigen Lage im Hause von Späth war es nach meiner Meinung sinnvoller, wenn wir als Herrenduo auftraten. Wir waren schließlich das Gesicht der Firma. Ich hatte offen gestanden erwartet, dass Florian von meinem Vorschlag nicht besonders begeistert sein würde. Wie Sie wissen, legte er viel Wert auf den öffentlichen Auftritt, und die Angeklagte ist schließlich eine sehr attraktive Frau, mit der er sich gern geschmückt hat. Zu meiner Überraschung war das aber nicht so. Er kam mir vielmehr fast erleichtert vor.« Danzinger macht eine kleine Effektpause. Dann fährt er fort: »Wie üblich hatten wir die Redeparts aufgeteilt. Florian sollte den geselligeren Teil übernehmen, ich vor allem über Zahlen und Modelle sprechen. Der uns betreffende Programmpunkt war für halb zehn vorgesehen. Es war zu erwarten, dass der Terminplan eingehalten würde. Niemand geht zu solchen Treffen wegen der Vorträge oder des Essens. Es geht vor allem ums Netzwerken. Deshalb wird das Programm straff durchgezogen. Umso überraschter war ich, als Florian mir gegen neun Uhr sagte, dass er noch einmal kurz nach Hause wolle. Grundsätzlich war das zwar kein Problem, die Villa der von Späths ist mehr oder weniger auf der anderen Straßenseite der Cecilienallee. Es ist also möglich, mal eben kurz zu gehen und wiederzukommen, nur war mir beim besten Willen kein Anlass ersichtlich.« Danzinger tupft sich die Stirn. Er hat sich in Schwung geredet. »Ich fragte Florian natürlich, was er zu Hause wollte, aber er ließ sich partout keine Erklärung entlocken. Auf mich wirkte er ziemlich hektisch und auch irgendwie besorgt.« Pirlo notiert sich das. Daneben malt er ein großes Fragezeichen. Danzinger fährt fort. »Florian winkte kurz höflich in die Runde und sagte, dass es gleich eine Überraschung geben werde. Dann war er weg.«

»Was glaubten Sie, was er damit meinte?«, fragt Adams.

»Ich kann es Ihnen wirklich nicht sagen. Was ich aber sagen kann, ist, dass ich das alles höchst unpassend fand. Wissen Sie, wir haben schon viele Preise gewonnen und viele Ehrungen überstanden. Es war für mich nicht nachvollziehbar, warum ausgerechnet in unserer Heimatstadt plötzlich so ein Bohei aufkommen sollte, ohne dass wir uns vorher darüber unterhalten hatten. Lassen Sie mich ehrlich sein: Am liebsten hätte ich bei dieser Gelegenheit einfach die Auszeichnung erhalten und es damit gut sein lassen.«

»Wie haben Sie reagiert?«

»Einen Moment musste ich mich sammeln. Dann habe ich mich aber doch geärgert und bin ihm nachgelaufen.«

»Haben Sie ihn noch eingeholt?«

»Nein.«

»Was haben Sie dann gemacht?«

»Ich bin vor den Rheinterrassen auf und ab gegangen und habe auf ihn gewartet.«

»Haben Sie versucht, ihn telefonisch zu erreichen?«

»Nein. Das hätte aus meiner Sicht auch keinen Sinn gemacht. Er war ja gerade weggerannt, ohne mir zu sagen, warum. Da schien es nicht sehr wahrscheinlich, dass er meinen Anruf annehmen würde.«

»Und dann?«

»Florian ist nicht mehr zurückgekommen, ich bin wieder rein, habe den Preis entgegengenommen, und damit war der Abend für mich erledigt.«

»Waren Sie noch sauer auf ihn?«

»Ach, es geht. Wissen Sie, ich ging davon aus, dass er zu Hause Stress mit seiner Frau hatte. Ich dachte mir, dass es wieder Theater mit der Angeklagten gab. Wenn das so war, konnte ich Florian aber ohnehin nicht bei der Veranstaltung gebrauchen. Wir wollten schließlich einen guten Eindruck abgeben und nicht so wirken, als hätten wir unser Leben nicht im Griff.«

»Haben Sie danach versucht, ihn anzurufen?«

»Nein. Aus denselben Gründen. Ich dachte, dass er sich irgendwann schon melden würde. Davon abgesehen war der Abend ja einigermaßen gut über die Bühne gegangen. Ich war damit zufrieden und hatte kein Rücksprachebedürfnis mehr.«

»Was ist danach passiert?«

»Ich bin nach Hause ins Bergische Land gefahren. Am nächsten Morgen hat mich dann der völlig panische Anruf von Frau Nowak, Florians Putzfrau, geweckt.« Er stockt kurz. »Sie hat mir berichtet, dass Florian tot im Flur liege.«

»Wie haben Sie reagiert?«

Danzinger nimmt sich einen Moment. Er tupft über die Augen. »Ich habe das erst nicht verstanden. Dann habe ich sofort die Polizei gerufen und bin nach Düsseldorf gefahren.«

»Wie war die Situation dort?«

»Die Polizei war schon vor Ort. Sie haben Florian gerade abtransportiert. Außerdem war da noch seine Frau. Die Angeklagte. Ich habe der Polizei dann gleich gesagt, dass sie ihn umgebracht hat.«

»Woher wussten Sie das?«

»Ich wusste das nicht. Aber ich ging davon aus. Es hatte immer wieder Streit zwischen Florian und der Angeklagten gegeben. Ich weiß, dass er nicht mehr glücklich war.«

»Woher wussten Sie das?«

Danzinger seufzt. »Ich habe die Hälfte meines Lebens an der Seite von Florian von Späth verbracht. Irgendwann weiß man solche Sachen einfach. Dazu kam eine neue Affäre.«

»Was meinen Sie damit?«

»Florian war immer ein Mann der Frauen. Vor einiger Zeit lernte er aber eine kennen, die es ihm richtig angetan hatte. Sie heißt Christina Soares. Ich habe draußen gelesen, dass sie auch auf dem Zeugenplan steht.«

Aus dem Augenwinkel bekommt Pirlo mit, wie Marlene von Späth erstarrt.

»Jedenfalls schien das mit dieser Christina etwas Ernstes zu sein. Einmal hat er sie sogar mit ins Büro gebracht.« Marlene von Späth drückt den Rücken noch mehr durch. Pirlo sieht, dass diese Reaktion auch Sophie auffällt.

»Trauen Sie der Angeklagten zu, dass sie ihren Mann getötet haben könnte?«, fragt die Staatsanwaltschaft, als das Rederecht auf sie übergeht.

»Ich beanstande die Frage«, ruft Pirlo. »Sie ist suggestiv und leitend.«

»Stattgegeben«, befindet Adams.

»Dann ziehe ich die Frage zurück«, sagt Grobulla.

»Ich beantworte sie trotzdem«, erklärt Danzinger. Ehe ihn jemand daran hindern kann, sagt er: »Ich traue das der Angeklagten auf jeden Fall zu. Für mich war das klar: Wenn Florian sie verlässt, verliert sie alles.«

»Ich beanstande auch diese Antwort«, ruft Pirlo.

»Das steht Ihnen nicht zu«, mischt Wolf sich ein.

»Ruhe!«, ruft Adams in den Raum. Kurz und laut. Er wartet, bis sich die Gemüter abgekühlt haben. Dann erteilt er der Verteidigung das Wort.

»Herr Danzinger, seit wann fürchten Sie sich vor schlechter Presse?«, fragt Pirlo.

»Ich beanstande die Frage«, kommt es fast synchron von Grobulla und Wolf. Grobulla übernimmt die Begründung. »Viel weniger konkret kann die Verteidigung kaum fragen.«

»Dann formuliere ich das anders«, sagt Pirlo. »Herr Danzinger, seit wann fürchten Sie schlechte Presse zu Ihren Projekten in Italien?« Er hat lange mit Sophie diskutiert, was sie tun sollen. Sie sind in der Italien-Sache immer noch nicht weitergekommen. Einen Versuch ist es aber wert. Die Wirkung der Frage ist beachtlich. Danzinger zuckt zusammen. Und zwar deutlich sichtbar. Pirlo atmet kurz durch. Sophie schließt kurz die Augen. Sie haben ins Schwarze geschossen und getroffen. Pirlo räuspert sich. Sie fahren weiterhin auf Sicht. »Herr Danzinger, bitte beantworten Sie die Frage.«

»Ich weiß nicht, worauf Sie hinauswollen«, wirft Wolf ein. »Aber vielleicht machen wir einfach mal eine kleine Pause, und ich bespreche mich mit meinem Mandanten.«

Adams tippt an seine Brille. Er nickt. Und überrascht dann doch alle. »Nein, ich denke nicht.« An Danzinger gerichtet, fügt er hinzu: »Herr Danzinger, ich sehe, dass Ihnen die Befragung zusetzt. Ich kann das verstehen. Sie werden von verschiedenen Seiten schon den zweiten Tag zu etwas befragt, das Sie persönlich besonders betrifft. Natürlich können Sie auch Auskünfte auf Fragen verweigern, durch die Sie sich selbst belasten. Eine solche Gefahr sehe ich hier aber nicht. Ich kann derzeit auch noch nicht erkennen, worauf die Verteidigung hinauswill. Aber so ist das nun einmal in Indizienprozessen wie diesem. Da wir den Mörder nicht auf frischer Tat ertappt haben, müssen wir uns langsam, Puzzleteil um Puzzleteil, vorantasten. Dazu können und müssen Sie Ihren Teil beitragen. Der Verteidiger hat eine einfache Frage gestellt. Bitte beantworten Sie diese.«

Danzinger und Wolf stecken kurz die Köpfe zusammen. Dann beugt sich Danzinger vor. »Ich fürchte immer schlechte Presse. Das betrifft auch den Bereich Italien.«

»Was meinen Sie damit?« Der Vorsitzende hat es erneut übernommen, die Fragen zu stellen. Pirlo kann damit leben. Er weiß, was kommt. Er ahnt auch, was Wolf im Kopf herumspukt. Der steht auf und bittet um eine Toilettenpause. Adams zögert. Dann gesteht er sie zu. Schnellen Schritts eilt Wolf aus dem Saal, Danzinger im Schlepptau. Pirlo sieht ihnen mit gemischten Gefühlen nach. Einerseits hätte er gern mehr gehört, warum die Furcht vor schlechter Presse Danziger Nerven kostet. Andererseits will das jetzt auch jeder andere wissen. Und zwar unbedingt.

In der Pause hat Danzinger seine Contenance wiedergefunden. Er sitzt wieder aufrecht. Seine kleinen Augen funkeln Pirlo entschlossen an. Dann wendet er sich an die Kammer und sagt: »Wenn ich davon spreche, dass ich schlechte Presse aus Italien fürchte, bezieht sich das auf dortige Berichte, dass vor vielen Jahren eine Zementlieferung nicht einwandfrei gewesen sein soll. WDvS bestreitet das allerdings vehement. Wir liefern immer allerbeste Qualität.«

Adams nickt und gibt das Rederecht zurück an Pirlo. Der fragt: »Hatten Sie diese Sorgen auch schon zum Zeitpunkt der Veranstaltung in den Rheinterrassen?«

»Ich habe diese Sorge schon seit geraumer Zeit.«

»Auch zum Zeitpunkt der Veranstaltung?«

Danzinger bestätigt das schwerfällig. »Ja.«

Pirlo nickt. Er versucht, so zu wirken, als sei ihm das alles sowieso klar. »Was waren in diesem Zusammenhang die Aufgaben von Elwood & Watkins?«

Auch dieser Schlag sitzt. Diesmal sogar noch deutlicher erkennbar. Danzinger sackt kurz zusammen. Wolfs Blick rast. Er kann nicht schon wieder eine Unterredung mit seinem Mandanten beantragen. Erneut auf die Toilette muss er auch nicht. Es führt kein Weg daran vorbei: Danzinger muss antworten. Der räuspert sich umständlich. »Die Kanzlei Elwood & Watkins untersuchte die Vorwürfe für uns.«

»Seit wann?«

»Was meinen Sie?«

»Wann hat WDvS eine Prüfung bei Elwood & Watkins in Auftrag gegeben?«

Danzinger zögert. »Im Februar.«

»Welchen Jahres?«

»Diesen Jahres.«

Pirlo wartet einen Moment. Die nächste Frage muss sitzen. »Herr Danzinger, Sie wollen uns hier doch nicht ernsthaft erklären, dass Sie Sorge hatten wegen einer angeblich mangelhaften Zementlieferung nach Italien vor vielen Jahren, wie Sie sagen, und dann, einfach so, in diesem Jahr eine Überprüfung durch eine internationale Großkanzlei dazu in Auftrag geben. Ich frage daher ganz deutlich: Was war da los?«

Danzinger seufzt. Knetet seine Finger. »Im Februar kam in diesem Zusammenhang in Italien ein Verdacht auf, der WDvS in schlechtes Licht rückte. Das sollte Elwood & Watkins für uns untersuchen.«

»Nämlich?«

»Eine Zeitung in Italien schrieb, dass der Zement von WDvS zum Einsturz der Morandi-Brücke in Genua beigetragen haben soll.«

Neben Pirlo fängt Sophie sofort an, auf ihrem Laptop zu tippen. Unmittelbar darauf schiebt sie ihm den Computer zu. Pirlo liest. »Meinen Sie die Brücke, die im August während eines Unwetters in der Mitte auseinanderbrach und Dutzenden Menschen das Leben gekostet hat?«

Danzinger sieht auf seine Finger. »Ja.« Dann fängt er sich. Und geht zum Angriff über. »Wir hatten mit der Katastrophe selbstverständlich nichts zu tun. Im Gegenteil, wir haben den italienischen Behörden direkt nach Aufkommen dieses vagen Verdachts, den wir im Übrigen für grob falsch halten, proaktiv schnell und umfangreich mit Hilfe von Elwood & Watkins alle unsere Unterlagen offengelegt und absolute Kooperation versichert.« Die Stimme ist jetzt wieder fest. »Nach meinem Verständnis ist bis heute unklar, was zu dieser Tragödie führen konnte. Es spricht wohl viel dafür, dass der Zusammenbruch der Brücke auf ein Zusammenspiel über Jahre entstandener Korrosionen und des heftigen Unwetters zurückzuführen war.«

»Sie sagen, dass eine Zeitung dazu in Italien recherchiert habe?«, fragt Pirlo.

»Ja.«

»Warum?«

»Wie meinen Sie das?«

»Ich meine: Wie kam eine italienische Zeitung darauf, zu diesem Zeitpunkt, Jahre, nachdem Sie Ihr Produkt nach Italien geliefert haben, einen Anlass für eine Recherche zu sehen?«

»Das weiß ich nicht.«

»Kann es sein, dass es in Italien im Zusammenhang mit dem Einsturz der Brücke Ermittlungen gibt, auf die solche Medienrecherchen aufsetzen?«

»Das weiß ich nicht.«

»Herr Danzinger, kannte Herr von Späth den Bericht von Elwood & Watkins?«

»Natürlich.«

»Waren Sie sich über die darin enthaltenen Aussagen einig.«

»Selbstverständlich. Wir haben ihn ja auch gemeinsam verfasst und nach Italien geschickt.«

»Wohin?«

»An die dortigen Behörden. Genaueres weiß ich nicht. Das hat Elwood & Watkins für uns erledigt.«

»Haben Sie nicht gerade gesagt, dass es in Italien Ihres Wissens keine Ermittlungen gebe.«

»Was ich meinte, war: Ich weiß nicht, wer was warum ermittelt. Ich weiß nur, dass wir uns nichts vorzuwerfen haben.«

Pirlo lächelt dünn. »Herr Danzinger, sind Sie damit einverstanden, der Kammer den Bericht von Elwood & Watkins auszuhändigen?«

»Nein.«

»Warum nicht?«

»Weil ich das nicht muss.«

»Würden Sie denn die Anwälte von Elwood & Watkins von ihrer Schweigepflicht entbinden, damit wir sie hier vernehmen können?«

»Auch nicht. Aus demselben Grund.«

Jetzt lächelt Pirlo breiter. »Danke. Keine weiteren Fragen.«

2

ZIEMLICH DICK.

Am Nachmittag.

Für den Nachmittag hat die Kammer Simon Kramer, den Türsteher, geladen. Da er angegeben hat, nur an diesem Tag zur Verfügung zu stehen, wird Danzinger nach der Mittagspause mit Zustimmung aller Verfahrensbeteiligten noch nicht als Zeuge entlassen. Seine Vernehmung geht an einem anderen Tag weiter.

Jetzt ist erst einmal Kramer dran. Er hat sich für den Auftritt in Schale geschmissen. Der Anzug ist zwar eine Nummer zu klein, dafür aber immerhin der Undercut frisch gestutzt. Kramer wirkt, als er sei er fest entschlossen, ein guter Zeuge zu sein. Der Vorsitzende belehrt ihn kurz und fragt danach die Rahmenbedingungen des Tatabends ab. Das Wetter: trocken, warm, angenehm. Die Veranstaltung: unspektakulär. Die Gäste: gut betucht, eher zurückhaltend. Die Atmosphäre: freundlich. So weit, so erwartbar. Dann kommt der große Moment. Adams hat Danzinger gebeten, sich draußen noch zur Verfügung zu halten. Jetzt lässt er ihn aufrufen. Danzinger stapft zurück in den Saal, Wolf treu an seiner Seite. Adams deutet auf ihn. »Herr Kramer, erkennen Sie diesen Herrn wieder?«

»Ja«, sagt Kramer.

»Wissen Sie noch, wo und wann Sie diesen Herrn gesehen haben?«

Kramer nickt. »Er lief an diesem Abend eine ganze Weile vor den Rheinterrassen herum.«

»War er dabei durchgängig in Ihrem Blickfeld.«

»Ja.«

»Können Sie sagen, wie lange dieser Herr in diesem Bereich herumgelaufen ist?«

Kramer sieht auf seine Hände. »Weiß ich nicht. Schon eine ganze Weile. Zehn Minuten, vielleicht, oder eine Viertelstunde.«

»Erinnern Sie sich noch, wie er auf Sie gewirkt hat.«

Wieder nickt Kramer. »Er war nervös. Irgendwie angespannt.«

»Haben Sie gesehen, ob dieser Herr telefoniert hat?«

»Nein, das habe ich nicht gesehen.«

Der Vorsitzende Richter ruft ein Bild auf und projiziert es per Beamer an die Wand. »Dieser Herr ist Florian von Späth. Können Sie sich erinnern, ob Sie ihn auch gesehen haben?«

»Ja. Das war am selben Abend.«

»Können Sie sich erinnern, welcher der beiden Männer das Gebäude der Rheinterrassen als Erster verlassen hat?«

Erneut ein Nicken. »Erst Herr von Späth, dann der andere Herr.«

»Ist Herr von Späth auch vor den Rheinterrassen stehen geblieben?«

»Nein.«

»Sondern?«

»Er ist weitergelaufen.«

»Wie hat er dabei auf Sie gewirkt?«

Kramer zuckt mit den Schultern. »Keine Ahnung. Ganz normal.«

»Wirkte er vielleicht besonders hektisch oder besonders ruhig? Oder vielleicht aufgeregt oder sehr langsam, vielleicht sehr nachdenklich oder in Eile?«

»Puh, was soll ich sagen?« Kramer atmet tief durch und kneift die Augen zusammen. Pirlo linst zu Sophie. Wenn der Kerl hier eine Show abliefert, dann eine wirklich gute.

»Wie gesagt, er wirkte eigentlich ganz normal. Vielleicht ist er auch ein bisschen schneller gegangen. Aber ganz ehrlich, das ist fast drei Monate her. In der Zwischenzeit war ich bei mindestens zehn anderen Veranstaltungen an der Tür, und glauben Sie mir, da ist normalerweise erheblich mehr los. Da behält man nicht jeden Abend und jeden einzelnen Gast in Erinnerung, erst recht nicht, wenn der nicht besonders auffällt. Ich meine, klar habe ich im Nachhinein darüber nachgedacht, ob da irgendwas komisch war und so. Die Polizei hat mich ja auch danach gefragt. Aber ich weiß es halt wirklich nicht mehr. Mir ist nichts in Erinnerung.«

Der Vorsitzende Richter nimmt die Brille ab und beugt sich weit über den Richtertisch in Richtung des Zeugen. Seine Hand weist in Richtung Danzinger. Der streckt den Rücken durch. »Herr Kramer, verstehe ich Sie richtig, dass Sie diesen Herrn die ganze Zeit vor den Rheinterrassen wahrgenommen haben?«

»Ja.«

»Das wissen Sie noch mit Sicherheit?«

»Ja, das weiß ich noch mit Sicherheit.«

»Wie kommt es, dass Sie sich daran erinnern, obwohl Sie sagen, dass der Abend nicht besonders und seitdem so viel los war?«

Pirlo schreibt mit. Es freut ihn, dass die Kammer die Fragen der Verteidigung stellt. Die Antworten machen ihn allerdings weniger glücklich.

»Er fiel mir eben auf, weil er so nervös war. Außerdem war er ganz in Schwarz gekleidet, das fand ich ungewöhnlich, aber auch irgendwie, wie soll ich sagen, cool halt. Und er hat geraucht. Ich durfte das nicht und war ein bisschen neidisch. Außerdem …«

»Ja?«

»Außerdem ist der Herr einfach auch auffällig. Ich meine, wegen seines Äußeren und so.«

»Was meinen Sie?«

Kramer faltet seine Hände und errötet ein bisschen. »Er ist einfach ziemlich dick.«

Im Saal lachen ein, zwei Leute. Marlene von Späth dagegen reagiert nicht.

3

GESAMTBILD.

16. September. Nach dem sechsten Verhandlungstag.

»Wo stehen wir?«, fragt Marlene von Späth. Die Frage ist berechtigt. Die Antwort fällt trotzdem schwer. Die Vernehmung von Danzinger war ursprünglich nur für einen Verhandlungstag vorgesehen. Die Kammer hält daher an ihrem ursprünglichen Sitzungsplan fest. Danzinger wird, wie am vorherigen Prozesstag, dazwischengeschoben. Notfalls kommt er am Schluss noch einmal dran. Hinter ihnen liegt mittlerweile der sechste Tag. Ohne Danzinger. Dafür mit der Soares und dem Mann von der Spurensicherung. Wenn es nach Sophie geht, hätten sie sich beide sparen können. Sie bemerkt, dass Pirlo sie ansieht.

»Wir haben heute nicht viel gewonnen«, sagt sie. Was sehr dezent formuliert ist.

Pirlo nickt. »Ich schließe mich der Einschätzung an.«

Sophie rechnet es Christina Soares hoch an, dass sie auch diese Gelegenheit nicht nutzte, um gegen Marlene von Späth auszuteilen. Allerdings hatte sie Sophie und Pirlo keines Blickes gewürdigt. Der Spagat zwischen dramatischen und gleichzeitig ruhigen Antworten schien ihr erstaunlich leichtzufallen. Ihre Antworten waren kurz, klar und nachvollziehbar.

Wie lange sie von Späth kannte? »Seit etwa fünf Monaten.«

Wo sie ihn kennengelernt hatte? »Bei einer Spendenveranstaltung. Seine Frau war auch dabei.« Das Blowjob-Detail ließ sie an dieser Stelle aus. Es spielte auch keine Rolle.

Kam ihr von Späth in seiner Ehe glücklich vor? »Nein.«

Bekam sie etwas von Schwierigkeiten in der Ehe mit? »Ja.«

Hatte sie selbst Streit mit von Späth? »Ja, aber das war normal. Er stand sowohl im Unternehmen als auch wegen der Situation zu Hause unter großem Druck.«

Wie lief der Streit ab? »Ganz normal. Streit eben. Man keift sich mal an, dann verträgt man sich wieder.«

Wie hatte sich von Späth über seine Ehe geäußert? »Er wollte seine Frau verlassen und hat das auch mit mir besprochen. Wir wollten weggehen aus Düsseldorf. Wir wollten ein Kind. Er freute sich wahnsinnig darauf.«

Wann sollte das geschehen? »Bald. Er hatte mir gesagt, dass er das alles bereits vorbereite. Es würde nicht mehr lange dauern. Ich sollte mir keine Sorgen machen. Es brauche nicht mehr viel. Dann sei er endgültig frei. Und zwar von allem.«

Was hatte von Späth damit gemeint? »Das weiß ich wirklich nicht. Dass er eben frei sei. Und dass wir miteinander weggehen können. Mehr kann ich dazu nicht sagen. Ich habe ihn auch nicht danach gefragt.«

Wer hatte eigentlich alles bezahlt? Die Frage kam von Pirlo. Die Antwort passte. Kurz. Klar. Absehbar. »Na, Florian.« So, als sei das ganz normal.

Niemand hatte weitere Fragen. Von Späth wollte die Angeklagte verlassen. Er plante wegzugehen. Er wollte ein Kind. Er war von hinten erstochen worden. Mit mehreren Stichen. In seinem eigenen Haus. Sophie hatte alles mitgeschrieben, was die Soares ausgesagt hatte. Alles mit der Akte abgeglichen. Alles durchdacht. Allmählich fragte sie sich, ob das überhaupt noch eine Rolle spielte. Die Tat schien festzustehen. Die Täterin ebenso. Erst recht ihr Motiv. Sie schien es selbst zu merken. Sophie waren die Veränderungen in der Haltung ihrer Mandantin nicht entgangen. Marlene von Späths Ausdruckslosigkeit wirkte bemühter. Als die Soares das geplante Kind ansprach, sackten die Schultern herab. Sophie sah, dass auch Richter Adams das bemerkt hatte. Aber wie gesagt: Spielte das überhaupt noch eine Rolle?

Der Nachmittagszeuge verbesserte die Situation für Pirlos Mandantin auch nicht. Georg Otten von der Spurensicherung war ein grauer Zeitgenosse, der allein durch seine monotone Stimme jede Spannung aus dem Raum vertrieb. Der Tod wirkte so trist wie bürokratisch. Der Kern seiner Aussage war schlicht: Das Tatmesser hatte die halbe Nacht in einer sich ausbreitenden Blutlache gelegen. Es waren kaum eindeutige Spuren erkennbar. Die wenigen Fragmente, die identifiziert werden konnten, stammten ausschließlich von Marlene von Späth.

»Was haben Sie als Nächstes vor?«, fragt Marlene.

Pirlo nickt Sophie zu. Die Besprechung gehört heute ihr. Sie weiß das zu schätzen. Pirlo drückt sich nicht vor einer unangenehmen Situation. Er gibt ihr die Chance, sich einzubringen. Ihr Chef nimmt sie ernst. Sophie weiß, dass sie bei einer anderen Kanzlei Jahre auf so eine Gelegenheit hätte warten müssen. Bei Müller & Mahler womöglich für immer.

»Wir werden prüfen, welche weiteren Möglichkeiten wir haben«, sagt sie. »Der nächste Zeuge ist Herr Dr. Sattler, der Ihren Mann und Sie in den letzten Jahren als Hausarzt begleitet hat. Aus unserer Sicht ist das *der* geeignete Kandidat für eine Argumentation in Richtung Haustyrannen-Mord.«

»Was meinen Sie damit?«, fragt Marlene von Späth.

Sophie räuspert sich. »Die Argumentationslinie Haustyrannen-Mord könnte uns helfen, eine milde Strafe zu erreichen, falls das Gericht zu der Erkenntnis gelangt, dass Sie Ihren Mann getötet haben.«

Die Augen Marlenes flackern. »Ich habe meinen Mann nicht getötet.«

»Ich sagte ja auch, *falls* das Gericht zu der Erkenntnis kommen sollte.«

»Ich habe meinen Mann nicht getötet.«

Sophie bemerkt, dass sie nervös wird. Was sie nervt. Sie versucht es mit einer Abkürzung: »Es ist nur eine Reserveargumentation. Nicht mehr.«

»Ich habe meinen Mann nicht getötet.« Marlene von Späth ist lauter geworden. Bestimmter. »Ich habe meinen Mann nicht getötet. Und es ist Ihr verdammter Job, dafür zu sorgen, dass das auch das Gericht erkennt!«

»Schon gut«, schaltet sich Pirlo ein. Sophie ist darüber nicht traurig. »Wir erkennen das ja an. Sie haben Ihren Mann nicht getötet. Vertrauen Sie uns, wir tun alles dafür, dass das auch das Gericht so sieht. Die Reserveargumentation dient lediglich für die Situation, deren Namen sie trägt: zur Reserve. Nicht mehr. Wir arbeiten hier am Gesamtbild. Frau Mahler kann das sicher gleich noch einmal erläutern.«

Sophie nickt. Hier befindet sie sich wieder auf festem Grund. »Sind mehrere einzelne Erkenntnisse angefallen, so ist eine Gesamtwürdigung vorzunehmen. In deren Rahmen darf ein auf einen feststehenden Kern gestütztes Beweisanzeichen, dessen Bedeutung für sich genommen unklar bleibt, nicht vorab isoliert nach dem Zweifelssatz beurteilt werden. Beweisanzeichen können nämlich in einer Gesamtschau wegen ihrer Häufung und gegenseitigen Durchdringung die Überzeugung von der Richtigkeit eines Vorwurfs begründen. Bundesgerichtshof für Strafsachen, Urteil vom einundzwanzigsten Mai 2015.«

»Und?«

Pirlo spricht ganz ruhig. »Wir versuchen natürlich aufzuzeigen, dass Sie nicht die Täterin waren, mehr noch, dass Sie gar nicht die Täterin gewesen sein *können*. Gleichzeitig entwerfen wir ein Gesamtbild, das den Eindruck verstärkt, dass Sie, selbst wenn Ihnen nicht mit letzter Konsequenz geglaubt wird, immer noch mehr als Opfer denn als Täterin dastünden.«

Marlene von Späth lächelt freundlich. Dann schlägt sie auf den Tisch. Der Ausbruch kommt so unerwartet, dass Sophie fast der Laptop herunterfällt. »Das ist doch Bullshit!«, schreit Marlene von Späth. »Bullshit!« Sie schlägt noch einmal auf die Tischplatte. Sophie beobachtet, wie Pirlo sich ihr zuwendet, dann aber abwartet. Marlene von Späth drischt noch einmal kraftvoll auf den Tisch ein. Dann richtet sich ihr Blick auf Pirlo. Danach auf Sophie. Ihr schwarzes Haar ist in die Stirn gefallen. Die blauen Augen sprühen vor Wut. »Hören Sie auf, mich anzulügen.«

»Bitte«, sagt Pirlo, »beruhigen Sie sich.«

»Hören Sie auf, mich anzulügen!«, schreit sie. »Hören Sie damit sofort auf!« Wieder kracht die Faust auf den Tisch. Marlene von Späth atmet schwer. Dann presst sie heraus: »Wenn ich frage, wo wir stehen, erwarte ich eine ehrliche Antwort. Eine *ehrliche* Antwort! Entweder Sie gewinnen den Fall, und meine Unschuld ist bewiesen, oder Sie verlieren ihn, und es läuft auf eine milde Strafe hinaus. Also, was davon ist es?«

Sophie sucht Pirlos Blick. Der atmet langsam aus und setzt sich zu Marlene von Späth an den verbeulten Tisch. »Derzeit fehlt es dem Gericht erkennbar an einem alternativen Täter. Sicher, Danzinger hat hier Schaden genommen. Er hat aber auch ein Alibi. Also bereiten wir uns auf den *worst case* vor.«

»Und der wäre?«

»Das Gericht will Sie verurteilen.«

»Zu Unrecht.«

»Das wollen wir verhindern. Daher bauen wir das Haustyrannen-Szenario auf. Wir haben das schon einmal besprochen. Sie erinnern sich bestimmt.«

Marlene von Späth presst die Lippen zusammen. Sie nickt.

»Gut. Noch einmal, das Ganze dient nur der Absicherung. Außerdem wird es Ihrem Ruf guttun.«

Jetzt hebt Marlene von Späth den Blick. »Wie meinen Sie das?«

Pirlo zuckt mit den Schultern. »Während dieses ganzen Prozesses und auch schon davor, in den Medien, dominiert die Darstellung der Anklage. Ihr Mann als Opfer, Sie als Täterin. Wie ich Sie verstehe, war es tatsächlich aber umgekehrt.« Marlene sagt nichts. Sie sieht auf ihre Hände. Als Pirlo nicht weiterspricht, nickt sie kurz. Er fährt fort: »Das kann dem gesamten Verfahren eine neue Dynamik geben. Das sollte dann aber auch in Ihrem Interesse sein.«

»In Ordnung«, murmelt sie.

Als sie draußen zum Auto gehen, sind beide nachdenklich. »Was war das denn da drin?«, fragt Sophie.

»Keine Ahnung.«

»Hast du das kommen sehen?«

Pirlo kickt einen Stein weg. »Nein. Zumindest rede ich mir das ein.«

»Und jetzt?«

»Jetzt machen wir weiter wie geplant.«

Sophie bleibt stehen. »Sag mal, glaubst du wirklich noch daran, dass Marlene unschuldig ist?«

»Klar«, sagt Pirlo. »Es gibt auch hunderttausend gute Gründe dafür.«

4

RISIKO. CHANCE. CAPPUCCINO.

16. September.

Sie hatten lange diskutiert. Nach dem Gespräch mit Marlene in der JVA waren die Bedenken, wenn überhaupt, noch größer. Pirlo fasste es noch einmal zusammen: »Wenn wir nichts tun, verlieren wir auf jeden Fall. Also greifen wir an.«

»Ich weiß nicht«, hatte Sophie gesagt, die wusste, dass sie Kritik offen äußern konnte. Und sollte. »Das kann auch ein Schuss in den Ofen werden. Dann haben wir unsere Mandantin blamiert.«

»Und uns.«

Pirlo hatte sich zwei echte und ein paar imaginäre Strähnen aus der Stirn gestrichen, um sich zu sammeln. »Ich verstehe, was du meinst. Wir sind dabei zu verlieren, so oder so. Was soll also schon passieren? Und vor allem: Was von dem, was passieren kann, macht es wirklich noch viel schlimmer?«

Sophie hatte darüber eine ganze Weile nachgedacht. Dann hatte sie zugestimmt und Pirlo hatte Karl Schwerdtfeger von der POST angerufen.

Eine Stunde später sitzen sie am Barbarossaplatz in einem Straßencafé. Schwerdtfeger hat vorgeschlagen, dass sie sich auch bei Pirlo treffen könnten. Am Wochenende habe er sicher viel zu tun und dort, wo Pirlo wohne, sei doch auch die Kanzlei, oder?

Pirlo lächelte den Versuch am Telefon weg. Das fehlte noch, ein Verfahren, das den Bach runterging, und Karl Schwerdtfeger von der POST, der darüber berichtete, wie sie den Prozess aus dem Wohnzimmer heraus verkackten. Der bei Ohmsen rausgeflogene Pirlo, der jetzt zu Hause herumlungerte, und seine hübsche Co-Anwältin, die nebendran auf dem Sofa saß. Hübsch ist Sophie übrigens wirklich. Wie sehr das auch anderen auffällt, merkt er an Schwerdtfeger, der den Blick nicht mehr von ihr abwenden kann. Pirlo hat nichts dagegen. Je mehr Schwerdtfeger ihrer Sache verbunden ist, desto eher wird er schreiben, was sie sich wünschen. Was auch immer ihn am Ende dazu motivieren mag.

Irgendwann hat Schwerdtfeger sich gefangen und fängt an: »Wie sehen Sie das Verfahren aktuell, nachdem die ersten beiden Wochen vorüber sind?«

»Gut«, antwortet Pirlo. »Die bisherige Beweisaufnahme hat klar ergeben, dass es sich die Anklage viel zu einfach gemacht hat.«

Ein guter Journalist hätte sich jetzt womöglich nach den Gründen erkundigt. Doch vor Nachfragen mussten sie bei Schwerdtfeger keine Sorgen haben. Pirlo wusste das. Dazu kannte er das kettenrauchende Reporterrelikt mit dem nikotingefärbten Notizbuch schon lange genug. Am Ende des Metternich-Verfahrens hatte sich eine großartige Symbiose ergeben: Pirlo sagte, was Schwerdtfeger schreiben sollte, und der machte das. Am Ende hatten beide davon profitiert. Schwerdtfeger hatte Zeitungen verkauft. Pirlo sich selbst. Jetzt schwitzt er in der Augustsonne und hofft, dass es diesmal ähnlich läuft. Dass Schwerdtfeger keine Rückfragen hat, stimmt ihn zumindest schon mal zuversichtlich.

»Wie bewerten Sie die bisherige Arbeit von Gericht und Staatsanwaltschaft?«

Pirlo nimmt einen Schluck Cappuccino. »Alle Verfahrensbeteiligten, die Kammer, die Staatsanwaltschaft und natürlich auch die Verteidigung, investieren viel Zeit und Arbeit, um endlich die Frage beantworten zu können, was in der schlimmen Nacht des zweiundzwanzigsten Juli in Wahrheit geschehen ist.«

»Wie geht es Ihrer Mandantin in diesem Verfahren?«

»Unsere Mandantin leidet sehr. Ihre Lage ist furchtbar. Zunächst wird ihr auf grausame Weise der Mann genommen, und dann findet sie sich auch noch in der Untersuchungshaft wieder. Das ist eine enorme Belastung, selbst wenn die Unschuldsvermutung für sie natürlich weiterhin gilt.«

»Sie glauben also nach wie vor an die Unschuld Ihrer Mandantin?«

Pirlo nickt heftig. »Natürlich. Marlene von Späth ist unschuldig.«

Schwerdtfeger versinkt kurz in seinem Notizbuch. »Die bisherigen Zeugenvernehmungen liefen aus Sicht eines neutralen Beobachters nicht gerade besonders gut für die Verteidigung. Was stimmt Sie zuversichtlich für den weiteren Verlauf?«

Jetzt muss Pirlo den Köder unterbringen. Er wirft die Angel aus. »Die bisher vernommenen Zeugen haben erkennen lassen, dass es Spannungen zwischen den Eheleuten von Späth gab. Noch offen ist aber, warum das so war. Es wäre nicht die erste Ehe, die von Gewalt geprägt ist, und es wäre nicht das erste Mal, dass sich dagegen jemand nicht anders zu wehren weiß als mit Gegengewalt. Gerade in der heutigen Zeit sollte man darüber nicht vorschnell urteilen.«

Schwerdtfeger schreibt. Denkt nach. Schreibt weiter. Und beißt an. »Wollen Sie damit sagen, dass Ihre Mandantin ihren Mann aus Notwehr getötet haben könnte?«

»Nein, das sage ich damit nicht. Ich gehe davon aus, dass meine Mandantin noch nicht einmal in der Nähe war, als ihr

Mann starb. Alles, was ich sage, ist, dass wir uns auch solchen Eventualitäten gegenüber nicht verschließen dürfen.«

»Haben wir denn mit Erkenntnissen in dieser Richtung zu rechnen?«

»Das wird die weitere Beweisaufnahme zeigen.«

Schwerdtfeger überlegt noch einen Moment. Er setzt zu einer Frage an und lässt es dann doch. Schließlich reicht er ihnen nacheinander seine schwitzige Hand. »Frau Mahler, Herr Dr. Pirlo, ich bedanke mich für das Gespräch.«

Drei Stunden später hat die POST das Interview online gestellt. Sie haben es im Wortlaut abgedruckt. Nach den ersten vierzig Minuten gibt es tausenddreihundert Klicks. Pirlo zweifelt keine Sekunde daran, dass das auch bei der Kammer ankommen wird. Wenn die nächste Vernehmung gut läuft, haben sie damit einen richtigen Treffer gelandet. Wenn.

5

HIPPOKRATISCHE KATASTROPHE.

17. September. Siebter Verhandlungstag.

Die Vernehmung von Dr. Hubert Sattler galt als unspektakulär. Zu erwarten war, dass er, wie Georg Otten von der Spurensicherung, einen knappen und neutralen Überblick zu Florian von Späths Gesundheitszustand vor seinem Tod gab. Das war vor Pirlos Interview mit der POST. Danach ist alles anders. Pirlo sieht es schon auf dem Weg ins Gericht. Es sind zwei Kamerateams gekommen. Seit dem ersten Verhandlungstag war der Rummel nicht mehr so groß.

Das Gericht arbeitet Florian von Späths Krankheitsgeschichte kurz und schmerzlos ab. Ein Kreuzbandriss, hier und da eine hartnäckige Grippe, ab und an eine Impfung. Mehr war da nicht. Mit anderen Worten: Als Florian von Späth ermordet wurde, war er bei bester Gesundheit.

Dann wendet sich die Kammer der Angeklagten zu.

»Herr Dr. Sattler, seit wann haben Sie sowohl Frau Marlene von Späth als auch Ihren Mann als Hausarzt betreut?«

»Das war die letzten fünf Jahre so.«

»Also die ganze Zeit ihrer Ehe.«

»Richtig. Florian von Späth war vorher schon mein Patient. Marlene von Späth kam kurz nach der Hochzeit ebenfalls das erste Mal zu mir. Zuvor ging sie zu einer polnischsprachigen Kollegin in Flingern. Im Zuge ihres Umzugs an das Rheinufer kam sie dann allerdings in meine Praxis.« Sattler lächelt. Er muss nicht dazusagen, dass die Angeklagte damit zu einem *richtigen* Arzt wechselte. Es hat auch so jeder verstanden.

Adams wendet sich an die Angeklagte: »Frau von Späth, ich habe vor, Herrn Dr. Sattler als Zeugen zu Ihrer Behandlung zu befragen. Als Arzt ist er grundsätzlich schweigeverpflichtet, außer, sie entbinden ihn davon. Sind Sie damit einverstanden?« Marlene von Späth nickt. Pirlo nickt auch. Bis dahin ist alles so, wie sie es zuvor besprochen haben.

»Gut«, bestätigt der Richter. Die Protokollantin neben ihm tippt einen kurzen Vermerk. Dann geht es weiter. »Herr Dr. Sattler, wie oft und aus welchen Gründen haben Sie die Angeklagte behandelt?«

Herr Sattler räuspert sich. Er deutet auf eine Mappe vor sich auf dem Zeugentisch. »Ich habe hier die Patientenakte von Frau von Späth. Darin ist jeder einzelne Arztbesuch vermerkt. Allerdings glaube ich, Ihre Frage auch ohne diese Unterlagen beantworten zu können.«

»Woran liegt das?«

»Frau von Späth kam regelmäßig alle drei Monate zum Monatsersten zu mir in die Praxis. Danach konnten Sie quasi die Uhr stellen.«

»Was war der Anlass dieser regelmäßigen Termine?«

»Sie hat sich für jedes Quartal ihre Rezepte abgeholt.«

»Welche Rezepte waren das?«

»Ich verschrieb ihr immer die gleichen Medikamente. Zum einen gegen ihre innere Unruhe ein sehr effektives Schlafmittel. Zum anderen Prozac.«

Adams unterbricht ihn. »Können Sie uns sagen, was das ist?«

Sattler nickt. »Prozac ist ein Fluoxetin aus der Klasse der Selektiven Serotonin-Wiederaufnahmehemmer. Vereinfacht gesprochen handelt es sich um ein Antidepressivum.«

Pirlo sieht, wie sich Marlene von Späths Miene verhärtet. Er fährt sich durch die Haare und richtet den Blick wieder nach vorn. Seine Mandantin bekommt das Mittel auch im Knast. An sich ist weiter nichts dabei. Also müssen sie jetzt einfach durch.

Adams fragt: »Seit wann hat Frau von Späth dieses Medikament genommen?«

Sattler zuckt mit den Schultern. »Sie war damit jedenfalls schon vertraut, als sie das erste Mal zu mir in die Praxis kam. Ich habe die Medikation dann fortgeführt.«

»Aus welchen Gründen haben Sie der Angeklagten das Medikament verschrieben?«

Sattler antwortet mit ruhiger Stimme: »Frau von Späth litt an starken Stimmungsschwankungen.«

»Gingen damit auch Aggressionen einher?«

»Nach ihren Schilderungen, ja.«

»Gegen sich oder auch gegen andere.«

»Nur gegen andere.«

»Wissen Sie, ob Frau von Späth parallel eine psychotherapeutische Behandlung in Anspruch genommen hat?«

»Nein.«

»Nein, das wissen Sie nicht, oder nein, das hat sie nicht?«

»Nach meinem Wissen hat sie das nicht getan.«

»Wäre das denn medizinisch indiziert gewesen?«

Sattler zögert kurz. »Schauen Sie, ich bin kein Psychologe. Als Allgemeinmediziner vertrete ich aber die Ansicht, dass man nicht alle Beschwerden über einen Kamm scheren kann. Sicher ist es für Menschen, die Antidepressiva nehmen, kein Schaden, wenn sie eine Therapie machen. Das wird wohl niemand ernsthaft bestreiten. Andererseits können Patienten mit einer bestimmten Medikation so stabil eingestellt sein, dass sie gut zurechtkommen. Meine Perspektive als Hausarzt war, dass die Patientin auf Prozac eingestellt war und es gut vertragen hat. Das genügte mir. Wir haben ab und an über ihre Stimmungsschwankungen gesprochen, und ich habe die Möglichkeit einer Therapie angedeutet. Frau von Späth hat sich dagegen entschieden, und ich habe das akzeptiert. Unser gemeinsamer Fokus lag zudem ganz klar bei ihrem anderen Anliegen.«

»Welches war das?«

Pirlo steht unter Spannung. Er muss nicht hinsehen, um zu wissen, dass das bei Sophie nicht anders ist. Kurz hält er den Atem an. Das führt dazu, dass er glaubt, sich verhört zu haben und dass das, was Sattler sagt, keinen Sinn ergibt. Keinen Sinn ergeben kann.

»Ich habe Frau von Späth in enger Abstimmung mit einem gynäkologischen Kollegen mit Menogon und Progesteron behandelt.«

»Und wozu dient das?«

»Beide Medikamente unterstützen den Kinderwunsch.«

»Seit wann hat Frau von Späth diese Medikamente von Ihnen erhalten?«

»Schon seit dem Termin unseres Kennenlernens.«

Pirlos Gedanken taumeln. Marlene von Späth wollte ein Kind. Mit Florian von Späth. Ist das gut, oder ist das schlecht? Wer tötet jemanden, mit dem man ein Kind haben will? Andererseits war das Vorhaben offensichtlich nicht von Erfolg gekrönt. Von Späth hatte zudem ein Kind mit der Soares gewollt. Ergibt sich daraus vielleicht *erst recht* ein Motiv? Und wie steht das alles in Zusammenhang mit möglicher Gewalt in der Ehe. Vor allem: Kommen sie von diesem Thema jetzt überhaupt noch runter?

Das Fragerecht geht an die Verteidigung. Pirlos Gedanken rasen. Sophie tippt neben ihm hektisch auf ihrem Laptop herum. Er holt tief Luft. Dann braucht er keine zwei Minuten, um das Schiff zu versenken. Leider ist es sein eigenes.

»Herr Dr. Sattler, habe ich es richtig verstanden, dass Sie meine Mandantin über viele Jahre hinweg betreut haben?«

»Das haben Sie richtig verstanden«, sagt Dr. Sattler.

Pirlo konzentriert sich. Mit fester, tiefer Stimme fragt er: »Ist Ihnen bei meiner Mandantin dabei eine bestimmte Form der körperlichen Beeinträchtigung aufgefallen?«

»Ich beanstande die Frage«, ruft Grobulla. »Das ist doch alles viel zu ungenau.«

»Verständlich«, bemerkt Adams. »Herr Dr. Pirlo, bitte formulieren Sie Ihre Frage präziser.«

Pirlo räuspert sich. »Herr Dr. Sattler, hat sich der Gesundheitszustand meiner Mandantin während der Zeit der medizinischen Betreuung durch Sie verschlechtert?«

Der Zeuge schüttelt den Kopf. »Nein. Wie gesagt, die depressiven Schwankungen hatten wir mit Prozac im Griff. Ansonsten hat Frau von Späth sehr gesund gelebt, da wir besprochen hatten, dass das für den Kinderwunsch förderlich ist.«

Pirlo flucht innerlich. Sattler muss doch auch die Zeitung gelesen haben. Entweder kann er den Fragen nicht folgen. Oder er will es nicht. So oder so ist es Zeit, zum Punkt zu kommen. Rundheraus fragt er: »Herr Dr. Sattler, haben Sie bei der Behandlung von Frau von Späth Anzeichen dafür erkannt, dass Herr Florian von Späth seine Ehefrau geschlagen hat?«

Der Zeuge richtet sich auf. »Nein, das habe ich nicht.«

»Zu keinem Zeitpunkt?«

»Ich denke, ich habe die Frage bereits beantwortet«, sagt Sattler. »Ich kann höchstens noch hinzufügen, dass in dieser Ehe körperlich nur einer Schläge eingesteckt hat. Das war allerdings Florian von Späth.«

6

GEGEN DIE WAND.

17. September. Direkt nach Sattler.

Pirlo schreit. Sophie hat allmählich genug. Zumal Marlene von Späth zurückschreit.

»Ich kann nicht fassen, dass Sie uns so ins Nichts haben laufen lassen! Ihre eigenen Verteidiger! Ich kann es nicht fassen!« Das ist Pirlo.

»Ich habe nie gesagt, dass mein Mann mich schlägt! Niemals! Sie wollten das vielleicht so hören. Aber dann ist das nicht mein Problem!«

»Sie wissen ganz genau, warum wir von häuslicher Gewalt gegen Sie ausgegangen sind! Es ist mir scheißegal, wie und warum, aber Sie haben uns genau das genau so vermittelt! Sie wussten, dass wir darauf aufbauen. Und wie Sie es wussten!«

»Damit kommen Sie jetzt, wo Sie meinen Fall an die Wand gefahren haben!«

»Und warum ist das so? Weil Sie uns nicht die Wahrheit sagen! Von Anfang an nicht, jetzt immer noch nicht, wahrscheinlich die ganze Zeit nicht!«

»Ich habe zu keiner Zeit nicht die Wahrheit gesagt. Sie haben gehört, was Sie hören wollten. Und haben alles versaut!«

»Aber Sie *wussten* doch, dass wir das entsprechend vortragen werden! Und Sie wussten, dass uns das auf die Füße fällt. Warum haben Sie uns nichts gesagt? Nichts dagegen unternommen?«

Ihre Stimme überschlägt sich. »Weil mein Verteidiger gesagt hat, dass diese Strategie erfolgsversprechend ist! Und weil ich hier endlich raus will!«

Wieder schlägt sie mit der Hand auf die Tischplatte. Alles Audreyhepburnhafte ist längst verschwunden. Hier ist nichts mehr zart. Nichts mehr damenhaft. Möglicherweise auch nichts mehr zu retten. Schon seit einer Weile fragt sich Sophie, wann das Wachpersonal kommt, um den Radau zu unterbrechen.

Pirlo streicht sich eine Haarsträhne zurück. Seine Stimme kling beschwörend. »Frau von Späth, wir verteidigen Sie bestmöglich. Das sage ich nicht nur so, das kann ich Ihnen sogar versprechen. Wir müssen uns aber auch an die Realität halten. Wir können nicht einfach irgendwas erfinden und uns dann darüber beschweren, dass unser entsprechender Vortrag nicht funktioniert hat. Das muss uns allen nicht nur klar sein, es muss unser Ziel sein, solche Fehler zu vermeiden. Zusammen. Als Team. Anders wird es nicht funktionieren.«

Marlene von Späth atmet schwer, Schweißperlen bilden sich auf ihrer Stirn. Für den stickigen Raum ist das eng geschnittene Kostüm die falsche Kleidung. Trotzdem wirkt sie sogar jetzt immer noch eher wie eine Diva auf dem roten Teppich als wie das, was sie ist: eine Gefangene. Noch dazu eine ohne besonders rosige Aussichten.

Pirlo lehnt sich gegen die Wand. Er sieht erschöpft aus. »Wissen Sie, was mich am meisten ärgert? Dass das alles total unnötig ist. Wir hätten diese Tyrannensache erst gar nicht angehen müssen. Schließlich war es nicht mehr als ein Rettungsanker für den Notfall. Ein einfaches Jedenfalls-Argument.«

»Bullshit!«, schimpft Marlene von Späth. »Sie und Ihr Gerede. Wenn ich das schon höre: ein Jedenfalls-Argument.«

Pirlo fährt ungerührt fort: »Meine Mandantin könnte ihren

Mann zwar getötet haben, aber es wäre *jedenfalls* angemessen gewesen.«

»Ich habe meinen Mann nicht getötet.«

»Ich weiß«, sagt Pirlo müde. »Ich weiß.«

In *Olgas Café* bekämpft Pirlo später seinen Frust mit einem großen Pils. Sophie bleibt beim Latte macchiato. Während sie schweigen und trinken, durchsucht sie die aktuellen Nachrichten. Nur zwei Zeitungen berichten Online von der Vernehmung. Die POST nennt das Verhör ein »erwartbares Desaster«. An anderer Stelle heißt es, es sei ein unspektakulärer Hauptverhandlungstag gewesen. Weiter geht niemand auf Pirlos Fragen ein. Was nur zeigt, wie sehr alle auf eine Verurteilung vorbereitet sind. Die Verteidigung erregt nicht einmal mehr Aufmerksamkeit, wenn sie scheitert.

7

DÜSSELDORF GIRL.

19. September.

Am Sonntagnachmittag, nach dem Mittagessen bei ihren Eltern in Pempelfort, sitzt Sophie auf Pirlos kleinem Balkon und erholt sich von dessen Kaffee.

Den Samstag hatten sie sich als Auszeit gegönnt. Was dringend nötig war. Pirlo kickte mit seinen Kumpels von der Thekenmannschaft *Fellatio Rom* am Robert-Lehr-Ufer. Nach dem Duschen trafen sich alle am *Himmel & Ähd* und schauten auf den Draußenbildschirmen bei ein paar Altbier die Bundesligakonferenz. Am Anfang der Saison steckte noch niemand im Abstiegskampf. Auch nicht die Fortuna. Entsprechend gelöst war die Stimmung. Danach wankte Pirlo nach Hause, stöpselte Kopfhörer ein, drehte die *Foo Fighters* auf maximale Lautstärke und warf alles weg, was sie zu Haustyrannen-Fällen ausgedruckt hatten. Zur blauen Stunde erlöste Arland ihn.

»Ich war mir nicht sicher, ob du anrufen würdest«, sagte Pirlo.

Arland lachte. »Ich war mir nicht sicher, ob ich anrufen sollte.«

Eine Weile sagte keiner etwas. Dann murmelte Pirlo: »Das ist scheiße gelaufen, Werner.«

Er konnte Arland quasi durchs Telefon nicken sehen. »Kopf hoch, Junge.«

»Ich muss dieses Verfahren gewinnen, Werner. Ich brauche das.«

»Ich weiß.«

Nein, weißt du nicht, dachte Pirlo. Dass Arland das *trotzdem* sagte, zeigte nur noch mehr, das Pirlo das Wasser bereits bis zum Hals stand.

Sophie hatte ihre Unterlagen am Lehrstuhl sortiert. Viel war es nicht. Sie ahnte, dass Arland sie schonte, damit sie sich auf das Verfahren konzentrieren konnte. Am Abend ging sie eine Stunde schwimmen, danach zum Kickbox-Workout. Als sie zu Hause war, rief Manu an. Sie hatten lange nicht mehr über ihren Fall gesprochen. Neben seinen Geschichten aus der Pädiatrie war dafür selten Platz. Sophie beschloss, das alles nachzuholen. Sie berichtete ihm, was sich zugetragen hatte. Er reagierte wie erwartet. Leider.

»Bist du wirklich in dieses Haus eingebrochen? Mitten in der Nacht?«

»Ja.«

»Und diesen Typen hast du mitten in der Stadt krankenhausreif geschlagen?«

»Nicht geschlagen. Getreten.«

Er ging nicht darauf ein. »Gestern habt ihr dann den Mann als Gewalttäter in der Ehe dargestellt, obwohl von ihm gar keine Bedrohung ausging?«

Sie überlegte, ob sie darauf hinweisen sollte, dass im Gericht nur Pirlo sprach. Sie assistierte. Dann verwarf sie den Gedanken. Manu nahm sie sowieso in Sippenhaft. »Ja.«

Er seufzte. »Du bist aber nicht wirklich *stolz* darauf, oder?«

Sie wusste nicht, was sie sagen sollte. Eine Weile schwiegen sie. Dann fragte sie, was es Neues in der Pädiatrie von Bamako gab.

Jetzt, am Sonntag, hängt ihr das immer noch nach. Immerhin konnte sie sich ein wenig ablenken. Sophie kämpft ums Überleben.

»Alles okay?«, fragt Pirlo.

»Ich habe vergessen, dass du diesen Terrorkaffee kochst«, hechelt sie. »Gut, dass du kein Araber bist.«

»Warum?«

»Der Kaffee ist ein Anschlag auf die westliche Zivilisation. Als Araber wärst du jetzt auf direktem Weg nach Guantanamo.« Sophie lacht. Pirlo nicht.

»Wir sollten uns auf Anka Koschker vorbereiten.«

»Klar«, sagt Sophie und öffnet den Computer. Wobei: Viel recherchieren müssen sie nicht. Beide wissen, wer Anka Koschker ist. Jeder weiß das.

Mit siebzehn war Anka Koschker ein Tenniswunderkind. Deutschlands Hoffnung auf eine Graf-Nachfolge. An ihrem achtzehnten Geburtstag zog sie sich für den Playboy aus. Die Erfolge auf dem Platz nahmen danach ab. Die Fotos in der POST nahmen zu. Anka entwickelte sich immer mehr zum Düsseldorfer *It-Girl*. Immer wieder an ihrer Seite: Eine Schönheit mit osteuropäischem Einschlag. Lange Beine. Pagenkopf. Stahlblaue Augen. Marlene Pogorzelskij, die spätere von Späth. Genau da lag das Problem. Marlene hatte reich geheiratet. Anka nicht. Als von Späth starb, meldete sie sich als Hinweisgeber bei der Polizei und erklärte, dass sie Marlene im Juni bei *Dior* auf der Kö getroffen habe. Sie seien einen Prosecco trinken gegangen. Vielleicht auch mehrere. Sie hätten darüber gesprochen, wie sich alles entwickelt habe. Dabei habe Marlene zugegeben, dass es ein Fehler gewesen sei, Florian von Späth zu heiraten. Er sei ein untreuer Mistkerl, schwierig, anstrengend und launisch.

»Und dann kommt das Zitat«, sagt Pirlo. »Aktenseite achthunderteIf, glaube ich.«

»Achthundertvierzehn«, korrigiert Sophie.

»Danke. Marlene soll dann gesagt haben: ›Jetzt hat der Arsch auch noch eine junge Geliebte, und ich habe nichts. Wenn er glaubt, dass er mich verlassen kann, hat er sich aber geschnitten. Eher bringe ich ihn um.‹«

Beide denken darüber nach. Sophie nimmt sogar noch einen Schluck Kaffee.

»Wenn sie das im Verfahren richtig präsentiert, wirkt das kaum weniger als ein Geständnis.«

»Ich weiß.«

Sophie klappt den Laptop zu. Mehr gibt es nicht zu sagen.

Als sie sich eingestehen, dass ihnen keine neuen Ideen kommen, bringt Pirlo Sophie hinunter zur Haustür. Davor hat er sich schnell umgezogen. Kurze Hosen und ein Trikot. Saison 2004/05, als die Toten Hosen die Fortuna sponserten und einen schwarzen Totenkopf auf die Spielkleidung druckten. Statt der in der Wohnung üblichen Flip-Flops trägt Pirlo Laufschuhe.

»Sport?«, fragt Sophie. »Jetzt, trotz der Abendhitze?«

»Vielleicht hilft es, wenn der Kopf wieder frei wird.«

Sie treten zusammen auf die Straße. Pirlo verharrt abrupt. Auf der anderen Straßenseite steht ein schwarzer Mercedes. Davor lehnt Ahmid.

8

INSHALLAH.

19. September. Statt Sport.

Die letzten Sonnenstrahlen verblassen über dem Rhein, als Ahmid noch einmal das sagt, worauf Pirlo achtunddreißig Jahre lang gewartet hat. »Wie gesagt, es tut mir leid, Bruder.«

Ahmid klopft Pirlo unbeholfen auf die Schulter. Das hat er gerade schon einmal getan. Es fühlt sich immer noch seltsam an. Aus seiner Kindheit kennt Pirlo diese Faust gut, allerdings eher in seinem Gesicht oder auf seinen Armen als auf dem Rücken.

»Du sagst gar nichts«, fällt Ahmid irgendwann auf. Womit er recht hat. Pirlo sagt nichts. Er weiß nicht, was er sagen soll. Ausgerechnet ihm, der »gutaussehenden Rhetorikmaschine«, wie die POST nach dem Metternich-Freispruch geschrieben hat, fällt nichts ein. Was soll man auf so etwas auch antworten? Pirlo bemerkt, dass seine Sprachlosigkeit anfängt, Ahmid zu nerven. Bei Ahmid kann es dann sehr schnell gehen. Das wissen sie beide. Noch reißt er sich aber gewaltig am Riemen. Das wissen sie auch. Ahmid versucht es. Das ist Wunder genug. Tatsächlich nimmt er sogar noch einen Anlauf. »Wie gesagt, es tut mir leid, dass wir das so verbockt haben. Als unser *Abu*, unser Vater, starb, war da einfach diese große Lücke, verstehst du? *Shaqiq*, wir wollten nicht nur die neuen Araber sein, verstehst du, Bruder? Wir wollten halt einfach mehr, also Mahmed und ich, bei den anderen mitspielen und so, Champions League statt Kreisklasse, verstehst du?«

»Wobei ihr doch von der Formularsache gut gelebt habt«, traut sich Pirlo zu sagen.

»Formularsache, Formularsache, du sagst es ja selbst, Bruder! Mahmed sitzt da heute auch schon wieder seit fünf Stunden dran.« Pirlo verkneift sich den Hinweis, dass die Vergütung dafür gar nicht so übel ist. Dazu Cash auf die Hand. Steuerfrei. Aber Ahmid will hier deeskalieren. Pirlo hat keine Lust, das gleich wieder zu versauen. Deshalb fragt er auch nicht, ob Mahmed eigentlich weiß, dass Ahmid hier bei ihm ist. Oder ob er ihn sogar geschickt hat. Ahmid bekommt von solchen Gedanken ohnehin nichts mit. Er schimpft einfach weiter: »Immer die gleiche Scheiße, tagein, tagaus diese Anträge für die ganzen Penner, und das Geld und das Zeug und die Frauen sind alle woanders? Nicht mit mir, Bruder, nicht mit mir! Das ging vielleicht noch, solange der Alte da war und die Hand draufgehalten hat, aber jetzt nicht mehr!«

»Und wie läuft es so seitdem?«, fragt Pirlo. Ohne Ironie. Jedenfalls ohne die Art, für die Ahmid empfänglich wäre.

Sein Bruder überlegt einen Augenblick. »Gerade nicht so gut.«

»Gerade?«

»Wer weiß, vielleicht bringt die Zukunft den Durchbruch, *inshallah*.«

Pirlo kann nicht sagen, welches Gefühl überwiegt. Er will lachen, weinen, schreien, seinen Bruder schütteln, festhalten oder einfach nur im Rhein ertränken. Es ist alles auf einmal. Familie eben. *Eayila*. Immer die gleiche Scheiße.

»Lass uns wieder fahren«, sagt Pirlo. »Ich muss morgen ins Gericht.« Außerdem wird ihm in den Sportklamotten langsam kühl. Auch wenn er das vor seinem Bruder nie zugeben würde. Niemals.

»Eins noch«, sagt Ahmid und überrascht Pirlo schon wieder. »Ich habe nie etwas dazu gesagt, dass du diese Anwaltssache durchgezogen hast.« Na ja, denkt Pirlo, genau genommen hast du dazu ungefähr zweitausendmal etwas gesagt, und zwar immer sehr verlässlich dasselbe: Was für eine Scheiße das sei, und was für ein Versager man sein müsse, um sich in der Unibibliothek auf den Arsch zu setzen, wenn draußen, auf der Straße, das Leben ist. Aber er sagt nichts. Natürlich nicht. Er weiß, dass Ahmid es gut meint. Zumindest vermutet er es.

»Also, das hast du gut gemacht, Bruder«, murmelt Ahmid. Er schaut dabei auf den Rhein. »Mahmed sieht das auch so. Unser *Abu* hat das sowieso immer so gesehen.« Von ihrer Mutter spricht er nicht. Das muss er auch nicht. Pirlo weiß, wie sehr er sie enttäuscht hat. Dann, endlich, können sie gehen. Sie sind mit Ahmids Mercedes nach Zons gefahren, ein touristisches Kleinod vor den Toren der Stadt. Wobei es sich dabei um einen Zufallstreffer handelt. Ahmid wollte einfach eine Weile mit knapp dreihundert über die Autobahn heizen. Wenigstens das hat unfallfrei geklappt.

Als sie sich später in Pempelfort verabschieden, haben sie immer noch nicht über die Sache mit dem Geld gesprochen. Pirlo ist fast ein bisschen beeindruckt.

»Mach's gut, Bruder«, sagt Pirlo.

»Du auch. Grüß Mahmed und unsere *umm*.«

»Klar. Ach, und Ramzes?«

»Ja.«

»Denk an die Kohle.«

Und weg ist er.

Pirlo steht noch eine Weile unschlüssig vor der Eingangstür der Schwerinstraße 5 herum, Wohnanschrift von Dr. Anton Pirlo, wenigen anderen bekannt als Ramzes Khatib, dritter Sohn von Riyad Khatib, Lebensversager und Schande der Familie. Immerhin hat ihm sein älterer Bruder heute die Hand gereicht. Vielleicht gibt es am Ende ja doch so etwas wie Einsicht und Versöhnung. Jedenfalls dann, wenn es ihm gelingt, fünfundsiebzigtausend Euro aufzutreiben, indem er dieses Verfahren gewinnt. *Inshallah.*

9

SCHWIERIGE FRAGEN. SCHWIERIGE ANTWORTEN.

21. September. Achter Verhandlungstag.

Anka Koschker hat sich viel vorgenommen. Auf dem Programm steht eine Zeugenaussage. Aber auch ein Auftritt. Sie erscheint im Kostüm, noch enger, noch kürzer, noch schwärzer als das von Marlene von Späth. Womöglich auch noch teurer. Sophie ahnt, dass ihre Mutter das wissen würde. Und dass sie entsetzt wäre, weil Sophie keine Ahnung hat. Denn, ernsthaft, wie kann man *so etwas* nicht wissen? Sophie sieht nach links zu Pirlo, der ungeduldig in seinem Notizbuch herumkritzelt. Dann nach rechts zu Marlene von Späth, die dem Geschehen mit gewohnt ausdrucksloser Miene folgt und ihre aristokratische Haltung pflegt. Die Dame, die durch ein Missgeschick in die unglückliche Lage gekommen ist, sich vor Gericht verantworten zu müssen. Wie unangenehm. Trotzdem spürt Sophie, dass etwas nicht stimmt. Die Koschker lässt die von Späth nicht unberührt.

Und die Koschker trägt ihren Teil dazu bei. Das fängt schon bei ihrem freien Vortrag an. »Marlene von Späth ist eine der schäbigsten Personen, denen ich jemals begegnet bin. Ich kann das ganz offen sagen, weil wir mal gute Freundinnen waren, richtig *close*. Dann habe ich aber ihr wahres Gesicht entdeckt und war *totally shocked*.« Rumms. Und das war nur der Anfang. »Wissen Sie, Marlene kommt aus einfachen Verhältnissen. Sehr *down to earth*. Aber sie sah gut aus, und sie war ehrgeizig, das musste man ihr lassen. Als ich Marlene vor sieben Jahren kennenlernte, war ich gerade mit Robbie Schmitz zusammen, der damals für die Fortuna gespielt hat. Ich war oft mit der Mannschaft unterwegs, auch abends. Irgendwann gehörte dann auch Marlene zu diesem Kreis, und ehe ich mich versah, hatte sie sich schon den Akpoguma geschnappt, den damals alle so gehyped haben. Von da an war sie in diesem Zirkel fest verankert. Das blieb auch so, als bei Akpoguma der Meniskus riss und Marlene ihn verließ. In der Zwischenzeit hatten wir viel mit Leuten von RTL zu tun. Dustin Werner hatte zu der Zeit dieses Talkformat. *Aufgeklärt!* Sie wissen schon. Es dauerte keine paar Wochen, bis sie bei ihm eingezogen ist. Glücklich war sie aber nach meiner Meinung trotzdem nicht.« Sie unterstreicht das durch ein Kopfschütteln. »Ich glaube, sie hat immer nach dem einen ganz bestimmten Mann gesucht. Nach dem richtig großen Wurf. Einem Mann, der im Leben steht. Der Geld hat. Ich glaube, diese Geschichten mit Gleichaltrigen, Akpoguma, Werner, oder wie sie hießen, hat Marlene nie ernst genommen. Sie wollte den *Mr. Perfect.* Als Florian von Späth auftauchte, hat das dann genau gepasst. Er war zwar deutlich älter, sah aber gut aus, war erfolgreich und vor allem reich. Sie hat sofort kurzen Prozess gemacht.« Kurz geht ihr Blick zur Angeklagten. Sophie ist sich nicht sicher, was sie darin sieht. Abneigung, klar. Vielleicht aber auch Anerkennung. Schwer zu sagen.

»Kein halbes Jahr später haben sie geheiratet. Die Hochzeit war ein rauschendes Fest. Die POST hat groß darüber berichtet. Wie ich gehört habe, hatten sie sogar die Bildrechte gekauft. Das muss man mal vorstellen: Ein paar Jahre vorher kannte kein Mensch Marlene. Sie hatte keine Ausbildung, kein gar nichts. Und dann legt sie diesen Sprung hin!« Die Koschker schüttelt wieder den Kopf. Diesmal wirkt sie authentisch. »Sie haben in Schloss Benrath geheiratet. Da waren bestimmt fünfhundert

Gäste. Alle *best friends*. Dabei glaube ich nicht, dass irgendeiner davon ein paar Monate vorher gewusst hatte, dass Marlene überhaupt existierte.«

»Wie hat sich Ihr Verhältnis nach der Heirat entwickelt?« Adams bringt Anka Koschker wieder behutsam in die Spur.

»Ich würde nicht sagen, dass es danach überhaupt noch ein Verhältnis gab. Marlene bewegte sich schließlich auch in *anderen Kreisen*. Die Soirées, Empfänge und Galas, auf denen sie auftauchte, waren definitiv nicht mein *piece of cake*. Ich habe sie danach mehr in der POST gesehen als im wahren Leben. Gesprochen haben wir nicht viel miteinander. Höchstens mal ein Küsschen hier, ein Küsschen da. *Bussi, bussi*, Sie wissen schon.«

Adams nickt. Ob er wirklich weiß, was die Koschker meint, bleibt unklar. Erst recht, was er darüber denkt. Darauf kommt es aber auch nicht an. »Erzählen Sie bitte von Ihrem letzten Treffen mit der Angeklagten im Juni.«

Die Koschker nickt. »Anfang Juni war ich bei *Dior* auf der Kö.«

»Wann war das?«

»Am zweiten Juni. Ich weiß das noch genau, weil ich mir ein Collier aus der *Aventure*-Serie gekauft habe. Es ist das, was ich heute trage.« Die Hand geht zu einer teuer aussehenden Kette. Auch hier hätte Sophies Mutter sofort den Preis gewusst. »Ich habe den Kaufbeleg aufbewahrt.« Sie stöckelt zum Richterpult und gibt eine Rechnung ab. Als sie wieder sitzt, geht es weiter. »Im Laden habe ich dann auch Marlene getroffen. Was sie dort gemacht hat, weiß ich nicht. Für gelegentliche Einkäufe bei Dior hatte sie durch ihren Mann aber auf jeden Fall das notwendige Kleingeld.«

»Was ist dann passiert?«, fragt Adams, erkennbar bemüht, die Zeugin auf Linie zu halten. Sophie kann es nur recht sein. Wenn die Koschker ins Reden kommt, geht das hier nicht gut für Marlene von Späth aus.

»Wir sind zusammen raus und haben direkt in einem der Straßencafés einen freien Tisch entdeckt. Sie wissen schon, um diese Jahreszeit ist die Kö unglaublich *crowded*. Dass uns direkt vor unserer Nase ein Plätzchen anlachte, haben wir als Zeichen dafür genommen, dass es mal wieder Zeit für einen kleinen Plausch war. Bestellt haben wir Wiener Melange und einen Prosecco. Danach dasselbe noch mal. Und danach nur noch Prosecco. Am Ende hatten wir jede fünf intus.«

»Wie kam das?«

Die Koschker lacht. »Wie kommt so was? Die Sonne scheint. Man hat Zeit. Man trinkt Prosecco.« Sophie kann nicht anders. Kurz muss sie lachen. Treffender kann man die Stadt Düsseldorf wahrscheinlich nicht auf den Punkt bringen. Sie bemerkt, dass auch Pirlo grinst. Ansonsten scheint es keiner mitbekommen zu haben.

»Worüber haben Sie gesprochen?«

»Zunächst über dies und das. Meine Fernsehprojekte. Ihr Leben am Rheinufer. Darüber, wie wir uns kennengelernt haben, was dieser und jener heute so macht. Irgendwann ging es dann auch um ihre Ehe.«

»Was hat die Angeklagte darüber berichtet?«

»Zuerst hat sie es so dargestellt, als sei alles total super. Wie man das eben macht. Dabei ist es allerdings nicht geblieben.«

»Sondern?«

»Irgendwann ist sie darauf zu sprechen gekommen, dass ihr Mann sie betrügt.«

»Wie kam sie darauf.«

Die Koschker zögert. Dann grinst sie. Besonders nett sieht es nicht aus. »Offen gestanden habe ich sie darauf gebracht. Ich habe sie gefragt, was sie zu den Gerüchten über Florian und Christina Soares sagt.«

»Was meinten Sie damit?«

»Das war ein offenes Geheimnis. Christina hatte bei der *Zara*-Kampagne für Unterwäsche gemodelt. Schon dadurch kannte sie so gut wie jeder. Als sie dann hier und dort mit Florian aufgetaucht ist, war allen klar, was *das* bedeutete.«

»Was meinen Sie?«

»Ich bitte Sie, das war eine Art offene Affäre. Schauen Sie sich Christina doch einmal an. Bildschön, zart, frisch. Wenn sie kürzere Haare hätte, sähe sie aus wie Marlene von Späth, als sie jung war.« Sophie weiß, dass das Marlene treffen soll. Sie weiß, dass das auch Marlene weiß. Trotzdem bemerkt sie, wie ihre Mandantin neben ihr erstarrt. Verstehen kann sie es sowieso. Langsam wird das Ganze hier schmutzig.

»Was sagte die Angeklagte dazu?«, fragt Adams.

Die Koschker lehnt sich im Zeugenstuhl zurück. Die entscheidende Stelle steht bevor. Jetzt kann sie Marlene versenken. Und tut es. »Sie sagte: ›Jetzt hat der Arsch auch noch eine junge Geliebte, und ich habe nichts. Wenn er glaubt, dass er mich verlassen kann, hat er sich aber geschnitten. Eher bringe ich ihn um.‹« Marlene von Späth bleibt unbewegt. Im Saal gibt es Gemurmel.

»Wie haben Sie reagiert?«

»Ich habe das nicht ernst genommen. Ich bitte Sie! Wir hatten ein paar Prosecco drin. Ihr Mann betrog sie vor der ganzen Stadt. Da sagt man so was schon mal.« Sie holt tief Luft. »Ganz anders sah es dann aus, als ich von Florians Tod hörte. Natürlich habe ich sofort an unser Gespräch auf der Kö gedacht.« Sie wirkt nachdenklich, ihre Anspannung ist echt. »Ich habe daher sofort die Polizei gerufen.«

Adams nimmt die Brille ab. Er bespricht sich mit den beiden Berufsrichtern, der Beisitzerin rechts, der Protokollantin links. Dann vereidigt die Kammer die Zeugin. Mehr ist nicht zu tun. Die Staatsanwaltschaft will nichts fragen. Die Verteidigung kann nicht. Weshalb soll sie die Koschker noch löchern? Sie hat gesagt, was sie gesagt hat. Sie hat einen Eid darauf geschworen. Von dem Gesagten wird sie nicht mehr abrücken. Vielleicht ist es auch einfach die Wahrheit. Für sich genommen ist das noch nicht schlimm. Sie ist nicht mehr als eine Zeugin vom Hörensagen. Für Marlene von Späths Freiheit dürfte die Aussage trotzdem der Sargnagel sein.

Sie haben sich einen Kaffee geholt und stehen unschlüssig auf dem Vorplatz des Landgerichts herum. Marlene von Späth hatte kein Interesse an einer Nachbesprechung. Sophie und Pirlo sind ebenfalls bedient. Er hat sich gerade von ihr verabschiedet, als sie doch noch fragt. Warum auch nicht? Jetzt ist es auch nicht passender oder unpassender als später. Außerdem brennt ihr die Frage unter den Nägeln.

»Alles in Ordnung?«, fragt Pirlo.

Sophie gibt sich einen Ruck. Dann fragt sie: »Was hast du mit Ahmid Khatib zu tun?« Sie weiß nicht, womit sie gerechnet hat. Trotzdem ist sie überrascht, als er zusammenzuckt.

»Wie kommst du darauf?«, fragt Pirlo.

Sie weiß, dass es locker klingen soll. So gut kennt sie ihn mittlerweile. Genau deshalb kommt er damit aber auch nicht durch.

»Auf was?«

»Wie kommst du darauf, dass ich etwas mit Ahmid Khatib zu tun habe?«

»Er hat neulich auf dich gewartet. Du bist zu ihm hingegangen, aber auf eine sonderbare Art. So, als müsstest du das. Als sei das irgendwie unausweichlich.«

»Und woher weißt du, dass das Ahmid Khatib war?«

Sie sieht auf den Boden. Pirlo ist nicht laut geworden. Der Ton hat sich aber verändert. Deutlich sogar. Dann hebt sie den Blick.

Sie hat nichts falsch gemacht. »Ich habe mir sein Nummernschild gemerkt und den Halter nachsehen lassen.«

Pirlo sieht sie irritiert an. »Durch wen?«

Sie hält dem Blick stand. »Im Referendariat war ich in der Verwaltungsstation beim LKA. Die haben für mich nachgesehen.«

Wieder überrascht Pirlo sie. Wieder nicht im Guten. Er lacht. »Was glaubst du eigentlich, wer du bist?«

Sie drückt den Rücken durch. Was glaubt er eigentlich, wer er ist. »Ich bin die Anwältin, die für dich arbeitet. Und du bist jemand, der einfach so bei einem Clan-Gangster ins Auto steigt.«

»Was dich einen Scheiß angeht!«, zischt Pirlo sie an.

»Ist das so, dass mich das einen Scheiß angeht? Was würdest du denn sagen, wenn du siehst, dass ich mit irgendwelchen Verbrechern abhänge?«

»Du bist Verteidigerin! Ich würde sagen, du solltest dich um deinen verdammten Beruf kümmern.«

Das ist kein unberechtigter Einwand. Sophie gerät in die Defensive. Und greift an. »Ich bin zwar bei dir angestellt, aber ich habe ganz bestimmt keinen Bock, dass du mir über irgendwas nicht Bescheid sagst, und am Ende sitze ich in der Scheiße!«

Sie sieht, dass Pirlo für die Antwort ausholt. Seine Augen verengen sich. Der Mund ist hart. Und dann lässt er es doch. Einfach so. »Ich verstehe das«, sagt er stattdessen. Die Stimme klingt wieder ruhig. Er zwinkert. »Ja, das war Ahmid Khatib«, fährt er fort.

»Der Ahmid Khatib von diesem Clan?«

Pirlo nickt. »Ich kenne ihn von früher. Es ist nichts weiter dabei.«

»In Ordnung«, sagt Sophie. »Danke, dass du mir das gesagt hast. Tut mir leid wegen des Dramas.«

»Du hättest mich auch einfach direkt fragen können, wer der Typ vor dem Gericht war«, sagt Pirlo. Er lächelt.

»Entschuldige. Ich war irgendwie irritiert. Du warst so anders als sonst. Das hat mich beunruhigt.«

»Gut, dass wir das jetzt geklärt haben.« Er zwinkert wieder. Einmal zu oft. Trotzdem lässt sie es gut sein. Was immer da läuft, sie werden das heute nicht mehr klären. Sie verabreden sich für den nächsten Tag und verabschieden sich mit einer schnellen Umarmung. Dann geht jeder seiner Wege, und Sophie hat das starke Gefühl, dass das auch besser so ist.

10

OFFBEAT.

21. September. Abends.

Pirlo hadert mit sich. Der große schwarze Koffer steht vor ihm. Immer wieder nimmt Pirlo Anlauf. Immer wieder lässt er ihn stehen. Er geht in die Küche, öffnet ein Bier, kehrt auf das Sofa zurück und starrt auf den Koffer. Soll er damit los, oder soll er nicht? Bringt das überhaupt noch etwas? Bringt denn *irgendwas* noch etwas? Das Bier hilft nicht. Pirlo bleibt angespannt. Genervt. Und verzweifelt. Schließlich sieht er ein, dass gerade sowieso alles scheiße ist. Also kann er es getrost noch schlimmer machen und sich zusätzlich auch noch blamieren.

Als er ankommt, sind schon zwei andere da. Der riesige Mann packt in aller Gemütsruhe einen Bass aus. Die Frau ist klein, rund um die Hüften und hat ein Wonneproppengesicht, das vor guter Laune fast zu platzen scheint. Als sie sich bückt, um einen Dämpfer aus dem Trompetencase zu holen, lacht eine Notentätowierung Pirlo an. Sie sind also die Neuen. Gunnar, 42, Lehrer für Betriebswirtschaft an der Berufsschule Mörsenbroich, Lena, 24, Kindergärtnerin aus Rath. Und Toni, 38, Anwalt. Dann kommen die drei Bandmitglieder in den Proberaum.

»Hey, hey, schön, dass ihr es nach Bilk geschafft habt«, grüßt der im grünen Trägerhemd. Geruchlich bringt er eine Mischung aus Schweiß und Gras mit. Er strahlt die Neuen an. »Ich bin der Mo, das da ist der Kenny.« Er zeigt auf einen dürren Mann mit

Yakuza-Tätowierungen und Tunnel im Ohr. »Und das ist der Manne.« Der sieht aus wie ein Buchhalter. Weißes Hemd. Schwarze Hose. Ein Business-Typ. Allerdings einer, der weiß, wie man Drumsticks hält. Und wie man damit umgeht. Pirlo nickt allen zu. Sein Blick bleibt bei Manne. Manfred Schlichting. Der nicht mit Sophie und ihm sprechen will. Die letzte Ausfahrt. Vielleicht. Erst mal wird aber Musik gemacht.

Mo schnallt sich eine Rhythmusgitarre um, Kenny positioniert sich mit einem Schellenkranz hinter dem Mikro, Schlichting kauert hinter dem Schlagzeug. Die anderen drei stehen unbeholfen herum.

Mo lacht. »Verteilt euch einfach im Raum. Ich schlage vor, wir legen heute eine lockere Jam-Session ein und schauen mal, ob wir alle auf derselben Welle grooven. Wie ihr wisst, besteht *Bambú* aus mehr oder weniger zehn Musikern, die mehr oder weniger alle Instrumente spielen, die man für Reggae eben so braucht. Dass wir trotzdem eine Anzeige geschaltet haben, liegt daran, dass wir, genau wie ihr, alle berufstätig sind, dazu kommen noch die Kinder und so. Wenn wir mal einen Auftritt haben, kann immer irgendwer gerade nicht. Da ist es gut, wenn es einen großen Verteiler mit möglichen Kandidaten gibt. Wenn ihr euch also wohlfühlt und das hier klickt, sagen wir schon mal: Willkommen in der Band!« Dazu haut er einen schnellen Akkord in den Bass, der keine Zweifel lässt: Der Mann weiß, was er tut. Pirlo sieht sich um. Es ist zu befürchten, dass das auch auf die anderen zutrifft. Bei sich selbst ist er sich nicht so sicher. Das letzte Konzert hatte er im Studium mit einer *Blues-Brothers*-Coverband, die man für Hochzeiten buchen konnte. Das ist fast ein halbes Leben her. Gefühlt sogar noch länger.

»Alles klar, Toni?«, fragt Mo. Pirlo merkt, dass ihn fünf irritierte Augenpaare anstarren.

»Klar«, antwortet Pirlo und versucht es mit einem Grinsen.

»Sorry, ich bin irgendwie in meinen Gedanken hängengeblieben.«

»Macht doch nichts, Mann.« Mo lacht wie einer, der mit dem Aufsachenhängenbleiben auch schon die eine oder andere Erfahrung gemacht hat. »Wenn jetzt alle an Bord sind, kann es ja losgehen. Die Saiten und die Bläser gehen in den Offbeat, Kenny improvisiert. Wenn wir alle drin sind, geht jeder mal in ein Solo. Alles klar? Gut. Und one, und two, und one, two, three, four.«

Erleichtert stellt Pirlo fest, dass Mo einen langsamen Offbeat angeschlagen hat. Trotzdem tut er sich schwer, den Rhythmus zu erwischen. *Hm-Tak. Hm-Tak. Hm-Tak.* Trotz kurzer Hose und T-Shirt schwitzt er nach kürzester Zeit aus jeder Pore. Und findet immer noch nicht rein. Rechts von ihm spaziert Lena offbeatend durch den Raum. Gunnar hat die Augen geschlossen, zupft und wirkt mit sich und der Welt im Reinen. Kenny singt. Manne bearbeitet das Schlagzeug. Mo grinst Pirlo an. »*Easy*, Mann, komm erst mal an, und dann lass es einfach fließen.«

Pirlo will etwas erwidern. Fluchen. Oder einfach gehen. Aber es ist, wie es ist. Wenn er an Schlichting ran will, muss er hier jetzt durch. Er krampft. Kämpft. Scheitert. Und gibt dann einfach auf. Alles. Den Scheiß mit dem Verfahren. Den mit der Familie. Die beschissene Bandprobe sowieso. Woraufhin es tatsächlich klappt. Nicht sofort. Nicht gut. Aber doch so, dass es Pirlo auffällt. Den anderen auch. Er *hm-takt* allmählich mit. Bis zu seinem Solo hat es Pirlo längst gepackt. Die Musik ist laut, die anderen sind fit an ihren Instrumenten, die Stimmung ist gut. Anfangs geht er noch auf Nummer sicher und tastet sich mit ein paar wackligen Folgen aus *No woman, no cry* vor. Mit jedem Takt, bei dem die anderen nicht aufhören zu spielen oder schreiend davonlaufen, wächst Pirlos Bock auf die Sache. Am Ende lässt er ganz los und rotzt einen satten Jam über den Offbeat der anderen. Kenny sieht einen Moment zu. Dann fängt er an, wild ins Mikro zu schreien.

Und schon springt der Funke über. Pirlos Saxophon geht hoch, Kennys Stimme folgt. Pirlo wird leise, Kenny auch. Dann knallt Pirlo rein, und Kenny gibt so richtig alles.

Eine Stunde später sind sie fertig. Mit der Probe. Mit der Welt. Alle packen ihre Instrumente ein und sind zufrieden. Mo, Kenny und Manne bedanken sich. Jeder darf gern jederzeit wiederkommen. Pirlo freut sich aufrichtig. Die Musik hat gutgetan. Zum ersten Mal seit einer Woche fühlt er sich einigermaßen entspannt. Nachdem er den Probekeller des alternativen Gemeinde-/Musik-/Theaterhauses verlassen hat, lehnt er eine Weile an der Mauer am Übergang zur Straße. Es gibt nur diesen Weg. Früher oder später wird Manfred Schlichting an ihm vorbeilaufen. Der kommt allein und trägt unter dem Arm einen Mikrophonständer. Als er Pirlo sieht, bleibt er stehen. »Ich nehme an, du willst mit mir sprechen.«

Sie sitzen an der Bilker Kirche vor dem *Seifenhorst* und trinken Tannenzäpfle aus der Flasche.

»Sind alle Anwälte so hartnäckig?«, fragt Schlichting.

»Uns treibt besonderes viel Ehrgeiz«, antwortet Pirlo. Und besonders viel Verzweiflung.

»Und ist das jetzt in Ordnung?«, fragt Schlichting, »dass wir uns einfach so unterhalten, du als Anwalt, ich als möglicher Zeuge?«

»Ab wann wusstest du eigentlich, dass ich der Anwalt bin, der versucht hat, dich ans Telefon zu bekommen?«, lenkt Pirlo ab.

Schlichting lacht. »Sobald ich den Proberaum betreten habe. Bei WDvS gibt es seit Wochen kaum ein anderes Thema als den Prozess. Ob du willst oder nicht, da weiß jeder ganz genau, wer du bist.« Er trinkt einen Schluck. »Du hast meine Frage nicht beantwortet.«

Pirlo trinkt auch. Schlichting ist clever. Das war aber auch nicht anders zu erwarten. Seine Aufgaben bei WDvS gehen über die Assistenz der Geschäftsführung weit hinaus. Er hat BWL studiert und spricht sechs Sprachen. Schlichting koordiniert alle Kalender und nimmt Termine der Geschäftsführung in eigenständiger Vertretung wahr. Mit anderen Worten: Bei WDvS geht so gut wie gar nichts ohne ihn. Bleibt die Frage: Darf Pirlo mit ihm sprechen? Die ehrliche Antwort: Es ist kompliziert. Und unfair. Die Polizei spricht ständig mit allen möglichen Leuten, macht sie zu Zeugen, lädt sie vor und quetscht sie aus. Die Verteidigung hat diese Möglichkeiten nicht. Für die Vorgänge bei WDvS begnügt sich die Kammer mit Danzinger. Auf eine Ladung von Schlichting hat sie verzichtet. Pirlo könnte zwar einen Beweisantrag stellen. Dazu muss er aber wissen, ob das etwas bringt. Erst recht nach dem Fiasko mit Dr. Sattler. Also, was soll's?

»Klar«, sagt Pirlo. »Dass wir miteinander sprechen, ist kein Problem. Auch wenn es nicht jeder wissen muss.«

»Verstehe«, antwortet Schlichting.

Pirlo nickt. »Sag mal, wie war das Verhältnis zwischen von Späth und Danzinger?«

Schlichting lacht laut. Etwas leiser, ruhiger, sagt er: »Du machst keine Gefangenen, oder? Die Polizisten haben eine Viertelstunde gebraucht, bis sie so weit waren. Dabei gibt es keinen Grund zur Geheimniskrämerei. Ich habe das der Polizei gesagt und würde es, wenn man mich dazu auffordert, auch vor Gericht wiederholen: Florian und Jochen waren mal die besten Freunde. So weit, so bekannt.«

»Klar«, sagt Pirlo.

»Die beiden waren zwar komplett unterschiedliche Typen, haben sich aber gut ergänzt. Außerdem hatten sie einen ähnlichen Humor. Solange ich sie kannte, kamen sie eigentlich hervorragend klar.«

»Was meinst du mit ›eigentlich‹?«

Schlichting trinkt aus. »Irgendwann hat sich das spürbar geändert.«

»Wann ungefähr?«

Schlichting bestellt noch ein Bier. Pirlo schließt sich an. Solange Schlichting nicht geht, bleibt er auch. »Die Stimmung kippte Anfang des Jahres.«

»Was war da los?«

Schlichting bekommt das Bier und zupft umständlich die Goldkrone ab. »Genau weiß ich es nicht.«

»Woran machst du dann fest, dass die Stimmung kippte?«

»Sie hatten Streit.«

»Und das hast du mitbekommen?«

»Mein Büro liegt zwischen den Büros der beiden. Da habe ich das zwangsläufig bemerkt.«

»Worum ging es?«

»Wie gesagt, keine Ahnung.«

»Ging es vielleicht um Marlene von Späth?«

»Kann ich mir nicht vorstellen.«

»Warum?«

»Ich glaube, sie waren sich einig, dass Marlene vor allem nervte.« Schlichting lacht. Pirlo auch. Ein bisschen aus Sympathie. Und auch ein bisschen, weil er es sich mittlerweile ganz gut vorstellen kann.

»Was war dann der Grund? Christina Soares vielleicht?«

»Florians Geliebte? Nein, wirklich nicht. Jochen schien eher froh darüber zu sein, dass Florian jemand anderen als Marlene hatte. Zumal Christina sehr bemüht schien, alles richtig zu machen. Zurückhaltend zu sein. Loyal. Eine gute Partnerin.«

Pirlo nimmt einen Schluck. »War etwas mit dem Unternehmen?« Schlichting antwortet nicht. Pirlo beugt sich vor. »Du weißt, dass dieses Gespräch vertraulich ist.«

Schlichting zieht die Augenbrauen hoch. »Wenn etwas trotzdem rauskommst, hilft mir das auch nicht viel. Die Ansage war klar: Keine Gespräche mit der Verteidigung von Marlene von Späth.«

»Von wem kam die Ansage? Danzinger?« Schlichting antwortet nicht. Das ist aber auch nicht nötig. Pirlo versucht es auf anderem Weg. »Lass mich offen sein, Manne. Im Augenblick läuft alles auf eine Verurteilung von Marlene hinaus. Wenn das aber nicht richtig ist, wenn es auch nur die *Möglichkeit* gibt, dass alles ganz anders war, muss ich das wissen. Und das Gericht muss es ebenfalls wissen.«

»Ich werde auf keinen Fall vor Gericht aussagen«, erwidert Schlichting. »Auf gar keinen Fall. Ich habe die letzten zehn Jahre alles für WDvS gegeben. Wenn ich vor Gericht erscheine, kann ich mir gleich selbst die Kündigung schreiben.«

»Dann sag es mir jetzt«, insistiert Pirlo. »Hilf der Wahrheit auf die Sprünge. Was war los?«

Schlichting seufzt. Er ringt mit sich. Pirlo wartet. Und wartet. Die Bedienung bringt noch ein Bier. Eine Straßenbahn fährt vorbei. Noch eine. Und noch eine. Dann, nach einer Ewigkeit, schließt Schlichting die Augen und atmet tief durch. »Sie stritten über diesen Bericht.«

»Den von Elwood & Watkins?«

Schlichting sieht Pirlo überrascht an. Er nickt. »Ja.«

»Was war damit?«

»Wie gesagt: Ich weiß nichts Genaues. Keiner der beiden hat mir irgendetwas mitgeteilt. Die E-Mails dazu haben sie sich nur jeweils gegenseitig geschickt. Ich war da außen vor. Was allerdings ungewöhnlich genug war.« Er leert sein Bier. »Nach dem, was ich mitbekommen habe, waren sie uneins darüber, wie sie mit dem Bericht umgehen sollten.«

»Worum ging es in dem Bericht?«

»Ich weiß es nicht.«

»Warum nicht? Ich dachte, alles ging über deinen Tisch?«

»Das nicht.«

»Kam dir das normal vor?«

Schlichting seufzt. »Ganz und gar nicht. Das könnte sogar das erste Mal gewesen sein, dass ein Dokument nicht einfach bei E-Mails im Anhang auftauchte oder auf der Cloud gespeichert war.«

»Hast du denn nachgesehen?«

»Ehrlich gesagt, ja. Offensichtlich war das eine wichtige Angelegenheit. Das hat mich natürlich interessiert.«

»Aber danach gefragt hast du die beiden nicht.«

»Nein. Warum auch? Sie werden ihre Gründe gehabt haben, die Sache geheim zu halten. Da musste ich nicht auch noch dämlich danach fragen.«

»Wo war der Bericht?«

Schlichting lacht müde. »Der Bericht war auf einem Stick.«

»Auf einem Stick?«, wiederholt Pirlo ungläubig.

»Ja, einem USB-Stick. Einem dieser simplen Speichermedien. Eines Tages tauchte ein Anwalt von Elwood & Watkins auf und übergab den beiden jeweils einen Stick. Persönlich-vertraulich. Zur sicheren Aufbewahrung. Das Ganze wurde komplett geheim gehandhabt. Ich sollte zwar nicht einbezogen werden. Denken konnte ich mir meinen Teil aber natürlich trotzdem.«

»Weißt du, wo sie diesen Stick untergebracht haben?«

Schlichting schüttelt den Kopf. »Keine Ahnung. Ich habe keinen der Sticks noch einmal gesehen.«

»Hast du danach gesucht?«

Schlichting verdreht die Augen. »Offen gestanden, ja. Aber nicht als Einziger.«

»Was meinst du damit?«

»Nach Florians Tod hat Danzinger dessen ganzes Büro auf den Kopf gestellt.«

»Du meinst, er hat den Stick gesucht?«

»Ich kann es mir jedenfalls vorstellen.«

»Hat er ihn gefunden?«

»Er wirkte sehr ungehalten. Also nein, ich denke nicht.«

»Wo hat er seinen eigenen Stick?«

Schlichting zuckt mit den Schultern. »Keine Ahnung. Sicher nicht im Büro. So, wie ich ihn einschätze, bewahrt er ihn wahrscheinlich irgendwo zu Hause auf.«

Pirlo überlegt. »Meinst du denn, diese Sticks waren tatsächlich wichtig? Spielten sie für die beiden wirklich eine Rolle?«

Schlichting nickt. »Ich bin sogar davon überzeugt. Jeder muss seinen Stick ausgewertet haben. Sonst hätte es den Streit ja wohl nicht gegeben.«

Pirlo fährt sich durch die Haare. »Worum ging es dabei?«

»Ich hatte den Eindruck, dass Florian den Bericht öffentlich machen wollte. Jochen wollte das verhindern.«

»Und darüber gab es Streit?«

»Ja.«

»Wie drückte sich das aus?«

»Sie schrien sich an. An einem Abend im Mai waren nur noch wir drei da. Jeder arbeitete in seinem Büro, als Florian mir zurief, dass ich für die Folgewoche einen Flug nach Genua buchen solle. Jochen muss das gehört haben. Er ist jedenfalls völlig ausgerastet.«

»Was meinst du damit?«

»Er ist in mein Büro gestürmt und hat mich angeschrien, dass ich einen Scheiß machen werde! Dass ich das mit dem Flug mal schön vergessen sollte! Dass da das letzte Wort noch nicht gesprochen sei! Dann ist er bei Florian reingestürmt, und sie haben sich angebrüllt.«

»Und du?«

»Ich war völlig vor den Kopf gestoßen. In all den Jahren hatte ich nichts Vergleichbares erlebt. Ich wartete noch eine Weile darauf, dass sie wieder herauskommen würden. Sie haben aber nicht aufgehört zu brüllen. Da bin ich irgendwann einfach nach Hause.«

»Wie ging es dann weiter?«

»Am nächsten Tag war wieder alles normal.«

»Einfach so?«

»Ja, einfach so. Florian und Jochen haben sich wie immer gut verstanden. Sie schienen sich ausgesprochen zu haben. Ich war natürlich erleichtert. Danach war das kein Thema mehr. Und der Flug nach Genua war auch kein Thema mehr.«

»Warum hast du das alles eigentlich nicht der Polizei erzählt?«

Schlichting lächelt schwach. »Es hat mich niemand danach gefragt.«

Pirlo nickt. Er versucht zu verstehen, was Schlichting da sagt. Der verabschiedet sich zur Toilette. Das Gespräch über WDvS ist beendet. Spätestens als Schlichting zurückkommt, besteht daran kein Zweifel mehr. »Kommst du jetzt eigentlich häufiger zur Probe?«

»Kann schon sein«, antwortet Pirlo. Auch wenn sie beide wissen, dass das nicht passieren wird.

»Gut«, sagt Schlichting.

Pirlo lädt ein. Als sie sich verabschieden, drückt Schlichting Pirlo einen Bierdeckel in die Hand. »Hier ist eine Liste mit den Songs für die nächste Probe.«

»Danke«, sagt Pirlo. Dann ist Schlichting weg.

Pirlo läuft durch die Stadt nach Pempelfort. Seine Finger trommeln auf den Bierdeckel. Es steht nur ein einziges Wort darauf.

Morandi.

11

MORANDI.

21. auf 22. September. Kurz nach Mitternacht.

In der Nacht sitzen sie auf dem kleinen Balkon der Kanzlei/Wohnung. Es gibt Stracciatelli-Eis aus dem Becher. Die Computer sind eingeschaltet. Beinahe alles ist wie sonst. Aber eben nur beinahe. Anders ist, dass sie jetzt eine Spur haben. Und damit wieder Hoffnung.

Alle zwei Stunden fasst Sophie die neuesten Erkenntnisse zusammen. »Der Bau der Morandi-Brücke begann 1963. Fertiggestellt wurde sie 1967. Sie war 1.182 Meter lang, vierundzwanzig Meter breit und verband als vierspurige Autobahn den Ost- und den Westteil von Genua. Der offizielle Name war Viadotto Polcevera. Morandi war der Name des Architekten, der die Schlagseilkonstruktion plante, die zusammen mit Stützpylonen die Brücke hielt. Am vierzehnten August 2018 um elf Uhr sechsunddreißig stürzte der westliche Pylon mit beiderseitigen Einhängeträgern ein. Von einem Augenblick auf den nächsten brachen zweihundertfünfzig Meter der Brücke ein. Fünfunddreißig Personenfahrzeuge und drei Lastwagen stürzten in die Tiefe. Dreiundvierzig Menschen starben an Ort und Stelle. In den Häusern, die unter der Brücke standen, gab es mehrere Verletzte. Seit dem Einsturz ermittelt die Staatsanwaltschaft Genua in dieser Sache. Nach Auskunft der Italiener richten sich die Ermittlungen gegen eine Vielzahl von Personen und Unternehmen.

Laut dem Jahresbericht 2010 hat WDvS zu dieser Zeit umfangreiches Baumaterial nach Italien geliefert. Nach Genua gingen einhundertundzwanzig Tonnen Trockenzement. Das Material ist dazu geeignet, Stahlträgerkonstruktionen zu stärken. Das spricht dafür, dass der Zement an der Morandi-Brücke zum Einsatz kam. Wir wissen nicht, ob die Staatsanwaltschaft Genua gegen WDvS ermittelt. Nach italienischem Recht wären mögliche Straftaten jedenfalls noch nicht verjährt.«

»Wir könnten eine Anfrage an die Staatsanwaltschaft dort stellen«, schlägt Pirlo vor.

»Sicher«, antwortet Sophie. »Aber nach den Statistiken, die ich gefunden habe, dauert eine Rechtshilfeanfrage zwischen Deutschland und Italien trotz EU-Erleichterungen im Schnitt drei Monate.«

»Viel zu lange. Wir haben nur noch einen Verhandlungstermin vor der letzten Vernehmung von Danzinger. Bis dahin müssten wir aber wissen, was in Italien los ist und warum es darüber Streit mit von Späth gab.«

»Außerdem steht in den Sternen, ob ein Rechtshilfeersuchen *überhaupt* Aussicht auf Erfolg hat. Ich meine, warum sollte das Gericht das tun? Selbst wenn feststünde, dass in Italien etwas schiefgelaufen ist, und wenn feststünde, dass Danzinger und von Späth sich deswegen gestritten haben, ergibt sich daraus nicht zwangsläufig ein Motiv, von Späth zu ermorden.«

»Vielleicht«, murmelt Pirlo. »Vielleicht auch nicht.«

»Was meinst du?«

»Denk mal an den Safe in von Späths Arbeitszimmer. Was, wenn er den Stick von Elwood & Watkins dort untergebracht hat? Was, wenn er sich nicht wieder mit Danzinger vertragen hatte oder aber wenn er Danzinger nur glauben lassen wollte, dass sie sich wieder vertrugen, dann aber doch bei der Abendveranstaltung die Ergebnisse des Sticks vorstellen wollte.«

»Vielleicht hat er das spontan entschieden.«

»Kann sein. Das würde auch zu dem passen, was Danzinger geschildert hat. Dass von Späth einfach aufstand und eine Überraschung ankündigte.«

»Das würde ebenfalls erklären, warum Danzinger nervös war.«

»Warum er von Späth nachlief.«

»Und weshalb er froh war, dass von Späth nicht zurückkam.«

»Was uns wieder zu der gleichen Ausgangsfrage zurückbringt: Wo ist der Bericht von Elwood & Watkins? Wo ist der Stick?«

Bei der nächsten Zwischenbesprechung zwei Stunden später sind sie noch nicht weitergekommen. Allerdings bricht mittlerweile allmählich der Tag an. »Wir sollten eine kleine Runde schlafen«, sagt Pirlo. »In ein paar Stunden geht es mit den nächsten Zeugen weiter.« Sophie nickt. »Wenn du willst, lege ich mich auf das Sofa«, schlägt Pirlo vor.

Sophie lächelt, lehnt aber ab. Ihre Kleider und ihre Schminkutensilien sind zu Hause. Hier schlafen, dann dorthin fahren und von dort ins Gericht, das ist der größere Aufwand.

Pirlo bringt sie zur Tür. »Wir sehen uns morgen, Chef.«

»Klar.«

Beide ringen sich ein Lächeln ab. In den letzten Wochen sind sie einen langen Weg gegangen. Mittlerweile sind sie Verfahrensveteranen. Anwälte im Kampf gegen die Niederlage. Womöglich auch gegen die Realitäten.

Erst als sie über die Tonhallenbrücke Richtung Oberkassel radelt, fällt Sophie auf, dass sie nicht mehr über Ahmid Khatib gesprochen haben. Sie kann damit leben. Wahrscheinlich ist es im Moment auch besser so.

12

DUSZA.

22. September. Neunter Verhandlungstag.

Die für den Fall zuständige Kriminalhauptkommissarin Corinna Niklaus sagt aus, wie sie den Toten aufgefunden hat. Alles sei voller Blut gewesen. Im Haus habe aber nichts gefehlt. Das habe ihr die Angeklagte bestätigt. An dem Verstorbenen sei ebenfalls nichts auffällig gewesen. Handy und Geldbörse waren in seinem Sakko. Die Polizei hatte keine Anzeichen für einen Raubmord gefunden. Dazu passte, dass die Haustür verschlossen war. Und zwar von innen.

Am Nachmittag steht die Vernehmung von Eva Pogorzelskij an. Sie trägt ein schlichtes Kostüm und ist dezent geschminkt. So, wie Pirlo es mit ihr besprochen hat. Ebenfalls besprochen haben sie, dass Eva Pogorzelskij zurückhaltend sein sollte. Ruhig. Das Vorhaben hält jedoch keine zwei Minuten. Dann legt sie los und kennt kein Halten mehr. Als Eva Pogorzelskij eine halbe Stunde später sich und allen anderen eine Atempause gönnt, umgibt die Angeklagte ein kleiner Heiligenschein. Jedenfalls, wenn es nach ihrer Mutter ginge.

Geboren in einem fernen, finsteren Land, aufgewachsen in großer Armut, immer strebsam, immer fleißig und warmherzig. Bildung sei ihr wichtig gewesen. Sie habe überlegt, Ärztin zu werden, Anwältin vielleicht. Richterin. *Dusza*, habe sie ihre

Tochter genannt, Seele, weil sie so gut und rein gewesen sei. Nie habe sie an sich selbst gedacht, immer nur an die anderen. Dann der Umzug nach Düsseldorf. Die neue Welt. Der Kapitalismus. Die andere Sprache. Ihre Tochter habe gekämpft, jeden Tag. Gemodelt habe sie, weil sie nicht nur im Herzen ein Engel war, sondern auch wie einer aussah. Am Anfang habe die Mutter die Tochter unterstützt, dann die Tochter die Mutter. Tag und Nacht habe sie gearbeitet. Um sie zu ernähren. Um sie durchzubringen. Dankbar sei sie daher, auf ewig dankbar. In Marlenes Augenwinkel entdeckt Sophie ein Tränchen. Sie selbst ist weniger ergriffen von dem polnischen Märchen. Dazu ist der Auftritt von Eva Pogorzelskij deutlich übermotiviert. Aber was soll man machen? Die Aufgabe eines Zeugen ist es, über seine Wahrnehmungen zu berichten. Und das sind nun einmal die von Eva Pogorzelskij.

Die kommt derweil auf Florian von Späth zu sprechen, der ein *bogaty człowiek* gewesen sei, ein Mann von tadellosem Ruf. Sie sei stolz gewesen, dass Marlene einen so klugen und fleißigen Mann erobert habe. Marlene habe von Späth von ganzem Herzen geliebt. Sie wollten Kinder bekommen. Auch sie, Eva, habe sich ein Enkelkind gewünscht, einen kleinen *Wnuk*. Leider habe das nicht geklappt. Ihre Tochter sei traurig darüber gewesen, sie habe Hilfe bei Ärzten gesucht, bei der Mutter. Nichts habe geholfen. Trotzdem wurde ihre Liebe zu Florian nicht erschüttert. Sein Tod habe Marlene tief getroffen. Sie, die Mutter, natürlich auch. Es sei eine furchtbare Tat. Ein furchtbarer Verlust. Sie weine jeden Tag. Immer zünde sie in der Kirche Kerzen an. Ganz St. Lambertus sei schon voll damit. Sie bete für die arme Seele ihres Schwiegersohnes. Für die ihrer Tochter. Für die Kammer. Für die Richter. Für Gerechtigkeit. Jeden Tag.

Dann hat die Staatsanwaltschaft das Wort. Grobulla lächelt. Ein gutes Zeichen ist das nicht. »Ich will Ihnen eine SMS aus der

Akte vorhalten. Das bedeutet, dass ich die Nachricht vorlese und Sie bitte, mir zu sagen, was Sie dazu in Erinnerung haben.« Eva Pogorzelskij nickt. Grobulla klickt auf seinem Computer herum. »Hier ist es. Seite 266. Ihre Tochter schreibt am zwanzigsten Juni Mai an Sie: *Er trifft sich schon wieder mit dem Flittchen. Was soll ich nur machen?* Erinnern Sie sich daran?«

Eva Pogorzelskij blickt unsicher in die Ecke der Verteidigung. »Ich weiß es nicht«, antwortet sie.

Grobulla nimmt es zur Kenntnis. »Dann mache ich mit dem einunddreißigsten Juni weiter. Wieder eine Nachricht von Ihrer Tochter an Sie: *Er ist die ganze Nacht nicht nach Hause gekommen. Die Nutte nimmt ihn mir noch weg. Sie nimmt ihn mir noch weg!* Erinnern Sie sich daran?«

Eva Pogorzelskij sieht auf ihre Hände. »Ich weiß es nicht.«

Grobulla fährt fort. »Die nächste Nachricht ist vom zehnten Juli. Ihre Tochter schreibt: *Gestern hat er einen Koffer mit seinen Sachen gepackt. Ich habe ihn gefragt, was das soll. Er hat gesagt, ich soll ihn in Ruhe lassen. Ich hätte ihm nichts zu sagen. Danzinger auch nicht. Gar niemand. Wir sollten ihn alle in Ruhe lassen. Wenn wir nicht aufpassten, sei bald alles vorbei. Alles! Er ist dann am Abend doch geblieben. Aber ich habe Angst. Was sollen wir tun?* Erinnerungen daran?«

Eva Pogorzelskij presst die Lippen zusammen. Marlene von Späth sitzt schweigend und aufrecht neben Sophie, ihr Gesicht zur Maske erstarrt.

»Die letzte Nachricht ist vom zwanzigsten Juli. Zwei Tage vor dem Mord an Florian von Späth. Ihre Tochter schreibt: *Florian versteckt etwas und er bereitet etwas vor. Ich weiß nicht, was ich tun soll. Ich warte jeden Tag auf ihn, aber er redet nicht mehr mit mir, Mama! Dieser gemeine Hund! Dieses Arschloch! Warum redet er nicht mehr mit mir?* Frau Pogorzelskij, haben Sie uns dazu etwas zu sagen?«

Eva Pogorzelskij antwortet nicht. Sie starrt Pirlo und Sophie an. Dann den Richter. Schließlich hat Adams ein Einsehen. »Das Gericht hat als Antwort zur Kenntnis genommen, dass die Zeugin die vorgehaltenen Nachrichten nicht mehr einzuordnen weiß. Danke, Frau Pogorzelskij. Sie sind damit als Zeugin entlassen.«

Der Rest des Tages ist ein einziges Elend. Marlene von Späth sitzt in der Arrestzelle und weint leise. Sie erklärt, kein Interesse zu haben, mit Pirlo und Sophie zu sprechen. Die wüssten sowieso nicht, was sie sagen sollten. Nachdenklich packen sie ihre Sachen ein. Sie stehen kurz vor dem Ende. Genau so fühlt es sich auch an. Es ist Mittwoch. Ein Verhandlungstag fehlt noch. Dienstagfrüh. Danzinger. Dann erfolgen die Plädoyers. Dann das Urteil. Es gibt wenig Zweifel, wie es ausfallen wird. Als sie in die Sonne treten, lenkt sie vor dem Gericht noch nicht einmal ein schwarzer Mercedes ab.

13

METTERNICH.

22. September. Abends.

Am Abend treffen sie sich zum Essen. Sie holen Pizza bei Paolo, setzen sich damit auf das Dach der Tonhalle und sehen in der Abenddämmerung auf den Rhein.

»Wie kommt es eigentlich, dass Düsseldorf immer diese malerischen Sonnenuntergänge hat?«, sinniert Sophie.

»Weiß ich nicht.« Pirlo kaut. »Aber heute passt es zur Gesamtstimmung.« Dann ermahnt er sich. Er ist immer noch der Chef. Mit seinem Selbstmitleid ist keinem geholfen. »Wobei noch nichts verloren ist«, fügt er daher hinzu. »Es ist erst vorbei, wenn es vorbei ist. Wir schauen von Verhandlungstag zu Verhandlungstag.«

Sophie schmunzelt. »Hast du noch mehr Plattitüden auf Lager?«

Pirlo stellt fest, dass sich die Stimmung lockert. Ihm selbst tut es auch gut, wenn Sophie sich entspannt. In Momenten wie diesem fällt ihm auf, wie sehr er sich an den Austausch mit ihr gewöhnt hat. Und wie wenig selbstverständlich das ist. Tatsächlich ist Sophie erst seit einigen Wochen Anwältin. Trotzdem arbeitet sie mit ihm rund um die Uhr an Marlene von Späths Verteidigung. Er behandelt sie auf Augenhöhe, und sie wird dem Anspruch gerecht. Dennoch ist es ihr erster Fall. Zu allem Überfluss sieht es auch noch aussichtslos aus. Es ist daher nicht richtig, den Druck mit ihr zu teilen. Sosehr sie ihm auch wie ein alter Hase vorkommt, sie ist es nicht. Also sollte er sich auch nicht so gehenlassen. »Eine vielleicht noch«, sagt er daher und zwinkert ihr zu. »Vor Gericht und auf Hoher See ist man in Gottes Hand. Deshalb geben auch wir nicht auf.«

Sophie nickt. Dann überrascht sie Pirlo. »Wie war das eigentlich bei Metternich?«

Pirlo legt die Stirn in Falten. »Was meinst du?«

»Da sah es doch auch zeitweise schlecht aus.«

»Und?«

»Und du hast trotzdem gewonnen. Also erzähl! Wie war das?«

Pirlo seufzt. Früher oder später muss er das sowieso erzählen. Warum also nicht jetzt? Er kann schließlich schlecht beschließen, Sophie ihre Sorgen zu nehmen, und dann nicht offenlegen, wie er seinen größten Sieg errungen hat. »Was weißt du über Metternich?«

Sophie zuckt mit den Schultern. »Wahrscheinlich nicht mehr als die meisten. Alfons von Metternich stammt aus einem alten deutschen Adelsgeschlecht. Er fiel früh als Fußballtalent auf. Mit achtzehn debütierte Fonsi für die Fortuna in der Bundesliga.«

»Sogar schon mit siebzehn«, ergänzt Pirlo.

»Dann ist er richtig durchgestartet und war so etwas wie der Lukas Podolski seiner Generation.«

»Kann man so sagen.«

»Ich erinnere mich noch an das Tor bei der WM gegen Uruguay, diesen Schuss, der ewig lang unterwegs war, bevor er in den Winkel ging.«

»Wer erinnert sich nicht? Aber genug vom Sport. Erzähl mir, was du über das Verfahren weißt.«

»Nach der WM stand ein Wechsel zu den Bayern im Raum. Da dieser noch nicht ausverhandelt war, bestritt Fonsi noch

Vorbereitungsspiele mit der Fortuna. In Villingen-Schwenningen traf er Franziska Rödingen. Was war noch mal der Rahmen? Ich meine, es ging um einen Junggesellenabschied?«

Pirlo nickt. »Franziska Rödingen, zu diesem Zeitpunkt dreiundzwanzig Jahre alt, war großer Fan der Fortuna. Als ihre Hochzeit bevorstand, beschlossen ihre Freundinnen, sie für ein Wochenende in den Schwarzwald zu entführen. Wellness, Ausgehen in Freiburg, dazwischen das Spiel. Dort fiel die Partytruppe mit einheitlichen T-Shirts, Lautstärke und guter Laune auf. Am Abend hatten die Spieler frei. Ein paar davon, darunter Fonsi, fragten die jungen Frauen, ob sie Lust hätten, mit ihnen in Freiburg in einen Club zu gehen. Dort wurde es für Fonsi allerdings bald zu anstrengend, weil ständig Leute ein Selfie mit ihm wollten. Er beschloss, den Laden zu verlassen. Franziska Rödingen ging mit. Fest stand, dass Metternich in einem Hotel neben der Uni eine Suite mietete und sie ihn dorthin begleitete. Ab da unterschieden sich die Versionen. Klar war nur, dass Franziska Rödingen ein paar Stunden später weinend und halb nackt im Innenhof der Uni gefunden wurde. Der herbeigerufenen Polizei sagte sie, dass sie von Fonsi vergewaltigt worden sei. Bei der medizinischen Untersuchung wurde sein Sperma gefunden. Außerdem hatte sie Würgemale am Hals und blaue Flecken an den Oberarmen. Beides stammte unstreitig von Fonsi. Er stand dazu, dass er Sex mit ihr gehabt hatte. Es sei auch rau zugegangen. Er habe das so gewollt. Sie auch. Sie erklärte, dass sie nur mit ihm habe reden wollen. Dass sie es genossen habe, mit einem Prominenten zusammen zu sein. An Sex sei aber nicht zu denken gewesen, schon gar nicht so kurz vor der Hochzeit. Sie habe das Fonsi gesagt, und er habe es verstanden. Trotzdem habe er sich dann im Zimmer sofort auf sie gestürzt, sie gewürgt, geschlagen und gegen ihren Willen ungeschützt penetriert. So weit der Fall.«

Sophie nickt. Sie scheint sich um einen neutralen Gesichtsausdruck zu bemühen. »Was passierte dann?«

»Fonsi mandatierte ein Verteidigerduo aus Düsseldorf, den alten Ohmsen und mich. Nach einer Woche bekamen wir ihn gegen eine horrende Kaution aus der Untersuchungshaft. Kurz darauf begann die Hauptverhandlung.«

»Ähnlich schnell wie jetzt.«

Pirlo streicht sich die Haare aus der Stirn. »Medien sind ein wirksamer Katalysator. Bis das Verfahren begann, hatte es Franziska Rödingen trotzdem geschafft, drei Zeitschriften ein Interview zu geben. Wie du sicher weißt, ist sie eine etwas mollige, aber durchaus hübsche Frau. Du wirst sie mehr als einmal im Fernsehen gesehen haben.« Sophie nickt. »So war das damals«, fährt Pirlo fort. »In wenigen Tagen wurde aus Franziska Rödingen, die zuvor niemand kannte, das Opfer Franzi und aus Fonsi, gerade noch Liebling der Nation, wurde Herr Metternich. Und das war erst der Anfang. Danach wurde es richtig schmutzig.«

»Du meinst die Ex-Freundinnen?«

Pirlo nickt. »Von überall kamen solche, die angeblich schon einmal von Fonsi falsch angefasst worden waren, und solche, die erzählten, Fonsi stehe nun einmal auf harten Sex, sie aber auch. Beide Seiten hatten schnell einen direkten Draht zur POST.«

»So wie du?«

Pirlo grinst. »Was soll ich sagen? Ich war jung, eitel und hielt mich für unbesiegbar.«

»Also ganz anders als heute«, sagt Sophie trocken. Beide lachen. Beiden tut es gut.

»Damals kam das eine zum anderen: Ohmsen rutschte im Dezemberschnee aus und brach sich die Hüfte. Während er sich zu Hause mit Physiotherapie quälte, kam Franziska Rödingen plötzlich auf die Idee, aussagen zu wollen. Kurz vorher meldete sich bei mir ein regionaler Schlagersänger, der sie zwei Jahre zuvor bei einer Autohauseröffnung kennengelernt hatte. Sie hielt ihn für einen Star, er sie für leichte Beute. Nachdem sie die Nacht miteinander verbracht hatten, warf sie ihm vor, sie vergewaltigt zu haben. Sie zeigte ihn nicht an, verlangte aber einen finanziellen Ausgleich für den ihr entstandenen Schaden. Er zahlte fünftausend Euro und bewahrte alle SMS auf. Als die Vernehmung anstand, nahm ich sie in die Mangel. Der Fairness halber muss ich sagen, dass das Gericht ihr auch schon zugesetzt hatte. Wiederholt hatte sie sich in Widersprüche verstrickt. Ich hatte nichts mehr zu verlieren. Erst recht nicht, als ich den Schlagersänger aus dem Hut zauberte. Als der letzte Verhandlungstag anstand, war die Sache so gut wie durch. Ich hielt noch einmal ein wortgewaltiges Plädoyer, und die Nation dankte mir dafür, dass ich ihr ihren Liebling zurückgegeben hatte. Auf Fonsi selbst war auch Verlass. Nach dem Freispruch erzählte er überall, dass er die schwere Zeit ohne mich nicht geschafft hätte.«

»Und schon warst du Starverteidiger.«

»Ich war zur rechten Zeit am rechten Ort.«

»So wie jetzt.«

Pirlo lacht. »Klar. Nur genau umgekehrt.«

14

WAR JA KLAR.

23. September.

Das Telefon weckt Sophie auf. Es klingelt nicht nur penetrant, sondern ist auch zu laut. Mühsam öffnet sie ein Auge und sucht nach dem Gerät. Bis sie es findet, stolpert sie ein paarmal durch das Zimmer und ist dann einigermaßen wach. Besonders frisch allerdings nicht. Was die berechtigte Frage aufwirft, was, zur Hölle, passiert ist. Sie erinnert sich, dass sie mit Pirlo auf dem Dach der Tonhalle saß. Sie haben den Sonnenuntergang über dem Fluss angesehen. Er hat von Metternich erzählt. Dann wollten sie nach Hause gehen, entschieden sich dann aber für ein Alt am Ulanen-Denkmal. Danach gab es eines im *Saffran's*. Dabei beschlossen sie, für jede Idee, die sie für die Vernehmung von Danzinger hatten, aber doch wieder verwerfen mussten, einen Killepitsch zu trinken. »Weil es Schnapsideen sind!«, hatte Pirlo erklärt. Sophie war das absolut plausibel erschienen. Womit eine Frage geklärt ist: Sie hat einen Kater, weil sie zu viel getrunken hat. Schon wieder. Bleibt noch das andere Rätsel: Was macht sie mit dem Telefon?

Sie ist ernsthaft überrascht, dass es nicht Pirlo ist. Sondern Manu. Dann erschrickt sie, als sie sieht, dass es kurz nach vier Uhr ist. Und dass er schon mehr als zehn Mal angerufen hat.

»Hallo?«, sagt sie vorsichtig, hört sich aber trotzdem ziemlich angeschlagen an.

»Sophie! Da bist du ja!« Er klingt aufrichtig erleichtert. »Wo warst du denn?«

»Ich habe geschlafen?«

»Geschlafen? Bis jetzt?«

»Ja.«

»Warum?«

»Ich fürchte, wir haben gestern zu tief ins Glas geschaut.«

»Wen meinst du?«

»Na, Pirlo und mich.«

»Das ist doch dein Chef.«

»Und?«

»Es fällt auf, dass du in letzter Zeit oft abends bei ihm oder mit ihm zusammen bist. Und dass dabei ganz schön viel getrunken wird.« Sophie weiß nicht, was sie sagen soll. Zwar hat sie gerade dasselbe gedacht. Da er auch nicht weiterspricht, entsteht eine ungute Stille. »Wie läuft denn euer Fall?«, fragt er schließlich.

»Grauenvoll«, sagt sie. »Am Dienstag steht die letzte Zeugenvernehmung an. Danach soll schon plädiert werden.«

»Und danach?«

»Was meinst du damit?«

»Was passiert nach diesem Fall?«

Sophie runzelt die Stirn. Die Frage ist naheliegend. Sie ist trotzdem nicht von allein darauf gekommen. Dazu ist das Verfahren gegen Marlene von Späth viel zu dominierend. Viel zu präsent. Trotzdem ist die Frage berechtigt. Was passiert danach eigentlich? Einen weiteren Fall gibt es nicht. Wenn sie verlieren, dürfte so schnell auch kein neuer Mandant auftauchen. Sitzt sie fortan jeden Tag mit Pirlo auf dem Sofa, trinkt diesen Höllenkaffee, und sie warten gemeinsam, bis das Telefon klingelt? Wohl kaum. »Ich weiß es nicht«, sagt sie und hört selbst, wie unsicher sie klingt.

»Was sagt denn dein Chef dazu?« Die Frage liegt nahe. Die

Art, *wie* Manu fragt, bringt Sophie allerdings zum Schmunzeln. Manu ist eifersüchtig. So kennt sie ihn gar nicht.

»Noch nichts. Wir haben noch nicht darüber geredet.«

»Aha.« Mehr sagt er nicht. Das ist auch nicht nötig. Sein Missfallen gegen Pirlo ist greifbar.

»Erzähl mir von der Pädiatrie in Bamako«, schlägt sie vor und klingt dabei so beschwingt wie möglich. »Beziehungsweise, warte bitte kurz.«

»Wieso, was ist denn?«

»Es kommt noch ein Anruf rein?«

»Von wem?«, fragt Manu angespannt. Was süß ist. Auch wenn es langsam ein bisschen nervig wird. Zumal Sophie keine guten Nachrichten für ihn hat. »Von Pirlo.«

»War ja klar«, mault Manu. Kurz überlegt Sophie, ob sie etwas dazu sagen soll. Dann beschließt sie, dass dafür auch später noch Zeit ist.

»Ja?«

»Sophie, bitte schick mir eine E-Mail mit deiner Zusammenfassung zum Morandi-Einsturz. Ich will das gleich in Ruhe lesen«, schreit Pirlo ins Telefon.

»Kann ich machen«, sagt sie und klappt den Computer auf. »Warum ist es bei dir so laut?«

»Ich bin am Flughafen«, brüllt Pirlo.

»Wo fliegst du hin?«

»Nach Genua.« Dann bricht die Verbindung ab.

Sophie schickt ihm die angefragte E-Mail. Bevor sie Manu anruft, geht sie in die Küche und trinkt ein Glas Wasser. Genua. War ja klar. Sie schmunzelt.

15

PROCURA DELLA REPUBBLICA.

24. September.

In Genua angekommen, begreift Pirlo schnell zwei Dinge. Die Stadt ist riesig. Die Staatsanwaltschaft ist nicht sehr beliebt.

»*Que cazzo, procura della repubblica!*«, ruft er dem Taxifahrer zu, der daraufhin einen wüsten Redeschwall ausstößt. Ein paar Minuten versucht Pirlo zu verstehen, worum es geht und ob es ihn betrifft. Dann schaltet er einfach ab und bestaunt die Mischung aus trister Industriestadt und pittoresken Sehenswürdigkeiten. Die Staatsanwaltschaft liegt zentral nahe des Porto Antico und der touristischen Via Garibaldi, wo Pirlo in einem kleinen Hotel absteigt. Abends spaziert er durch die Altstadt und denkt über Danzinger nach. Freitagmorgens steht er pünktlich um neun Uhr in Anzug und mit Krawatte bei der Staatsanwaltschaft vor der Tür und bittet ungelenk darum, mit der Staatsanwältin oder dem Staatsanwalt sprechen zu können, die oder der den Einsturz der Morandi-Brücke untersucht. Pirlo hat sein Anliegen am Morgen bei einem Kaffee mit einer Übersetzungs-App zusammengefasst. Aus seiner Sicht klingt alles ganz schlüssig. Weiter kommt er damit trotzdem nicht. Zwar versteht er von der Erklärung des Pförtners kein Wort. Unter dem Strich scheint es aber auf den international gängigen Standarddreiklang jeder beliebigen Behörde hinauszulaufen. »Das geht so nicht.« – »Das haben wir noch nie so gemacht.« – »Da könnte ja jeder kommen.«

Pirlo flucht und spricht mit Händen und Füßen. Es ändert trotzdem nichts. Frustriert schleicht er davon, isst im Café auf der anderen Straßenseite ein großartiges Tiramisu und wartet auf den Schichtwechsel an der Pforte. Um ein Uhr ist es so weit. Sobald er sieht, dass der neue Pförtner an seinem Platz sitzt, packt er zusammen und stiefelt wieder hinüber. Dort versucht er sein Glück mit feinstem englischem Akzent.

»*Good afternoon, Mister.* Mein Name ist Dr. Anton Pirlo. Es tut mir schrecklich leid, Sie für mein peinliches Anliegen in Anspruch nehmen zu müssen. Es wäre allerdings ganz bezaubernd, wenn Sie mir bitte, falls es keine Umstände macht, freundlicherweise mitteilen könnten, ob mein Termin um dreizehn Uhr in Raum B.112 oder in Raum B.121 oder B.211 oder A.212 stattfindet. Einer davon ist ganz sicher richtig. Aber welcher, das weiß ich wirklich nicht. *I'm really terribly sorry.*«

Der seniorig-verwitterte Pförtner sieht ihn lange an. Dann zieht er genervt die Brauen in die Höhe, nimmt den Hörer ab und telefoniert die von Pirlo genannten Nummern ab. Pirlo versucht seine Nervosität mit einem freundlichen Lächeln zu kaschieren. Ein paar Minuten später ist der Pförtner durch. Er hat niemanden erreicht. Nirgends. »*Mi dispiace.*«

Pirlo nickt verständnisvoll. Dann nimmt er den nächsten Anlauf. »Vielen herzlichen Dank für Ihren freundlichen Versuch. Ich würde es auch keinesfalls wagen, Sie weiter zu behelligen, aber ich muss leider, leider wirklich dringend zu einem Termin.«

»Ich weiß«, brummt der Pförtner und mustert Pirlo eingehend. Zum ersten Mal, seit er hier steht, schaut der Pförtner ihn richtig an, öffnet sich sozusagen für den Menschen hinter dem Problem. Sein Blick wandert einmal von unten nach oben. Pirlo hat eigentlich alles richtig gemacht. Teure Schuhe. Teurer Anzug. Teure Krawatte. Was aber definitiv Bewegung in den Pförtner bringt, sind die Haare. Kurz stutzt der alte Mann. Dann ruft er seinen Kollegen. »Genni, *ecco, l'inglese assomiglia ad Andrea Pirlo!*« Es braucht keine Italienischkenntnisse, um das zu verstehen. Erst recht nicht, als noch andere Kollegen dazukommen. Pirlo nickt und lächelt. Die alten Männer machen Fotos. Dann darf er rein. Damit fangen die Schwierigkeiten allerdings erst an.

Eine gute Stunde ist Pirlo damit beschäftigt, durch die Gänge zu flitzen und es zu vermeiden, mit irgendjemandem zu sprechen. Er wüsste nicht, was er sagen sollte in dieser Sprache, die er nicht beherrscht, an einem Ort, an dem er nichts verloren hat, und auf der Suche nach einem Menschen, den er nicht kennt. Nach einer Weile wird zwar die Orientierung besser. Weiter kommt er trotzdem nicht. Währenddessen schreitet der Freitagnachmittag voran. Da ihm nichts Besseres einfällt, versucht er sein Glück schlussendlich in der ersten offenen Tür.

»*Cosa*?«, fragt die junge Frau.

»Ich habe mich leider verlaufen«, bekennt Pirlo. Er bleibt beim englischen Akzent. »Eigentlich suche ich die Sachbearbeitung der Staatsanwaltschaft für das Morandi-Unglück.«

»*Nessun problema*«, antwortet sie und nennt ihm die Raumnummer von Oberstaatsanwältin Giulia Chiesa. Pirlo macht sich mit gemischten Gefühlen auf dem Weg. Einerseits war das erstaunlich einfach. Andererseits hätte er sich die Stunde sparen können. Umso erleichterter ist er, als er das Büro von Giulia Chiesa besetzt vorfindet. Nachdem er angeklopft hatte, betritt er einen ausladenden, holzgetäfelten Raum, in dessen Mitte hinter einem schweren Schreibtisch eine elegante große Frau sitzt. Pirlo schätzt sie auf Mitte fünfzig. Die Frisur und das Kostüm sitzen perfekt.

»Guten Tag, mein Name ist Dr. Anton Pirlo. Falls Sie die sachbearbeitende Staatsanwältin in der Morandi-Untersuchung sind, muss ich Sie dringend sprechen.« Er lächelt. Sie nicht. »Hätten Sie bitte fünf Minuten für mich?«, fragt er.

»Drei«, antwortet sie in gebrochenem Deutsch. »Aber nur, wenn Sie aufhören, diesen grauenvollen englischen Akzent vorzutäuschen.«

Pirlo lacht höflich. Sie verzieht immer noch keine Miene. Dann setzt er sich und schüttet ihr sein Herz aus. Sophie hat ihm ihr Tablet geliehen. Pirlo nutzt es, um sein Anliegen zu illustrieren. Er zeigt Fotos des Mordprozesses in Düsseldorf. Von Marlene von Späth. Von Sophie. Er erklärt, dass und warum WDvS eine Rolle spielt und warum die Ermittlungen in Italien wichtig sind. Giulia Chiesa hört konzentriert zu und schweigt. Das ändert sich auch nach drei Minuten nicht. Pirlo nimmt es irritiert zur Kenntnis. »Was sagen Sie dazu?«, fragt er schließlich.

»Haben Sie sich hier wirklich unter Vortäuschung falscher Tatsachen eingeschlichen?«, fragt sie.

Erst weiß er nicht, was er sagen soll. Dann antwortet er zögernd: »Ja.«

»Ich verstehe, will aber mal nicht so sein. Wenn Sie gleich wieder auf demselben Weg verschwinden, auf dem Sie gekommen sind, verzichte ich darauf, Sie verhaften zu lassen.«

»Danke«, antwortet Pirlo. »Was?«

»Ich habe gesagt, dass ich davon absehe, Sie verhaften zu lassen, aber nur, wenn Sie auf der Stelle verschwinden.«

»Aber haben Sie nicht verstanden, worum es mir geht?«

»Ich habe verstanden, dass Sie hier an einem Freitagnachmittag hereingepoltert kommen und von mir verlangen, dass ich Ihnen streng geheime, seit Monaten laufende Ermittlungen offenlege, jenseits eines Rechtshilfeersuchens, jenseits einer formellen Anfrage, jenseits *irgendeiner* Grundlage. Ich habe verstanden, dass Sie nicht nur arrogant sind, Herr Dr. Pirlo, sondern auch noch dreist. Und Sie haben verstanden, dass Sie jetzt besser gehen sollten.«

»Was ist dann passiert?«, fragt Sophie, als er sie später anruft.

»Ich habe ihr meine Nummer dagelassen und noch einmal gesagt, wie wichtig das alles für das Verfahren ist. Dass ich fest davon ausgehe, dass irgendetwas mit WDvS nicht stimmt. Dass ich Sorge habe, dass unsere Mandantin deswegen unschuldig ins Gefängnis kommen könnte. Dass das ihrem Gewissen doch auch zusetzen müsse.«

»Wie hat sie reagiert?«

»Sie hat mich zur Tür gebracht.«

»Ihres Büros?«

»Nein, der gesamten *Procura della repubblica.*«

16

LA SUPERBA.

25. September. Genua.

Das Telefonat mit Sophie dauert nicht lange. Sie entscheiden, dass Pirlo in Genua bleibt und am Montag einen neuen Anlauf nimmt. Einen, bei dem sie ihm telefonisch zur Seite steht.

Am Samstag findet Pirlo an der *Piazza De Ferrari* ein ruhiges Café, dessen Terrasse im Halbschatten liegt. Er bestellt einen Espresso, eine Flasche Wasser und einen kleinen Teller mit *biscotti del lagaccio*. Dann klappt er sein Notizbuch auf und fängt an, die letzten Fragen an Danzinger vorzubereiten. Gegen Mittag gesteht er sich ein, dass er sich im Kreis dreht. Alle Fragen sind hundertmal durchdacht. Keine bringt ihn richtig weiter. Kurz überlegt er, zurück in sein Hotel zu gehen. Immerhin hat er seit Wochen nicht richtig geschlafen. Andererseits fühlt sich der Gedanke blöd an. So, als sei Schlafen gleich Scheitern. Oder zumindest Aufgeben. Was ja auch nicht ganz falsch wäre.

Der Anruf seines Freundes Paolo rettet ihn aus seinem Trübsal. »*Dottore*, wo steckst du? Gehen wir heute Abend ins *Sir Walter*?«

»Heute bin ich nicht dabei. Ich sitze in Genua im Café und versuche, die Nerven nicht zu verlieren.«

Paolo lacht. »Und wie läuft das?«

»Überschaubar.«

»Wie bist du da hingekommen?«

»Es ist Kreuzfahrtsaison. Derzeit kann man mehrfach täglich von Düsseldorf nach Genua fliegen.«

»Wie gefällt es dir dort?«

Pirlo schaut sich um. »Wie zu erwarten. Piazza, Oper, Wahrzeichen. Alles da. Verwitterter, als es sein müsste, aber trotzdem noch so, dass man es als charmant verkaufen kann.«

Paolo lacht noch lauter. »Oh Mann, *avvocato*. Du hast ja keine Ahnung. Genua ist eine alte Hafenstadt, mein Freund. Da tobt das Leben. Vertrau mir, ich weiß das. Aus der Gegend stammt einer meiner Cousins.«

»Ich dachte, deine Familie kommt aus Neapel.«

»Meine engere Familie.«

»Was ist denn eine nicht enge Familie?«

»Verwandte, mit denen man nicht verwandt ist. Und über die man nicht am Telefon spricht. Verrate du mir lieber: Wo bist du genau?«

Pirlo sieht sich um. »In der Innenstadt.«

Er kann Paolo förmlich in den Hörer grinsen sehen. »Pass auf, *amico*. Ich lass das Restaurant heute Abend in den Händen meiner Mutter. Du bleibst, wo du bist. Wenn du dich nicht von diesem Fall befreien kannst, mache ich das für dich.«

Ehe Pirlo etwas dazu sagen kann, hat Paolo aufgelegt. Eine Minute später ruft er wieder an. »Mein Flug geht um neun. Schick mir den Namen deines Hotels. Ich hol dich dort um halb zwölf ab. Dann ziehen wir los.«

Was sie dann auch machen. Und wie. Pirlo hat in seinem Hotel noch ein Zimmer gebucht. Nachdem Paolo dort seine Segeltuchtasche abgelegt hat, schleift er Pirlo in ein Restaurant, in dem der Fisch schmeckt, als sei er gerade eben noch im Meer geschwommen. Da sie davon keine fünf Meter entfernt sind, war es vielleicht sogar so. Den Wein bringt der Besitzer des Ladens selbst. Überhaupt scheint so gut wie jeder Paolo Palmieri zu kennen oder zumindest so zu tun als ob. Als Pirlo fragt, warum das so ist, lacht Paolo. »Damit musst du deine Gedanken nicht beschweren, mein Freund. Das hier ist eine Sache zwischen mir und meinen Landsleuten. Unsere Sache. *È cosa nostra.*«

Pirlo lacht und trinkt. Er hat keine Ahnung, was Aufschneiderei ist und was echt. Oder was ein Neapolitaner in Genua mit einem sizilianischen Begriff will. Es ist aber auch tatsächlich egal. Nach dem Restaurant ziehen sie durch ein paar Bars, stolpern über eine Strandparty, versacken in Clubs und frühstücken schließlich nahe der zentralen Piazza, gar nicht so weit weg von dem Café, in dem Pirlo noch vor ein paar Stunden allein in seinem Notizbuch herumgekritzelt hat.

»Jetzt hast du Genua gesehen, *amico. La superba.* Ich hoffe, sie hat dir gefallen.«

Pirlo grinst. Das genügt als Antwort. Da Paolo sagt, dass er die Gelegenheit nutzen will, um noch ein paar alte Bekannte zu besuchen, geht Pirlo allein zum Hotel. Dort schläft er, bis draußen schon wieder die Sonne untergeht. Am Abend essen sie in einem anderen Restaurant. Wieder ist es ausgezeichnet. Dann bricht Paolo auf, um seinen Flug zu erreichen. Pirlo spaziert noch eine Weile am Strand entlang und geht dann zurück ins Hotel. Von Sophie hat er ein paar Nachrichten erhalten. Von Giulia Chiesa nicht.

17

ESPRESSO.

27. September. Morgens.

Am Montagmorgen steht Pirlo um halb sieben Uhr vor dem erstaunlich schmucklosen Eingang des *Palazzo di Giustizia* in dem die *Procura della Repubblica* sitzt. Es gibt zwar einen Hintereingang, vor dem sich auch ein Parkplatz befindet. Allerdings ist nicht viel Phantasie erforderlich, um zu erkennen, dass Genua für Autofahrer ein Grauen ist. Vielleicht kommt Giulia Chiesa deshalb mit den öffentlichen Verkehrsmitteln. Sollte das so sein, ist Pirlo bereits da. Das ist der Plan A. So wird es funktionieren. Zwei Stunden später ist Pirlos Hoffnung deutlich gedämpfter. Er ist immer noch vor Ort, aber Guilia Chiesa noch nicht. Zwischenzeitlich hat er drei Espressi in dem Café gegenüber getrunken, was einen Sprung auf die Toilette zur Folge gehabt hatte, den er in aller Eile und mit hundert Flüchen hinter sich brachte. Alles in allem hatte er dafür zwei Minuten gebraucht, eine Zeit, die Giulia Chiesa locker gereicht hätte, von der U-Bahn-Station zum Justizpalast zu laufen und hinter dessen Glastüren zu verschwinden. Falls sie nicht heute einen freien Tag hatte. Oder eine auswärtige Verhandlung. Oder doch auf der Rückseite parkte und das Gebäude von dieser Seite betrat.

Um kurz vor zehn Uhr ist Pirlos Moral am Boden. Mittlerweile wechselt er zwischen Nachrichten mit Sophie und seiner Flugübersichts-App, mit der er die Verbindungen von Genua nach Düsseldorf verfolgt. Noch sieht alles gut aus. Im Flieger um drei Uhr sind noch sieben Plätze frei. Das sollte reichen. Ein späterer Flug ergibt wenig Sinn. Pirlo muss sich unbedingt noch mit Sophie treffen, erst recht natürlich mit Marlene von Späth. Morgen ist der letzte Verhandlungstag. Das letzte Mal Danzinger. Was die drängende Frage aufwirft, was er hier eigentlich noch tut.

Um elf Uhr ist Pirlo bereit zu kapitulieren. Aus purem Frust trinkt er noch einen Kaffee. Dazu gibt es Tiramisu. Wenn er hier schon scheitert, dann wenigstens mit einem Hauch von Stil. Und mit Tiramisu. Um halb zwölf ist ihm übel, von dem vielen Kaffee zudem noch schwindelig. Um kurz nach zwölf taucht schließlich Giulia Chiesa auf.

»*Buongiorno donna Chiesa*«, begrüßt Pirlo sie mit einem strahlenden Lächeln.

Sie bleibt abrupt stehen. Ihre Miene verrät wenig Begeisterung. Dann antwortet sie in vertraut gebrochenem Deutsch. »Was wollen Sie?«

Pirlo hat diesen Moment mit Sophie besprochen. Am Vorabend ist er an der Lagune spazieren gegangen und hat das Gespräch immer wieder geübt. Der Kurs ist klar: Weniger Drängen. Mehr Verzweiflung. Weniger Überfall. Mehr Charme. Die Situation auf offener Straße ist insofern kein besonders guter Start.

»Bitte, Frau Chiesa, erlauben Sie mir, Sie zu einem Espresso einzuladen«, sagt Pirlo. Seine Stimme klingt ruhig. Tief. Freundlich. »Gestatten Sie mir, mich dafür zu entschuldigen, dass ich am Freitag einfach so in Ihr Büro geplatzt bin. Mir ist mittlerweile klar, in was für eine unangenehme Situation ich Sie gebracht habe. Bitte sehen Sie mir nach, dass ich so ungestüm war. Selbstverständlich wollte ich Sie nicht in eine Lage bringen, in der Sie von den bestehenden Regularien abweichen sollen. Das will ich auch jetzt nicht. Alles, was ich will, ist, Sie zu einem

Kaffee entführen. Mehr nicht. Nur dafür bin ich seit Freitag in der Stadt geblieben.«

»Nur dafür also«, wiederholt Giulia Chiesa. Es klingt streng. Trotzdem glaubt Pirlo; in ihren Mundwinkeln den Hauch eines Lächelns ausgemacht zu haben. »Wie schade, dass Sie keine Zeit hatten, am Wochenende das Nachtleben von Genua zu entdecken. Die Bars an der *Piazza de Ferrari* hätten Ihnen bestimmt gefallen.«

»Bestimmt«, murmelt Pirlo, der fieberhaft überlegt, ob sie auf etwas anspielt. Und falls ja, auf was? Könnte es sein, dass Paolo seine Beziehungen aktiviert hat? Reichen seine Verbindungen etwa bis in die Justiz? Zu seiner Überraschung fängt Giulia Chiesa an zu lachen.

»Jetzt schauen Sie nicht so überrumpelt. Ich habe Sie am Samstag gesehen. Auch Staatsanwälte haben mal Wochenende. Sie waren mit einem Freund in der Altstadt unterwegs und haben an der *Piazza* die halbe Bar unterhalten.« Pirlo fühlt sich auf dem falschen Fuß erwischt. Er weiß nicht, was er sagen soll. Jetzt lacht sie offen. »Dann kommen Sie eben mit. Ein Kaffee. Fünf Minuten. Keinen Augenblick länger.«

Sie gehen in das gleiche Café, quasi Pirlos Stammladen. Für sie bestellt er einen Espresso, für sich mit Rücksicht auf sein Herz ein stilles Wasser. Giulia Chiesa hebt eine Augenbraue. »Sie haben noch vier Minuten. Entschuldigt haben Sie sich schon. Was wollen Sie noch?«

»Worum geht es bei den Morandi-Ermittlungen?«

Sie sieht ihn erstaunt an. »Ich dachte, ich hätte klargemacht, dass ich Ihnen das nicht sagen kann.«

Pirlo bemüht sich um Contenance. Das darf hier nicht alles umsonst gewesen sein. »Was hat WDvS mit den Ermittlungen zu tun?«, fragt er einfach weiter.

Sie rührt in ihrem Espresso. »Auch das kann ich Ihnen nicht sagen.«

»Mit wem haben Sie bei WDvS gesprochen?«

»Mit niemandem.«

»Wen haben Sie angeschrieben?«

»Aktiv habe ich mich noch an niemanden gewendet.« Sie trinkt den Kaffee aus. »Sie haben noch eine Minute.«

»Danke«, sagt Pirlo abwesend. Sein Gehirn hat sich an etwas aufgehängt. An ihrer Formulierung. Irgendetwas stimmt da nicht. »Sie sagen, dass Sie sich aktiv noch an niemanden gewendet haben.«

»Richtig.«

»Ist denn jemand aktiv *auf Sie* zugekommen?«

Sie lächelt schmal. »Das kann schon sein.«

»Wer?«

»Das kann ich nicht sagen. Ihre Zeit ist um.«

Pirlo nickt. Er lässt die Schultern sinken. Sie stehen auf und gehen zur Tür. Dann kommt ihm ein Gedanke. Warum ist sie mit ihm mitgegangen? Sicher, er hat sich um sie bemüht. Das allein dürfte ihr aber kaum gereicht haben. Warum hat sie trotzdem mit ihm gesprochen? Was will sie von ihm? Pirlo hat keine Zeit, noch weiter nachzudenken. Giulia Chiesa lächelt schon zum Abschied. Also versucht er es einfach: »Ich kann Ihnen den Bericht von Elwood & Watkins besorgen.«

»Wie bitte?« Sie fragt, als habe sie nicht verstanden. Aber das stimmt nicht. Das kann Pirlo sehen.

»Ich kann Ihnen den Bericht von Elwood & Watkins besorgen.«

»Ich weiß nicht, wovon Sie sprechen«, sagt sie. Trotzdem ist sie stehen geblieben.

Pirlo lächelt. »Natürlich wissen Sie das nicht. Sie haben den Bericht ja nicht. Ich schon.«

»Welchen?«, fragt sie.

»Den von Florian von Späth«, erklärt er. »Den, den Sie bekommen sollten, aber nicht bekommen haben, richtig?«

Sie lächelt schmal. Er ahnt, was sie überlegt. Blufft er oder nicht? Und spielt das wirklich eine Rolle? »Nein«, sagt sie dann. »Wir haben den Bericht nicht erhalten. Er wollte ihn schicken, hat das aber nicht getan.«

»Warum nicht?«

»Er hatte entschieden, den Bericht persönlich abzugeben. Und zwar im Rahmen seiner Vernehmung.«

Pirlo traut seinen Ohren kaum. »Dazu ist es aber nicht gekommen.«

»Nein. Vorher wurde er ermordet.«

18

TACHELES.

27. September. Abends.

Sie treffen sich im Knast. Pirlo ist vom Flughafen direkt dorthin gefahren. Er hatte vorgehabt, im Flugzeug zu schlafen. Entgegen standen dem Versuch die Espressoflut und die Aufregung.

»Es gibt ein Licht am Ende des Tunnels.«

»Was meinen Sie?«, fragt Marlene von Späth.

»Ich war heute Morgen in Genua«, antwortet Pirlo. »Dort hatte ich ein Gespräch mit der Staatsanwältin, die sich um die Ermittlungen im Zusammenhang mit dem Einsturz der Morandi-Brücke kümmert.«

Pirlo und Sophie beobachten Marlene von Späth genau. Sie bleibt völlig ungerührt. »Und?«, fragt sie dann.

Pirlo seufzt. »Sagt Ihnen dieser Vorgang etwas?«

Sie sieht ihn irritiert an. Fragende blaue Augen. »Nein. Sollte er?«

Sophie schaltet sich ein. »Es geht um ein Thema, das Ihren Mann in den Wochen vor seinem Tod enorm beschäftigt haben dürfte.«

Marlene von Späth zuckt entschuldigend mit den Schultern. »Es tut mir leid, mir sagt es trotzdem nichts. Sie wissen doch, dass Florian kaum mehr mit mir gesprochen hat. Die Staatsanwaltschaft war ja so fies, meine Nachrichten an meine Mutter vorzulesen. Die ganzen letzten Wochen hatte er sich von mir abgekapselt.«

»Haben Sie denn nicht versucht, irgendwie zu ihm durchzudringen? Ihn irgendwie zu erreichen?«

Marlene von Späths Mundwinkel zuckt. Sophie und Pirlo sehen es beide. Zwar schüttelt sie den Kopf. Die nächste Frage folgt trotzdem unmittelbar. »Bitte, Frau von Späth, wir sehen, dass Sie etwas auf dem Herzen haben. Dass da mehr ist, als Sie uns wissen lassen, vielleicht auch wissen lassen wollen. Egal, was es ist, Sie können es uns verraten. Sie können uns alles anvertrauen. Reden Sie endlich Tacheles mit uns. Wir sind Ihre Verteidiger. Wir sind schweigeverpflichtet. Und wir sind auf Ihrer Seite.«

Marlene von Späth zögert. Dann senkt sie den Blick. »Ich habe versucht, ihn zu verführen«, flüstert sie.

»Wie bitte?«

»Ich habe versucht, ihn zu verführen«, wiederholt sie. Lauter. Trotziger. »Er hat sich von mir abgewendet, und ich habe versucht, ihn zu verführen. Wenn er abends nach Hause kam, habe ich neben der Tür vor dem Kamin auf ihn gewartet. *Wenn* er nach Hause kam! Den ganzen Tag bin ich in Dessous durch die Wohnung gelaufen. Dessous und Bademantel. Jeden Tag. Manchmal auch nur im Bademantel. Wenn Florian nach Hause kam, war er immer öfter wütend. Ich konnte machen, was ich wollte. Mich räkeln. Mich strecken. Mich anbieten. Er hat nicht einmal mehr hingesehen. Immerzu stand er unter Druck. Schlecht gelaunt. Und wütend. Wenn ich ihn dann gefragt habe, was los sei, hat er mir einfach nur gesagt, dass ich ihn in Ruhe lassen soll. Dass ich genug Zeit gehabt hatte. Dass es jetzt zu spät sei. Alles sei zu spät. Er brauche niemanden mehr, gar niemanden, und wenn das uns nicht allen klar sei, würden wir schon noch sehen, was wir davon haben.«

»Was meinte er damit?«

Marlene tupft an ihrem Auge herum. »Das habe ich ihn auch gefragt.«

»Was hat er geantwortet?«

»Dass mich das nichts angeht. Dass ich einfach den Mund halten und ihn in Ruhe lassen sollte. Ich sollte einfach sein Geld ausgeben, solange das noch ging. Bald sei alles vorbei. Alles! Dann könnten wir ihn alle mal am Arsch lecken!«

»Wen meinte er damit?«

»Ich weiß es nicht. Ich habe es auf meine Mutter und mich bezogen. Mittlerweile bin ich mir da aber nicht mehr so sicher.« Dann verstummt sie.

Sophie wartet noch einen Moment. »Ist das alles, was Ihnen einfällt.«

Marlene von Späth sieht sie mit müden, traurigen Augen an. »Ich denke, das war genug.«

Pirlo setzt Sophie zu Hause ab. Sie sind aufgeregt.

»Was hältst du von alldem?«

»Ich weiß es nicht«, antwortet Sophie. »Für mich fühlt es sich an, als überschlagen sich alle paar Stunden die Ereignisse. Und du?«

Pirlo kratzt sich am Kinn. »Ich frage mich, was wir damit anfangen. Von Späth hat seine Frau verschmäht. Er stand unter Druck. Er wollte mit der Staatsanwaltschaft in Genua sprechen. Irgendwas war mit diesem Bericht von Elwood & Watkins. Aber wie hilft uns das alles in unserem Fall? Wie können wir damit den Verdacht gegen Marlene entkräften?«

»Vielleicht ist die Lösung auf dem Stick.«

»Wir wissen allerdings immer noch nicht, wo der ist.«

»Wenn du mich fragst, war dieser Stick in dem Privatsafe von Späths. Der Safe war offen. Es war nichts anderes darin.«

»Die These ist also: Von Späth bricht bei der Veranstaltung auf, eilt nach Hause und holt den Stick. Kurz darauf ist er tot.«

»Klingt für mich nach Danzinger.«

»Den wir aber nur kriegen, wenn wir den Stick haben.«

»Was uns zur Ausgangsfrage zurückbringt: Wo ist das verfluchte Ding?«

19

GRAU.

Am Ende.

Am Ende kommt er da an, wo er nicht hinwill. Er weiß nicht, ob er davor weggelaufen ist oder sich einfach versteckt hat. Es spielt aber auch keine Rolle. Es ist kurz nach Mitternacht. Pirlo steht vor dem Spiegel. Er sieht sich an. Die schwarzen Haare. Die dunklen Augen. In Wahrheit ist die Frage, wer wir sind, nicht sehr kompliziert. Wir wissen es sowieso.

Er reißt sich los und geht ins Wohn-/Arbeitszimmer. Dort öffnet er die unterste Schublade des Bücherschranks und nimmt das graue Handy heraus. Pirlo fand die Farbe immer passend. Nicht Schwarz. Nicht Weiß. Grau.

Dann atmet er durch und wählt.

20

WIE KANN MAN NUR SO DÄMLICH SEIN?

27. auf 28. September.

Schon klar, der Anruf kam von Pirlo. Ahmid kann trotzdem nicht glauben, was Pirlo da gerade macht. Und wie dämlich er sich dabei anstellt. Als er das zweite Mal am Zaun hängen bleibt, reißt mit einem lauten Ratschen der Stoff seiner schwarzen Jeans.

Ahmid wirbelt herum. »Das ist das zweite Mal! Wie kann man nur so dämlich sein?«

»Entschuldigung«, murmelt Pirlo.

»Schieb dir deine Entschuldigung in den Arsch! Und jetzt halt dein Maul und mach, dass du vorankommst!«

Pirlo hat Lust, etwas zu entgegnen. Zum einen weiß er aber selbst nicht genau, was. Zum anderen muss er jetzt Gas geben. Alles steht und fällt mit ihrer Geschwindigkeit. Er quält sich von dem Mulchboden hoch, auf den er gefallen ist. Diesmal wenigstens auf der richtigen Seite des Zauns. Dann eilt er seinem Bruder im Schutz einer niedrigen Hecke nach. Als sie endlich am Haus ankommen, herrscht Mahmed sie an. »Wo wart ihr Penner?«

Ahmid zeigt auf Pirlo. »Der Kleine ist ein Idiot.«

Pirlo verkneift sich jeden Kommentar. Er sieht, wie Mahmed auf seinem Smartphone herumtippt. Erst leuchtet das Display rot. Nach einer Weile beginnt es, gelb zu blinken. »So, das dürfte reichen.«

»Reichen wofür?«, fragt Pirlo.

»Um die Alarmanlage flachzulegen.« Mahmed zeigt nach oben, wo unter dem Dachfirst ein kleines Kästchen leuchtet. »Das ist eine TX75-Anlage. Durch die elektrische Blockade, die wir gleich aufbauen, sollte der Empfang gestört sein.«

»Woher weißt du das?«

»Das hat mir Orkan gesagt.«

»Wer ist Orkan?«

Mahmed sieht ihn entgeistert an. »Spielt das jetzt eine Rolle oder was? Vertrau mir, Bruder, Orkan würde uns niemals ficken. Bedank dich lieber mal für unseren Trick.«

»Okay. Danke. Wie lange haben wir Zeit?«

Mahmed stöhnt genervt. »Zeit für was?«

»Bis die Alarmanlage wieder angeht.«

»Was weiß denn ich, Mann?«

»Was macht ihr da?«, motzt Ahmid von hinten. »*Yalla! Yalla!*«

»Halt den Mund, Bruder! Wir legen gleich los.« Mahmed dreht sich zu Pirlo. »Und da ist wirklich keiner drin?«

Pirlo sieht auf das ausgestorben wirkende Haus. »Er hat gesagt, dass er vor den Verhandlungen mit seiner Frau im Stadthaus übernachtet. Kinder haben sie nicht.«

»Also was ist jetzt die Antwort? Ist da keiner drin oder was?«

»Ja«, sagt Pirlo. »Da ist keiner drin.« Hoffentlich.

Mahmed nickt. »Gut, dann *yalla, yalla!*«

»Eins noch«, fällt Pirlo ihm ins Wort.

Mahmed wirbelt herum. Trotz Skimaske erkennt Pirlo die Anspannung seines Bruders. »Was denn, verdammt?«

»Habt ihr so was eigentlich schon mal gemacht?«

»Nein«, antwortet Mahmed. »Und weißt du auch, warum?«

»Warum?«, fragt Pirlo und kommt sich vor, als sei er wieder zehn Jahre alt.

»Weil wir Antragsfälscher sind und keine Einbrecher«, erwidert Mahmed patzig. »Das ist unser kleiner Bruder. Und jetzt *yalla! Yalla!* Komm endlich!«

Für den Weg ins Bergische Land haben sie mehr als eine Stunde gebraucht, nicht zuletzt, weil Ahmid behauptete, sich auszukennen, und sich weigerte, dem Navigationsgerät zu vertrauen. Immerhin hatte es nicht lange gedauert, bis sie die passende schwarze Kleidung und die benötigten Strumpfmasken beisammenhatten. Eine Familie konnte schließlich nicht nur Nachteile haben. Auch diese nicht. Auf dem Weg durch die Nacht hatte Pirlo erklärt, wie die Lage war, wie der Prozess lief, warum die Untersuchungsergebnisse von Elwood & Watkins wichtig waren und warum sie deshalb alles auf eine Karte setzen mussten. Seine Brüder erwiderten übereinstimmend, sowohl nicht zugehört als auch kein Wort verstanden zu haben. Beide waren sich einig, dass die Schuld bei Pirlo lag. Der allerdings hatte ein überzeugendes Argument. »Wenn wir diesen Bericht nicht finden, können wir auch das Geld vergessen.«

Das leuchtete den beiden anderen Khatibs sofort ein.

Also, jetzt oder nie.

Kurz darauf sind sie drin. Mahmed hat einen Stein in ein Tuch gewickelt, in Nähe des Türgriffs eine Scheibe des Wintergartens eingeschlagen, durch das Loch gegriffen und dann die Tür von innen geöffnet. Der Klassiker. Mahmed zwinkert den anderen lässig zu und betritt das Haus. Und der Alarm geht los.

Im ersten Moment ist die Sirene schlicht ohrenbetäubend. Pirlo sieht, wie Mahmed und Ahmid erstarren. Dann brechen sie in Aktionismus aus, und Pirlo fügt sich in sein Schicksal. Jetzt kann er ohnehin nichts mehr aufhalten. Er sieht zu, wie seine beiden ganz in Schwarz gekleideten Brüder durch das Haus laufen. Es wirkt wie eine Szene aus einem amerikanischen Film. Koordiniert. Abgeklärt. Cool. Auch wenn er weiß, dass sie keine Ahnung haben, was sie da gerade tun. Er hat versucht, es ihnen zu erklären, ist aber gescheitert.

»Ich verstehe das nicht«, hatte Ahmid gesagt. »Wir brechen also in dieses riesige Haus ein und suchen nichts anderes als einen kleinen Stick?«

»Richtig.«

»Wie sieht der Stick aus?«

»Keine Ahnung. Wie ein Speicherstick eben.«

Ahmid hatte ein paarmal irritiert geblinzelt. Klares Zeichen: Für einen Profi wie ihn war es schwierig, mit solchen Amateurangaben zu arbeiten.

»Und was machen wir, wenn wir diesen Stick gefunden haben?«

»Wir spielen ihn auf ein Tablet.«

»Warum nehmen wir ihn nicht einfach mit?«

»Auf keinen Fall.«

»Warum?«

»Damit niemand merkt, dass wir hier waren.«

»Bruder, wir schlagen eine Scheibe ein. Wie soll denn niemand merken, dass wir hier waren?«

Pirlo hatte darauf leider keine Antwort. Es war auch keine Zeit mehr dafür. Sie mussten sich beeilen. »Okay«, sagte er daher.

»Okay, was?«

»Wir machen es richtig.«

»Was?«

»Wir sollten doch so tun, als sei alles echt.«

Ahmid schnaubte. »Du meinst, der Einbruch darf aussehen wie ein Einbruch?«

»Ja.«

»Oh Mann, Bruder! Können wir los?«

»Ja.«

Mehr war dazu auch wirklich nicht mehr zu sagen.

Jetzt tobt die Sirene. Das Haus der Danzingers ist ein in Kuben geschnittener, großer Bungalow. Gut ist, dass es außerhalb des Orts mehr oder weniger frei auf der grünen Wiese steht. Schlecht ist, dass es auch hier Nachbarn gibt. Nur eben weiter weg. Pirlo hat keine Vorstellung, was das für ihr Zeitfenster bedeutet. Mehr als ein paar knappe Minuten dürften sie jedenfalls nicht haben. Immerhin hat er Danzingers Heimbüro schnell gefunden. Das großzügig geschnittene Zimmer liegt im zweiten Stock. Neben einem mit Papieren bedeckten Schreibtisch beinhaltet der Raum drei große Aktenschränke. Alles ist voll mit Ordnern.

»*Alqarf*!«, flucht Pirlo. Die Sprache seiner Brüder. Die Sprache, in der sie Scheiße bauen.

»Was ist los, Bruder?«, kommt es aus dem Erdgeschoss. Pirlo steckt seinen Kopf durch die Tür und ruft hinunter: »Alles okay! Ich brauche nicht lange!«

»Beeil dich lieber«, raunt Mahmed.

Im Hintergrund sieht Pirlo, wie Ahmid den Kühlschrank plündert. Jetzt ist sowieso alles egal. Mehr noch, je chaotischer, desto besser. Pirlo hat eine gewisse Zuversicht, dass er sich wegen seiner Brüder keine Sorgen machen muss. Er wendet sich dem Schreibtisch zu und versucht, alles andere auszublenden. Die Latexhandschuhe, die an seinen Fingern kleben. Die teuflisch juckende Skimaske, durch die er ebenso wenig atmen wie sehen kann. Den Lärm von unten. Die irrsinnig laute Sirene. Vor allem die.

Er konzentriert sich auf das Papierchaos. Trauerkarten wegen von Späth. Rechnungen. Ausschreibungen. Projekte. WDvS scheint es gutzugehen, auch jetzt, wo einer der geschäftsführenden Partner nicht mehr lebt. Pirlo hebt Papierstapel an und schaut in Schubladen. Nirgendwo findet sich ein Stick.

Unten knallt es. Trotz der Sirene kann Pirlo hören, wie Mahmed schreit. »Lass den Scheiß!«

Pirlo kneift die Augen zusammen. Er muss sich konzentrieren. Jetzt! Schnellen Schrittes begibt er sich zu den Aktenschränken. Reißt Türen auf. Zieht Ordner heraus. Überfliegt Projektnamen. Tokio. Buenos Aires. Manchester. Die Ordnerrücken lesen sich wie eine Greatest-Hits-Sammlung der WDvS-Erfolge. Nirgendwo ist ein Stick beigeheftet. Aus dem Augenwinkel entdeckt er, halb versteckt zwischen Schreibtisch und Fenster, ein weiteres kleines Regal. Anders als die Schränke ist es verschlossen. Pirlos Herz rast. Die Sirene raubt ihm den letzten Nerv. Da ihm nichts Besseres einfällt, wirft er den Schrank um und tritt auf die Rückseite. Wieder. Und wieder. Irgendwann gibt das Material nach. Aus dem Inneren zieht er einen Ordner. Dann noch einen. Alle haben mit dem Genua-Projekt zu tun. Pirlo flucht und schwitzt. Dann schafft er es, das Regal anzuheben und seinen Inhalt auf den Boden fallen zu lassen. Es regnet Papiere und Ordner. Das Morandi-Projekt. Nirgends steht der Name Elwood & Watkins. Nirgends ist ein Stick.

Im Erdgeschoss eskaliert die Lage derweil weiter. Mahmed und Ahmid schreien sich an. Immer wieder klingt es, als würde etwas zu Bruch gehen. Dazu die Sirene. Laut. Penetrant. Allgegenwärtig.

Pirlo spürt, wie etwas in ihm nachgibt. Für jeden Menschen gibt es Grenzen. Seine sind erreicht. Er wischt einen Stapel Papier vom Schreibtisch. Dann lässt er los. Alles muss raus. Die ganze Wut. Der ganze Frust. Die ganze Angst. »Scheiße!«, brüllt Pirlo. »Scheiße! Scheiße! Scheiße!« Es folgt heftiges Husten. Die Skimaske ist nicht zum Rumbrüllen geeignet. Nicht mal das klappt also richtig.

»Beruhig dich, *Akhi*«, kommt es von der Seite. Ahmid. »Schrei hier nicht so rum! Schau dir lieber mal das hier an.« Vor Pirlos Skimaske wedelt Ahmid mit Strapsen herum. Pirlo sieht, was er tut. Verstehen kann er es nicht. Ahmid nimmt seine Erkenntnis vorweg. »Aus dem Nachtschrank der Frau. Ganz schön verrucht, die alten Ficker, was?«

Pirlo weiß nicht, was er sagen soll. Mahmed durchbricht das Dickicht seiner Gedanken. »Lasst uns endlich abhauen! *Yalla*! Los jetzt!«

Pirlo sieht, wie Ahmid in die Gänge kommt. Dann stolpert er einfach hinterher.

Im Erdgeschoss betritt er ein Bürgerkriegsszenario. Seine Brüder haben ihr ganzes Potenzial entfaltet. Womöglich haben sie sich sogar selbst übertroffen. Wo Ahmid und Mahmed gewütet haben, ist kein Stein auf dem anderen geblieben. Das Sofa ist umgestürzt, der Tisch in der Halle ebenso. Die Gardinen sind abgerissen. Fotos und Bilder hängen schief an den Wänden. In der Küche ist wild der Inhalt des Kühlschranks verteilt.

»Was, zur Hölle, habt ihr hier angestellt?«

Mahmeds fester Griff erwischt ihn hart am Kragen. »Egal. Komm jetzt!«

Im Rückspiegel flackert Blaulicht auf. Lange hat die Polizei nicht gebraucht. Sie waren trotzdem schneller. Das Blaulicht leuchtet oben auf dem Berg. Unten biegen sie bereits auf die Autobahn ab. Pirlo ist still. Er fühlt sich geschlagen. Genau genommen ist er es auch. Ahmid dagegen feixt und präsentiert seine Beute. Sie ist umfangreicher als gedacht. Ausgemacht war, dass nur Geld gestohlen wird. Schmuck vielleicht. Sonst nichts. Das, was man bei einem schnellen Einbruch erwarten würde. Ahmid hat dagegen alles Mögliche eingesteckt, ein buntes Sammelsurium wie ein Kind im Süßwarenladen. Wobei das eigentlich auch egal ist. Alles ist egal. Pirlo schließt die Augen. Im Moment fühlt er sich einfach nur müde.

»Frustriert?«, fragt Mahmed. Er hat sich vom Beifahrersitz aus nach hinten gedreht. Die beiden Älteren sitzen natürlich vorn.

»Sehr«, gibt Pirlo zu.

»Ohne Grund.« Ahmid lacht. »War doch ein geiler Abend! Ich meine, schaut euch das mal an, Brüder!« Aus einer dunkeln Kiste zieht er einen Dildo. »Davon haben die eine ganze Kiste! Abgefahren, oder?«

»Abgefahren«, murmelt Pirlo.

»Vor allem, wenn man überlegt, wo der wohl war, bevor du ihn in die Hand genommen hast«, sagt Mahmed trocken.

»Was meinst du, Bruder?«

Mahmed grinst. »Vielleicht gehört das Spielzeug Frau Danzinger. Vielleicht ihrem Mann.«

»Idiot«, knirscht Ahmid und wirft den Dildo aus dem Fenster. »Und was ist dann bitte schön das da?«

Mahmed schaut nur kurz hin. Er grinst. »Sieht aus wie Wäscheklammern. Wahrscheinlich für die Nippel.« Dann bricht ein schallendes Lachen aus ihm heraus. Der massige Körper hüpft bei dreihundert auf der Autobahn. »*Akhi*, wir brechen mitten in der Nacht in ein Haus ein, und du klaust einen Dildo und Nippelklammern!« Das Lachen füllt das ganze Auto. Pirlo verdreht die Augen. Ahmid tobt und wirft die Kiste nach hinten. Auf Pirlos Schoß regnet es kleine und große Vibratoren. Seile. Klammern. Und einen Stick. Klein. Schwarz. Genau in der Optik der Spielsachen. Als Pirlo den Stick mit dem Tablet verbindet, hält er den Atem an. Danzinger ist kein schöner Mensch. Pirlo hat keine Ahnung, wie dessen Frau aussieht, will es aber auch gar nicht wissen. Kurz darauf ist die Sorge zerschlagen. Das Tablet zeigt keine Fotos der Danzingers beim Sex. Stattdessen flammt ein Logo auf. Grün vor weißem Grund. *Elwood & Watkins.*

21

PURGATORIUM.

28. September. Im Gericht.

Adams zeigt sich fürsorglich. Er fragt Danzinger, ob der sich in der Lage sehe, die Zeugenvernehmung durchzustehen. Für die Kammer sei eine Verlegung völlig in Ordnung. Nicht wünschenswert, klar. Aber auch nicht schlimm. Danzinger bespricht sich mit Wolf. Dann schütteln beide die Köpfe. Nein, sie bringen das jetzt hinter sich.

»Gut«, sagt Adams, wendet sich aber doch noch einmal an Danzinger und dessen Zeugenbeistand. »Sie wissen, dass die Hauptverhandlung öffentlich ist. Schon um einen unguten Anschein zu verhindern, muss die Kammer daher einen kurzen Bericht über unser Zwiegespräch geben.«

Danzinger beugt sich zu seinem Beistand. Er nickt heftig. Wolf erklärt mit Tremolo in der Stimme: »Mein Mandant ist nicht nur damit einverstanden, dass die Kammer mitteilt, warum sie ihn gefragt hat, ob er die Vernehmung durchstehen werde, wir klären sogar selbst darüber auf. Herr Danzinger wird sich selbstverständlich seinen Pflichten als Zeuge stellen. Zuvor hat er mich aber gebeten, die Öffentlichkeit wissen zu lassen, dass heute Nacht, vor wenigen Stunden, in seinem Haus eingebrochen wurde.«

Im Saal gibt es Gemurmel. Marlene von Späth bleibt unbeweglich. Sophie schaut überrascht. Pirlo versucht das auch. Er muss. Wenn das hier in die Hose geht, kann er alles andere vergessen. Und zwar wirklich: *Alles* andere. Dieses Verfahren sowieso. Aber auch seine Zulassung. Die gesamte Karriere. Es wäre das letzte, spektakuläre Kapitel in der Geschichte über den schnellen und tiefen Fall des Dr. Anton Pirlo. Die Artikel würden sich ganz von allein schreiben: Kurz ganz oben. Wenig später ganz unten. Ach, und übrigens auch noch Mitglied in einem der berüchtigtsten Clans der Stadt. Was für eine Story! Wenn er nicht parteiisch wäre, würde er sie wahrscheinlich selbst lesen wollen.

Wolf räuspert sich: »Der Einbruch fand heute, was soll ich sagen, *vorhin*, zwischen zwei und halb drei Uhr nachts statt. Die Polizei fahndet seitdem mit Hochdruck nach den Tätern. Es werden umfangreiche Spurenanalysen vorgenommen.«

Pirlo sitzt auf glühenden Kohlen. *Fuck!* So schwer hat er sich das nicht vorgestellt. Beziehungsweise: Würde er sich das nicht vorgestellt haben, wenn er auch nur einen Moment richtig nachgedacht hätte. Hat er aber nicht. Und büßt jetzt schon dafür.

»Ich habe leider die traurige Aufgabe, die Kammer und die Öffentlichkeit wissen zu lassen, dass die Täter das Anwesen der Familie Danzinger fast komplett zerstört haben. Noch wissen wir nicht, was diese Menschen zu ihrer Tat bewogen hat. Was wir aber sagen können, ist, dass sie randaliert haben wie wilde Tiere. Ebenso können wir sagen, dass es sich in jedem Fall um mehrere Täter gehandelt hat. Dafür spricht allein das Ausmaß der Verwüstung, obwohl zwischen dem Anschlagen des Alarmsystems und dem Eintreffen der Polizei nur ein sehr kurzer Zeitkorridor bestand.«

Da sagst du was, denkt Pirlo. Er kritzelt in seinem Notizbuch herum und versucht, gelangweilt zu wirken. Was geht schließlich ihn das alles an? Gleichzeitig herrscht in seinem Kopf Kirmes. Verwüstung. Spurensicherung. Polizei. Was, zur Hölle, haben sie da eigentlich getrieben? Warum, um alles in der Welt, hat er ausgerechnet Ahmid mitgenommen? Wobei es darauf wenigstens eine einfache Antwort gab: Mahmed allein wäre nicht gekommen. In der Familie Khatib ist das Gesetz: Kommt der eine, kommt der andere. Brüder eben. Nur Pirlo ist das schwarze Schaf. Derjenige, der seine Brüder erst zu einem Wohnungseinbruchsdiebstahl anstiftet und dann auch noch selbst daran teilnimmt. Seine Gedanken überschlagen sich. Was sie jetzt auf dem Kerbholz haben, ist nicht weniger als ein Verbrechen. Wenn es schlecht läuft, gibt es dafür bis zu zehn Jahre. Mit Gnade bräuchte er kaum zu rechnen. Im Gegenteil, an einem Anwalt würde man ein Exempel statuieren. Erst recht, wenn es sich um einen handelte, der eingebrochen hat, um Beweismittel zu stehlen. Fuck!, schreit es in Pirlos Kopf. *Fuck*!

Wolf gießt derweil Öl ins lodernde Feuer des Pirlo-Gewissens. »Die Mitglieder der Familie Danzinger stehen unter einem tiefen Schock. Sie leben seit über dreißig Jahren in diesem Haus. Noch nie, kein einziges Mal, ist es in irgendeiner Form zu einem Zwischenfall gekommen. Wir alle können wohl von Glück sagen, dass Herr und Frau Danzinger in der Nacht nicht zu Hause waren. Frau Danzinger hat ihren Mann begleitet, um ihn heute, wie auch bisher, angesichts der zu erwartenden Konfliktfragen der Verteidigung zu unterstützen. Wer weiß, was andernfalls hätte passieren können?«

Pirlo zuckt zusammen, als Wolf von *der Verteidigung* sprach. Das meint ihn. Pirlo. Aber wie? Und vor allem: Mit welchem Unterton? Einem hämischen? Einem anklagenden? Einem betroffenen? Gar keinem? Pirlo überlegt, ob er eine Pause beantragen soll. Er ist übermüdet. Gereizt. Fertig mit der Welt. Außerdem ist er ein Straftäter, noch dazu einer, der sich gerade mitten in einem Strafgericht aufhält. Kein Zweifel, er sollte seine Nerven beruhigen. Dringend. Andererseits läuft die Verhandlung noch keine drei Minuten. Genau genommen hat sie noch nicht einmal angefangen. Jetzt um eine Pause zu bitten, wäre auffällig. Was er nicht brauchen kann. Zumal er sowieso schwitzt wie ein Verrückter und in seinem Notizbuch herumkritzelt, als gäbe es kein Morgen. Vielleicht ist es ja sogar so.

Dann kommt der Moment, ab dem wirklich gar nichts mehr geht. Nicht mal atmen. Wolf sagt: »Wir wissen derzeit nicht, was hinter diesem barbarischen Akt steckt. Die Kameraauswertung ist noch nicht abgeschlossen. Wir arbeiten aber auf Hochtouren daran.« Dann spricht er weiter. Pirlo hört aber längst nicht mehr zu.

Kameras. *Kameras*? Ob er will oder nicht, er schüttelt den Kopf. Da waren keine Kameras. Sie haben nachgesehen und keine entdeckt. Keine kleinen blinkenden Kästen wie aus Filmen der 80er. Keine dieser runden Halbkugeln, die in Straßenbahnen hängen. Nein, da waren keine Kameras. Oder doch? Wobei, selbst wenn, sie hatten ja Skimasken auf. Schwarze Kleidung, die allerdings ihre Statur erkennen lässt. Zumindest die des fülligen Mahmed ist ziemlich leicht zuzuordnen. Und dann? Hat man einen Khatib, hat man alle. Die Familie ist schließlich nur auf dem Papier getrennt. Anton Pirlo ist ein Künstlername. Er steht auf der Tür. Der Anmeldung zur Rechtsanwaltskammer. Der Krankenversichertenkarte. Im Personalausweis. Pirlo nennt sich so, wenn er sich vorstellt. Dr. Pirlo, Strafverteidiger. Innen drin steckt aber ein Khatib. Mit Blick auf die vergangene Nacht muss man sagen: ganz offensichtlich sogar.

Ein Schweißtropfen fällt auf Pirlos Notizbuch. Sein Herz schlägt bis zum Hals. Ob das jemand anderem auffällt, Sophie, seiner Mandantin, der Kammer, der Staatsanwaltschaft, weiß er nicht. Er will es auch gar nicht wissen. Pirlo fixiert sein Buch und kritzelt weiter.

Wolf ist inzwischen am Ende seiner Ausführungen angekommen. Er klingt verständnisvoll. Wie einer von den Guten. Die dort drüben sitzen. Nicht hier. Pirlo hat nie viel mit Religion anfangen können. Himmel, Hölle waren für ihn nichts weiter als Ideen. Auch jetzt ist das so. Anders sieht es allerdings mit dem Purgatorium aus. Dem Fegefeuer. Das gibt es auf jeden Fall. Er sitzt gerade mittendrin.

22

DANZINGER.

Nach Wolf.

Irgendwann geht es dann tatsächlich los. Pirlo hat keine Ahnung, wie sie an diesem Punkt angekommen sind. Adams bedankt sich noch einmal für Danzingers Aussagebereitschaft. Dann folgt eine Überraschung. »Auch in Anbetracht der Umstände hat die Kammer keine weiteren Fragen an den Zeugen.«

Das Wort hat die Staatsanwaltschaft. Grobulla winkt allerdings ab. Er will die Verurteilung. Stand jetzt hat er alles, was er dazu braucht.

Über den Rand seiner Brille wendet sich Adams an die Verteidigung. »Herr Dr. Pirlo?«

»Danke«, sagt Pirlo. Er hat sich einigermaßen im Griff. Zumindest das mit dem Atmen klappt wieder. Das mit dem Sprechen offensichtlich auch. Die Gedanken sind mehr oder weniger klar. Es ist doch so: Wenn er hier untergeht, dann wenigstens mit fliegenden Fahnen. Kann ja sein, dass er nachher verhaftet wird. Ebenso seine Brüder. Dass alle drei Khatibs in den Knast marschieren. Möglich ist das. Es spielt aber gerade wirklich keine Rolle. Jetzt zählt nur, was hier passiert. In diesem Saal. In diesem Moment. Also los.

Langsam beugt er sich zu seinem Mikrophon vor. »Herr Danzinger, Sie haben zuletzt, am zehnten September, darüber gesprochen, dass Sie im Zusammenhang mit dem Einsturz der

Morandi-Brücke in Genua schlechte Presse für WDvS befürchteten.«

Wolf geht dazwischen. »Ich beanstande das. Die Verteidigung stellt keine Frage, sondern versucht, dem Zeugen eine Feststellung unterzuschieben.«

Adams tippt an seine Brille. »Herr Dr. Pirlo, bitte achten Sie darauf, konkrete Fragen zu stellen.«

»Sicher, Herr Vorsitzender«, antwortet Pirlo. Dann formuliert er den Satz als Frage: »Herr Danzinger, erinnern Sie sich, dass Sie uns von der Sorge berichtet haben, es könne schlechte Presse für WDvS im Zusammenhang mit dem Einsturz der Morandi-Brücke geben?«

Danzinger nickt schwerfällig. »Ja, ich erinnere mich.«

»Wissen Sie auch noch, was Sie uns dazu erzählt haben?«

»Ich beanstande die Frage«, ruft Grobulla. »Der Zeuge soll von seiner Wahrnehmung über Umstände berichten, die mit der Tat zusammenhängen, nicht über das, was hier wer vor zwei Wochen gesagt hat. Das ist hier schließlich keine Wissensabfrage!«

Pirlo sucht den Blick von Adams. »Ich kann auch die Karten auf den Tisch legen.« Er räuspert sich. »Für mich gibt es eine Verbindung zwischen dem plötzlichen Verschwinden von Späths von der Abendveranstaltung, dem Hinterhergehen des Herrn Danzinger und dem unmittelbar darauffolgenden Mord.«

»Das ist doch lächerlich!«, poltert Danzinger.

Adams schiebt die Brille zurück auf die Nase. »Ruhe bitte!« Er klingt freundlich, aber bestimmt. Dann dreht er sich zu Danzinger. »Wenn wir die Sichtweise der Verteidigung teilen würden, müssten wir Sie jetzt möglicherweise belehren, dass Sie das Recht haben, zu schweigen und sich nicht selbst zu belasten. Dafür sieht die Kammer aber keine Notwendigkeit.« Dann gibt er die Befragung wieder frei. Allerdings nicht ohne Hinweis. »Herr Dr. Pirlo, ich hoffe, Sie wissen, was Sie tun.«

Pirlo nickt. Das hofft er auch. »Herr Danzinger, was wissen Sie über den Einsturz der Morandi-Brücke?«

Danzinger antwortet, ohne Pirlo anzusehen: »Ich weiß darüber das, was die Medien geschrieben haben.«

»Mehr nicht?«

Danzinger schüttelt den Kopf. »Mehr nicht.«

»Was wusste Florian von Späth darüber?«

Wolfs Kopf schnellt zu Danzinger. Sie tuscheln. Dann sagt Danzinger: »Ich nehme an, dasselbe wie ich.«

»Haben Sie mit Herrn von Späth über dieses Thema gesprochen?«

»Sicher habe ich das. Als das passiert ist, war die Tragödie ja in aller Munde. Außerdem hatten wir ja auch vor langer Zeit Zement in diese Ecke geliefert. Da hat mich das schon beschäftigt.«

»Gab es auch einen konkreten Anlass, sich dazu auszutauschen?«

»Ich weiß nicht, was Sie meinen.«

Pirlo richtet sich auf. »Was ich meine, ist: Gab es eine konkrete Anfrage, mit der Sie sich auseinandersetzen mussten?«

»Ich weiß immer noch nicht, was Sie meinen.«

Pirlo stutzt. »Das überrascht mich. Was ich meine, das ist zum Beispiel eine Anfrage der Staatsanwaltschaft Genua vom fünfzehnten Mai in einem Ermittlungsverfahren gegen WDvS und gegen die beiden Geschäftsführer.«

Danzinger zögert. Dann lächelt er. »Ja, eine solche Anfrage gab es.«

»Warum haben Sie uns dann gerade nichts darüber berichtet?«

»Weil Sie mich nicht danach gefragt hatten.«

Wolf wirft sich sofort nach vorn. Das Eigentor kann er trotzdem nicht verhindern. Danzingers Antwort sollte sicher trotzig klingen. Frech vielleicht sogar. Beides scheitert. Und zwar deutlich.

Pirlo stellt schnell die nächsten Fragen: »Wie haben Sie auf diese Anfrage bei WDvS reagiert? Was haben Sie dazu mit Florian von Späth besprochen?«

Danzinger schüttelt Wolf ab. »Was hat das denn bitte schön damit zu tun, dass die Angeklagte ihren Mann erstochen hat, verdammt nochmal?«

Pirlo reagiert sofort. »Kann es sein, dass Sie gerade einfach ablenken wollen?«

»Ich beanstande das!«, meldet sich Grobulla.

»Ich auch!«, ruft Wolf.

Im Saal wird getuschelt. Adams schaut genervt in die Runde. Dann tippt er sich an die Brille und verordnet allen eine halbe Stunde Pause.

23

GECHECKT.

In der Verhandlungspause.

Als Adams die Unterbrechung verkündet, zwinkert Pirlo Sophie und Marlene zu. Dann spaziert er mit demonstrativer Gelassenheit nicht nur aus dem Saal, sondern auch aus dem Gebäude. Kaum ist er draußen um drei Ecken gebogen, klingelt er bei Mahmed durch. Besetzt. Und zwar die ganze Zeit. Was einerseits nervt. Andererseits ist es vielleicht sogar ganz gut. Solange Mahmed telefonieren kann, sitzt er nicht in Haft. Als auch der zehnte Anrufversuch nicht durchkommt, fügt sich Pirlo in sein Schicksal und probiert es bei Ahmid.

»Bruder!«, schreit Ahmid ins Telefon. »Was war das heute Nacht für eine geile Aktion!«

»Wo bist du?«, fragt Pirlo hektisch.

»Zu Hause, warum?«

»Du solltest solche Sachen nicht einfach durch die Gegend brüllen. Man weiß nie, wer zuhört.«

»Entspann dich, *Akhi*. Kein Problem. Hier ist alles easy. Bin nur ich da. Und Mama.«

»Sag mal«, versucht es Pirlo sachte, »gestern, bei dieser Sache, ist dir da eigentlich was aufgefallen?« Kaum hat er es ausgesprochen, fühlt er sich blöd. Wer weiß schon, ob nicht die Telefone abgehört werden? Wobei: Der Einbruch war vor ein paar Stunden. So schnell ist die deutsche Polizei nicht. Noch nicht einmal, wenn es gegen die Khatibs geht. Oder? Außerdem hat Pirlo ja keine Ahnung, was gegen seinen Bruder noch alles anhängig ist. Dass er für Kokain zu dämlich ist, hat er eindrucksvoll unter Beweis gestellt. Aber das heißt ja nicht, dass er es danach gelassen hat. Oder sonst gerade nichts anbrennt. Das alles löst den dringenden Impuls aus, Ahmid auf jeden Fall an einer Antwort zu hindern. Da Pirlo nichts Besseres einfällt, legt er einfach auf. Der Rückruf kommt nach keinen zehn Sekunden.

»Du warst weg, Bruder«, sagt Ahmid. »Verbindung unterbrochen oder so. Was hast du gefragt?«

»Nichts«, flüstert Pirlo.

»Ach so, wegen gestern.« Ahmid strahlt sozusagen ins Telefon. »Du meinst vorhin, Bruder, so lange ist das ja noch gar nicht her. Hier bei dem Dummzinger oder so.« Ahmid lacht. Pirlo lehnt den Kopf gegen eine Hauswand. »Also, was soll mir aufgefallen sein?«

Pirlo schließt die Augen. Jetzt ist es ja sowieso egal. »Ahmid, waren da Kameras?«

»Nein.« Hoppla. Das war erstaunlich klar. In diesem Moment liebt Pirlo seinen älteren Bruder. Mahmed hätte Rückfragen gestellt. Pirlo sicherlich auch. Nicht so Ahmid. Frage. Antwort. So einfach kann das also sein.

Wobei: »Hast du nachgesehen?«

»Ja.«

»Wirklich?«

»Wirklich was?«

»Hast du wirklich nachgesehen, ob da Kameras waren?«

»Klar.«

»Und da waren keine?«

»Nein.«

»Keine einzige?«

»Keine einzige, Bruder.«

Pirlo traut dem Ganzen immer noch nicht. »Woher weißt du das so sicher?«

Ahmid lacht. »Bruder, glaubst du, ich bin bescheuert? Glaubst du, ich breche in ein Haus ein, das ich nicht kenne, einfach so, weil mein dummer kleiner Bruder sagt, das ist jetzt wichtig oder was? Ich hab das natürlich gecheckt, Mann. Einsteigen und sich filmen lassen ist für Amateure.«

»Wann?«

»Wann was?«

Pirlo merkt, dass Ahmid das Interesse an dem Gespräch verliert. Er muss sich beeilen. »Wann hast du das gecheckt?«

»Als Mahmed und du so rumgemuschit habt, von wegen, wir machen einen Einbruch, aber es darf nicht wie einer aussehen und so.«

»Da hast du das gecheckt?«

»Ja. Normal.«

»Und da war nichts?«

Ahmid lacht noch lauter. »Und da sagen immer alle, du seist in dieser Familie der Gescheite. Also: Da war nichts. Gar nichts. Okay? Und jetzt lass mich in Ruhe, ich muss Playsi.« Damit legt er auf. Einfach so. Ahmid Khatib, der in ein Haus einbricht und vorher daran denkt, zu checken, ob es Kameras gibt. Der jetzt Playsi spielen geht, während sein Bruder, Ramzes Khatib, dabei ist, vor lauter Schiss das wichtigste Verfahren seiner Laufbahn zu verkacken. Pirlo weiß, dass er darüber mal in Ruhe nachdenken sollte. Nur eben nicht jetzt.

24

ENDGEGNER.

Nach der Pause.

Pirlo knüpft dort an, wo er aufgehört hatte. »Wie haben Sie auf Anfrage der italienischen Staatsanwaltschaft bei WDvS reagiert? Was haben Sie dazu mit Florian von Späth besprochen?«

Danzinger drückt den massigen Rücken durch. Er wirkt ruhiger. »Florian und ich haben uns natürlich mit der Ermittlungshypothese auseinandergesetzt ...«

»Wie lautete der Vorwurf der italienischen Staatsanwaltschaft?«, unterbricht Pirlo ihn.

Danzinger lächelt gehässig. »Die *Ermittlungshypothese* lautet, dass WDvS dem Hochbauamt der Stadt Genua im Februar 2012 ein Zementgemisch verkauft haben soll, das keine optimalen Korrosionsbelastungswerte im Sinne der internationalen Gebrauchsnorm EU42/20. 02./Zement aufwies.«

»Können Sie das bitte einmal allgemeinverständlich darstellen?«

»Ich halte diese Darstellung für allgemeinverständlich, Herr Dr. Pirlo. Wenn Sie nicht folgen können, dann bedaure ich das. Ich kann es. Mein Anwalt kann es auch.«

Pirlo nickt. Die Schärfe gefällt ihm. Vor allem, dass Danzinger sie reinbringt. »Dann erlaube ich mir den Versuch der Zusammenfassung, und Sie sagen mir, ob sie stimmt: Die italienische Staatsanwaltschaft hat gegenüber WDvS und den Geschäftsführern dieses Unternehmens die Ermittlungshypothese kommuniziert, dass das gelieferte Zementmaterial das Rosten der Trägerkonstruktion der Brücke nicht verhinderte. Ist das so richtig?«

»Ich halte das für sehr grob verallgemeinernd.«

»Sie dürfen mir gern bei der Formulierung helfen. Falls Sie das nicht können oder wollen, bitte ich allerdings um eine ausdrückliche Bestätigung oder Verneinung.«

Danzinger flüstert mit Wolf. Danach brummt er: »Sie können das von mir aus so stehenlassen.«

»Herr Danzinger, wegen welcher Straftat ermittelt die Staatsanwaltschaft in Italien genau?«

Danzinger errötet. Obwohl er die Frage vermutlich erwartet hatte, kann er seinen Unmut darüber nicht verbergen. »Ich ziehe es vor, die Frage nicht zu beantworten.«

»Mein Mandant macht von seinem Auskunftsverweigerungsrecht nach Paragraph fünfundfünfzig der Strafprozessordnung Gebrauch«, erklärt Wolf.

Adams hebt erstaunt die Augenbrauen. »Auf welcher Tatsachengrundlage befürchtet Ihr Mandant, sich im Fall einer Aussage selbst zu belasten?«

»Vielleicht, weil die Ermittlung der Staatsanwaltschaft in Genua auf Mord lautet?«, geht Pirlo dazwischen.

»Ruhe«, herrscht Adams ihn an. »Sie sprechen, wenn Sie das Wort haben.«

»Ich helfe Herrn Danzinger nur auf die Sprünge und spare uns Zeit«, fährt Pirlo unbeirrt fort. »Außerdem muss er es dann nicht selbst sagen: Er verweigert die Aussage, weil die Italiener wegen einer aus Gewinnstreben billigend in Kauf genommenen Todesfolge ermitteln! Wegen Mordes!«

Jetzt platzt Danzinger der Kragen: »Halten Sie den Mund! Das ist eine Unverschämtheit! Ich muss mir das nicht anhören!«

»Mein Kollege wollte nur helfen«, mischt sich Sophie ein. »Sie brauchen ihn nicht so anzupampen. Wir können nichts dafür, dass Sie unter Mordverdacht stehen!«

»Ich verbitte mir das«, brüllt Danzinger. Plötzlich ist es im Saal totenstill. »Ich verbitte mir das«, murmelt er noch einmal.

Pirlo grinst. Er wartet, bis es Danzinger bemerkt. Dann grinst er noch breiter. Das wird hier ordentlich schmutzig. Und sie haben gerade erst angefangen. Gleichzeitig mahnt er sich zur Ruhe. Danzinger ist gewieft. Ein echter Endgegner. Es hat aber auch keiner gesagt, dass das hier einfach wird. Zuerst gilt es, die Atmosphäre zu retten. Pirlo entschuldigt sich bei der Kammer für seine Entgleisung. Sophie tut es ihm gleich.

Dann ergreift Wolf das Wort. »Die Staatsanwaltschaft in Genua steht, was WDvS anbelangt, meines Wissens noch am Anfang der Ermittlungen. Derzeit werden viele verschiedene Verdachtsmomente angeprüft. Um die Ermittlungen nicht zu gefährden, habe ich meinem Mandanten geraten, hier jeden Kommentar zu verweigern.«

Adams nickt. Er dreht sich zu Pirlo. »Bitte fahren Sie mit Ihren Fragen fort. Und reißen Sie sich dabei gefälligst am Riemen!«

Pirlo hebt entschuldigend die Hände. »Wie hat WDvS von den Ermittlungen in Italien erfahren?«

Danzinger hält seinem Blick Stand. Er antwortet betont gefasst, aber die Augen flackern. »Wir haben ein Anhörungsschreiben erhalten.«

»Wenn Sie *wir* sagen, wen meinen Sie dann?«

»Die Geschäftsführer und das Unternehmen selbst. Es waren insgesamt drei Schreiben. Eines an die Firma WDvS, eines an Florian, eines an mich.«

»Wie hat Florian von Späth auf dieses Schreiben reagiert?«

»Er war fassungslos und wütend.«

»Warum das?«

»Der Name WDvS steht international für höchstes Niveau.

German Qualitiy for International Construction. Allein in die Nähe einer solchen Ermittlung gerückt zu werden, das war für ihn ein Unding.«

»Und für Sie?«

»Für mich natürlich auch.«

»Weil an den Vorwürfen nichts dran war?«

»Ich beanstande die Frage«, motzt Wolf.

»Stattgegeben«, entscheidet Adams. »Herr Dr. Pirlo, bitte stellen Sie keine unzulässigen Fragen.«

Pirlo akzeptiert es mit einem Nicken. »Wie haben Sie beide auf diese Anhörungsschreiben reagiert?«

»Wir haben das natürlich prüfen lassen.«

»Was meinen Sie?«

»Den Verdacht.«

»Den Mordverdacht?«

»Jetzt reicht es aber langsam mal«, ruft Grobulla dazwischen. »Ich beantrage eine Rüge gegen die Verteidigung. Wenn nötig fülle ich das Formular selbst aus.«

Auch Adams ist genervt. »Das war das allerletzte Mal, Herr Dr. Pirlo. Sehen Sie es als gelbe Karte. Eher sogar als orange.«

Pirlo nimmt es zur Kenntnis. Sein Blick bleibt bei Danzinger. »Durch wen haben Sie die im Raum stehenden Verdachtsmomente prüfen lassen?«

»Durch eine Kanzlei, die uns häufiger berät.«

»Welche?«

»Die Kanzlei heißt Elwood & Watkins. Sie haben sicher von ihr gehört. Die Kanzlei hat Büros auf der ganzen Welt. Nicht nur im Wohnzimmer.« Ein paar Zuschauer lachen.

Pirlo ignoriert den Einwurf. Seit dem Telefonat mit Ahmid hat er wieder Boden unter den Füßen. Zumindest im Moment. »Wer war bei WDvS der zuständige Ansprechpartner für die Anwälte von Elwood & Watkins?«

»Das waren sowohl Florian als auch ich.«

»Warum Sie beide?«

»Wir hatten ja auch beide ein Anhörungsschreiben erhalten. Außerdem nahmen wir beide jeweils für unseren Teil Stellung, Florian für Marketing und Vertrieb, ich für Material und Forschung.«

Pirlo pausiert irritiert. »Sagten Sie nicht vorhin, die Ermittlungen der Staatsanwaltschaft in Genua hätten an mögliche Materialfehler angeknüpft?«

»Doch.«

Pirlo stutzt. »Für mich klingt das so, als sei dann allein Ihre Abteilung im italienischen Fadenkreuz. Nicht die von Florian von Späth.«

Danzinger kocht. Pirlo sieht es deutlich. Jeder andere wahrscheinlich auch. »Wir waren beide Geschäftsführer *eines* Unternehmens. Ermittlungen gegen ihn betrafen auch mich, Ermittlungen gegen mich betrafen auch ihn.«

Pirlo nickt. Er zögert. Schaut in sein Notizbuch. Er braucht hier einen Spannungsbogen. Am besten jemanden, der auf unnötiges Drama hinweist. »Falls Sie sich wundern, warum ich so mit mir ringe, Herr Danzinger: Ich überlege, ob und wie ich Ihnen meine nächste Frage stellen soll.«

»Was für ein unnötiges Drama«, brummt Grobulla.

Das genügt Pirlo als Rahmen. Die allgemeine Aufmerksamkeit sollte gesichert sein. Er klappt sein Notizbuch zu und sieht Danzinger lange an. Dann fragt er: »Was sagen Sie zu folgender These: Es kann *nicht* ausgeschlossen werden, dass die WDvS-Materiallieferung Zement FZX 88.01. *nicht* kausal dafür war, dass das *Viadotto Polcevera* in Genua eingestürzt ist. Es kann dagegen ausgeschlossen werden, dass die WDvS-Abteilung Marketing & Vertrieb von diesem Umstand Kenntnis hatte?«

Der Satz zeigt Wirkung. Pirlo hat Danzinger kalt erwischt.

Das Schwergewicht erbleicht. Er schnaubt. Holt zum Gegenangriff aus. Und zögert doch. Dann sieht Pirlo, wie die Erkenntnis Danzinger trifft. Kalt. Hart. Gnadenlos. Pirlo kennt den Bericht. Er hat daraus zitiert. Also hat er ihn. Trotzdem kommt er damit erst jetzt. Am Morgen, nachdem bei ihm eingebrochen worden war. Für die Flut an Erkenntnissen braucht Danzinger einen Moment. Im Saal ist es erneut totenstill geworden. Alles schaut auf Danzinger.

»Haben Sie meine Frage verstanden, Herr Danzinger?«, fragt Pirlo.

»Ja«, antwortet Danzinger. Es klingt wie ein Krächzen.

»Kann es sein, dass Elwood & Watkins zu einem solchen Ergebnis gekommen ist? Kann es sein, dass Sie dieses Ergebnis kannten? Kann es sein, dass auch Florian von Späth dieses Ergebnis kannte und dass ihm damit klar war, dass nicht WDvS ein Problem hatte. Nicht er. Sondern nur *Sie*?« Pirlo ist laut geworden.

»Ja«, antwortet Danzinger. Er klingt müde.

Grobulla schaltet sich ein. »Ich würde gern wissen, woher die Verteidigung diesen Satz hat, der auf den Zeugen offensichtlich erheblichen Eindruck macht.«

»Sie wissen, dass ich Ihnen das nicht sagen muss«, antwortet Pirlo. »Ich mache es aber trotzdem: Ich habe geraten.«

Grobulla lacht auf. Adams schüttelt den Kopf.

»Wie verfuhren Sie mit dem Bericht von Elwood & Watkins?«

Wolf spricht auf Danzinger ein. Der strafft sich. »Der Bericht hat mich nicht sonderlich beunruhigt. Arbeitsergebnisse von Anwälten sind schließlich immer gleich. Die einen sagen so, die anderen sagen so.«

»Waren Florian von Späth und Sie sich einig, wie Sie mit dem Bericht umgehen sollten?«

Danzinger sieht Pirlo lange an. Pirlo ahnt, was ihn bewegt. Danzinger weiß, dass Pirlo den Bericht kennt, aber er weiß nicht, woher. Wenn Danzinger jetzt nicht antwortet, droht womöglich der nächste Schock. Die Kontrolle kann er nur behalten, wenn er sich auf die Fragen einlässt. Pirlo sieht, wie Danzingers Hand zu zittern beginnt. Zu beneiden ist Danzinger nicht. Andererseits ist Pirlo nicht zum Bemitleiden hier.

»Wir hatten hinsichtlich des richtigen Umgangs mit dem Bericht unterschiedliche Ansichten«, antwortet Danzinger spitz.

»Wann wollte Florian von Späth die Ergebnisse veröffentlichen?«, fragt Pirlo.

Danzinger starrt ihn an. Pirlo hat nicht gefragt, *ob*. Sondern *wann*. »Er wollte den Bericht publik machen.«

»Und was hielten Sie davon?«

»Wir hatten darüber gesprochen. Ich habe es ihm ausgeredet.«

»Warum?«

Danzinger seufzt. »Wegen der Wirkung. Florian war ein Mann des Marketings. Ein Verkäufer. Für ihn stellte sich vor allem anderen die Frage, wie eine Information am meisten nutzte. Oder eben, wie sie am wenigsten schadete. Er wollte sofort mit dem Bericht an die Öffentlichkeit, damit uns das nachher nicht auf die Füße fallen konnte. Transparent sein. Mit offenen Karten spielen. Das waren die Schlagworte, mit denen er hantierte.«

»Und Sie?«

»Ich riet zur Besinnung.«

»Warum?«

Danzinger atmet tief durch. »Wir sprechen hier über laufende Untersuchungen. Alles, was wir hatten, war ein einziges Zwischenergebnis einer einzigen Kanzlei. Nicht mehr. Ich wollte in jedem Fall, dass wir noch andere Prüfungen in Auftrag geben.«

»Was hielt Florian von Späth davon?«

»Zunächst nur sehr wenig. Dann konnte ich ihn allerdings überzeugen.«

»Wie ist Ihnen das gelungen?«

Danzinger sieht Pirlo genervt an. »Florian und ich haben unser halbes Leben miteinander verbracht. Wir waren permanent miteinander im Dialog. Zwar waren wir nicht immer einer Meinung. Es gehört aber zu den Stärken einer Freundschaft genauso wie zu denen einer unternehmerischen Beziehung, dass man gemeinsam Lösungen findet. Wir haben dann einvernehmlich abgesprochen, die Füße still zu halten.«

»Wie groß war Ihre Angst, dass sich Florian von Späth nicht an diese Absprache hält?«

Danzinger sieht zu Wolf. Der nickt. »Ich hatte davor keine Angst.«

»Auch nicht am Abend des zweiundzwanzigsten Juli?«

Danzinger schüttelt den Kopf. »Auch da nicht.«

»Was hat Florian von Späth gesagt, warum er nach Hause wollte?«

»Nichts.«

»Das haben Sie beim letzten Mal aber anders erklärt.«

Danzinger seufzt. »Er sagte, dass es eine Überraschung geben werde.«

»Dachten Sie, dass es dabei um den Bericht von Elwood & Watkins ging? Darum, dass WDvS unter Verdacht stand? Darum, dass in Italien Mordvorwürfe erhoben wurden? Darum, dass das alles *Ihr* Problem sein könnte und nicht seines?«

Danzinger schwitzt. »Ich verweigere die Antwort auf diese Fragen.«

Adams nimmt seine Brille ab. »Das können Sie nur, wenn Sie andernfalls selbst in Verdacht geraten. Damit meine ich jetzt allerdings nicht das Verfahren in Italien. Sondern dieses hier.«

Längst zittert nicht mehr nur Danzingers Hand. »Ja«, sagt er dann.

»Ja zu was?«, fragt Pirlo.

»Zu Ihren Fragen. Ja, ich hatte Angst, dass er sich hinreißen lässt und etwas Dummes tut.«

»Wäre es aus Ihrer Sicht etwas Dummes gewesen, den Bericht von Elwood & Watkins *zu veröffentlichen*?«

»Ja.«

»Wussten Sie, wo Florian von Späth seinen Stick mit dem Bericht aufbewahrte?«

Danzinger zuckt zusammen. Damit hat er nicht gerechnet. Wolf ringt neben ihm um seine Aufmerksamkeit, aber Danzinger reagiert nicht mehr. Er taumelt. Und antwortet. »Nein.«

»Sind Sie ihm deshalb nachgelaufen?«

»Ja.«

»Warum?«

»Ich wollte ihn umstimmen. Ihn einbremsen.«

»Gingen Sie davon aus, dass er den Stick mit dem Bericht von Elwood & Watkins holt?«

»Ich weiß nicht. Ich befürchtete es natürlich.«

»Dass er ihn an die Presse gibt?«

»Es wäre unnötig gewesen. Vorschnell.«

»Haben Sie Florian von Späth erreicht?«

»Nein.«

»Sind Sie zu seinem Haus gelaufen?«

»Ja.«

Gemurmel kommt im Saal auf.

»Haben Sie da den Stick mit dem Gutachten an sich gebracht?«

»Nein. Ich war vor der Tür, aber er war schon drin. Eine Weile habe ich überlegt, was ich tun soll, dann bin ich zurück.«

»Wissen Sie, wo der Stick von Florian von Späth ist?«

»Nein.«

»Ist Ihnen klar, dass dieser Stick verschwunden ist?«

»Ich habe ihn nicht. Ich hatte ihn auch nie.«

»Haben Sie Florian von Späth den Stick abgenommen? Haben Sie ihn deshalb ermordet? Vielleicht geschah das ja nicht einmal aus bösem Willen. Vielleicht ist es einfach so passiert? Florian von Späth hat den Stick geholt. Er will an Ihnen vorbei, drängt Sie zur Seite. Er will zu der Veranstaltung, reinen Tisch machen, die Wahrheit offenlegen, ehe es zu spät ist. Und warum auch nicht? Was hat er schon zu befürchten? Wenn es einen Fehler gab, dann nur von Ihnen. Ihm kann nichts passieren. Sie wissen das. Sehen, wie er vorbei will. Die Küche ist direkt neben der Diele. So nah. *Zu* nah. Sie gehen hinein und greifen ein Messer. Dann stechen Sie zu. In der Wut? Im Streit? Aus Angst?«

»Nein!«, ruft Danzinger. »Ich habe Florian von Späth nicht getötet!«

»Vielleicht nicht«, sagt Pirlo. »Vielleicht doch.«

Neben Danzinger schnellt Wolf in Richtung des Ausschaltknopfes am Zeugenmikrophon. Im Saal ist der Tumult unüberhörbar. Adams sieht dem Chaos eine Weile zu. Dann seufzt er und schließt die Sitzung.

25

PLÄDOYER.

29. September.

Am nächsten Morgen schließt die Kammer die Beweisaufnahme. Für diese Instanz ist alles gesagt und getan. Die Berichte in den Medien überschlagen sich. Sogar vor dem Krankenhaus, in dem sich Danzinger aufhält, steht ein Übertragungswagen. Nach seiner Aussage war er zusammengebrochen. Vor seinem Krankenzimmer steht ein Polizist. Noch ist unklar, ob er ihn schützt. Oder überwacht.

Im Saal spielt das keine Rolle. Verhandelt wird über Marlene von Späth. Pirlo plädiert seit einer Stunde. Es ist Zeit für das Finale.

»Wir haben intensive Wochen hinter uns, in denen wir uns mit der Frage befasst haben, ob es stimmt, was die Anklage annimmt, nämlich dass unsere Mandantin, Frau Marlene von Späth, Schuld am Tod ihres Ehemannes trägt. Die Staatsanwaltschaft hat in ihrer Anklageschrift behauptet, sie könne eine solche Schuld unserer Mandantin zweifelsfrei beweisen. Das ist ihr jedoch nicht gelungen. Im Gegenteil steht nach einem Dutzend Verhandlungstagen fest, dass unsere Mandantin ihren Mann nicht getötet hat. Sie ist freizusprechen und unverzüglich aus der Haft zu entlassen.

Wir verkennen dabei nicht, dass es im Rahmen der Beweisaufnahme Anhaltspunkte für Verwerfungen zwischen unserer

Mandantin und ihrem Ehemann gegeben haben mag. So weit, so unspektakulär. Streit kommt in den besten Beziehungen vor. Konkrete Nachweise dafür, dass unsere Mandantin ihren Mann getötet hat, ergeben sich daraus aber nicht.

Es ist der Anklage nicht gelungen, Beweismittel zu präsentieren, aus denen sich, jeweils für sich oder in der Gesamtschau, eine Täterschaft unserer Mandantin ergibt. Darauf kommt es aber an. Eine Verurteilung ist nur möglich, wenn aus der Beweisaufnahme in der Hauptverhandlung die Schuld eines Angeklagten feststeht und es keine vernünftigen Zweifel an Täterschaft und Schuld gibt. Das ist hier mitnichten der Fall. Die Zweifel an der Täterschaft unserer Mandantin liegen spätestens seit der Vernehmung des Zeugen Danzinger auf der Hand.

Es kommt der Verteidigung dabei nicht darauf an, die Täterschaft eines anderen zu behaupten. Das zu prüfen ist allein Aufgabe der Strafverfolgungsbehörden.

Das Anliegen der Verteidigung ist allein, aufzuzeigen, dass unsere Mandantin keine strafrechtliche Verantwortlichkeit trifft. Das ist hier ein Leichtes. Marlene von Späth hat ihren Mann nicht getötet. Nach dem Ergebnis der Hauptverhandlung ist eine andere Schlußfolgerung nicht vertretbar.

Die Angeklagte ist daher freizusprechen.«

Pirlo setzt sich, und die Kammer zieht sich zur Beratung zurück. Während er wartet, lässt er den Blick schweifen. Grobulla nickt ihm grimmig zu. Die Staatsanwaltschaft hat lebenslänglich beantragt. Einer von ihnen wird heute heftig verlieren. Sophie kaut an ihren Nägeln. Marlene von Späth zeigt keinerlei Regung. Ihre Anspannung ist trotzdem zu spüren. Nach einer Stunde kommt die Kammer zurück. Der Vorsitzende Richter verkündet im Namen des Volkes das Urteil.

Es ist ein Freispruch.

26

CHAMPAGNER.

29. September. Nach dem Freispruch.

Der Rest geht schnell. Die Kammer schließt die Verhandlung. Marlene von Späth darf das Gericht als freie Frau verlassen. Draußen warten die Kameras. Sie bleibt auch hier stumm. Pirlo und Sophie geben Interviews. Warum auch nicht? Der Fall sah lange eng aus. Genau genommen bis vor wenigen Stunden. Wer dann doch noch gewinnt, darf sich feiern lassen. Wobei Fragen offenbleiben.

»Woher hattest du diese Informationen?«, fragt Sophie. »Woher kanntest du den Bericht von Elwood & Watkins?« Es ist Abend. Sie sitzen in der *Casa Palmieri* und genießen das, was Paolo als Siegermenü zaubert.

»Ich habe eben meine Quellen.« Pirlo grinst. Die Frage war absehbar. Er hat lange überlegt, wie er darauf antworten soll. »Außerdem: Ein Gentleman genießt und schweigt.«

Sie verdreht die Augen, lässt es aber darauf beruhen. Innerlich atmet er durch. Sich geheime Informationen von Elwood & Watkins ergaunert zu haben ist zwar kein Ruhmesblatt, aber besser als die Wahrheit.

Alles ist besser als die Wahrheit.

Sie essen, trinken und lachen. Pirlo fällt auf, wie gut Sophie aussieht. Das ist im Stress der letzten Wochen untergegangen.

Sophie lacht und prostet ihm zu. Er lacht zurück. Sie haben gewonnen. Sonne fällt durch das Fenster. Das Leben ist schön.

Dann stößt Marlene von Späth dazu. Pirlo verschluckt sich fast. Sie sieht beeindruckend aus. Bislang hat er sie nur in der Haft oder im Gericht gesehen. Der Unterschied ist kaum in Worte zu fassen. Der Charme von Audrey Hepburn ist nicht nur zurück. Marlene von Späth übertrifft ihn mühelos. Jedenfalls jetzt und hier. Das Kleid sitzt wie angegossen. Auf dem Kopf thront ein breitkrempiger schwarzer Hut. Die Augen werden von einer riesigen Sonnenbrille verdeckt. Holly Golightly gibt sich in der *Casa Palmieri* die Ehre. Sie stöckelt lächelnd an den Tisch. Dann gibt es Küsschen für die Anwälte.

»Ich habe nur kurz Zeit«, sagt sie, als sie sich setzt. Paolo bringt eine Flasche Champagner. Sie stoßen an. »Ich will Ihnen für Ihre Arbeit danken«, fährt Marlene fort. »Das ist schon alles. Sie haben das gut gemacht.« Eine Weile sagt niemand etwas. Dann lächelt Marlene noch einmal beide an. »Wie gesagt, ich habe nur wenig Zeit. Sehen Sie mir nach, dass es mich weiterzieht.« Sie trinkt aus und steht auf. Kurz zögert sie. »Eine Sache ist vielleicht noch offen.« Sie legt einen Umschlag auf den Tisch. Dann dreht sie sich um und geht.

Kurz wird Pirlo nervös. Sollten sich in dem Umschlag einhundertfünfzigtausend Euro befinden, wäre das zwar gut. Aber auch ziemlich viel Bargeld auf einmal. Andererseits sieht es eher so aus, als sei darin etwas anderes als Geld. Klein, aber klobig. Er bemerkt Sophies Blick. Sie wissen beide, was sie erwartet. In dem Umschlag steckt ein Stick.

EPILOG

1

RECHT. SCHAFFEN.

1. Oktober.

Der Fotograf ist hektisch. Pirlo und Sophie kommt das entgegen. Der Aktionismus dämpft ihre eigene Aufregung. Auch wenn sie das nie zugeben würden. Ständig zupft der Mann mit der Kamera an ihnen herum, rückt zurecht, schiebt zusammen. Als er nach fünf Minuten endlich damit fertig ist, knipst er sie vor dem Hintergrund des Medienhafens. Die Kulisse wirkt großstädtisch und mondän. Insgesamt schien das allen passender als Pirlos Wohnzimmer. Das Foto wird gut. Dafür sorgen schon die Gegensätze zwischen den Protagonisten. Pirlo in dunkelblauem Anzug, frisch rasiert, halblange schwarze Haare, dunkle Augen, daneben Sophie, etwas kleiner, hübsch, blond, blaue Augen, schöne Züge. *Das Traumpaar der Strafverteidigung*, schlägt der Journalist als Titel vor. Der Artikel soll in die Wochenendausgabe der POST erscheinen. Der Fotograf findet es gut. Pirlo und Sophie haben auch nichts dagegen.

Dann stehen die Fragen des Redakteurs an. Pirlo und Sophie lächeln. Die wichtigsten Antworten haben sie sich schon seit Tagen zurechtgelegt. Wie der Abschied von Pirlo bei Ohmsen & Partner wirklich gelaufen sei. Ob es schon neue Fälle gebe. Ob man vorhabe zu wachsen. Wie es Marlene von Späth gehe. Was sie jetzt mache. Ob sie noch Kontakt haben. Was in einem Verfahren gegen Danzinger zu erwarten sei. Wie es jetzt in Italien weitergehen würde. Und so weiter. Sophie und Pirlo wissen nicht nur, was sie dazu sagen werden. Sie freuen sich sogar darauf.

»Und jetzt?«, fragt der Journalist schließlich. »Was steht als Nächstes an?«

»Jetzt machen wir weiter«, sagt Pirlo.

»Wieder von Ihrem Wohnzimmer aus?«

»Vielleicht«, sagt Pirlo. »Vielleicht auch nicht.«

Der Journalist lacht, als habe Pirlo einen großartigen Witz gemacht. »Gut, dann habe ich nur noch eine Frage: Frau Mahler, die Kanzlei hat bisher noch keinen eigenen Namen. Bei der Rechtsanwaltskammer Düsseldorf ist sie gelistet als Rechtsanwaltskanzlei Dr. Anton Pirlo. Wird Ihnen das denn gerecht?«

Sophie lächelt. »Wissen Sie, ich bin sehr bescheiden. Außerdem ist das ja auch tatsächlich die Kanzlei von Dr. Pirlo. Insofern passt der Name sehr gut.«

»Pirlo und Mahler vielleicht?«, schlägt der Journalist vor.

»Finde ich fair und gut«, sagt Pirlo. »Wenn wir schon gemeinsam kämpfen und Recht schaffen.«

»Vielleicht nennen wir es auch einfach so«, sagt Sophie. »Kanzlei Recht.Schaffen.«

Pirlo lacht. »Wir machen es so, wie Frau Mahler sagt.«

2

FAMILIE.

2. Oktober.

Eine Sache steht noch aus. Sie sind wieder in Zons, diesmal zu dritt. Ansonsten ist es wie beim letzten Mal. Wieder fahren sie mit dem Mercedes. Wieder mit dreihundert auf der Autobahn. Auch der Nationalfeiertag ändert daran nichts. Im Gegenteil, für Ahmid bietet der dichte Verkehr die willkommene Gelegenheit, sowohl rechts als auch links zu überholen. Kurz darauf sitzen die drei Brüder auf einer Mauer und sehen auf den Rhein.

»Zeit für eine Bilanz«, sagt Mahmed.

Pirlo hat keine Lust auf Diskussionen. Er sagt einfach nur: »Das Geld kommt morgen.«

»Gut.« Mahmed ist zufrieden. »Wir schulden dir aber auch was.« Er nickt Ahmid zu. Beide legen einen Arm um Pirlos Schultern. Ahmid strahlt ihn an. »Willkommen zurück in der Familie, Bruder.«

»Danke«, sagt Pirlo. Er lächelt. Wie man das eben so macht, wenn man angekommen ist. Sogar wenn das einen Ort betrifft, an dem man ganz bestimmt nicht sein will.

3

POST.

Gleicher Tag, anderer Ort.

Es ist ein besonderer Feiertag. Das erkennt Sophie schon daran, dass ihre Mutter selbst gekocht hat. Kulinarisch ist das zwar alles andere als ein Gewinn. Sophie weiß aber, dass die Geste zählt. Ihre Eltern sind stolz. Sogar ihr Vater. Trotz allem. Sophie kann das annehmen. Zwar nur heute und auch nicht ohne ein fieses Ziehen im Magen. Wenn sie alles andere aber mal beiseitelässt – die Wut über seine mediale Stellungnahme, den Beigeschmack wegen der ewigen Sticheleien –, dann funktioniert das mit dem Akzeptieren des elterlichen Stolzes am Ende doch. So ist das eben mit der Familie. Ganz wegdenken lässt sie sich sowieso nicht. Zumal Sophie das gar nicht will. Sie versucht einfach, den Moment so weit wie möglich zu genießen. Die Entspannung wird sogar größer, als es Ernst Mahler während des Mittagessens fast gelingt, weder Sophies Beruf noch die Kanzlei oder ihren Chef zu beleidigen. Als der Kaffee serviert wird, bittet Helena Mahler bei der Hausangestellten um einen Grappa, und Sophie weicht von dem Grundsatz ab, niemals in Anwesenheit ihrer Mutter Alkohol zu trinken. Diese eine Ausnahme kann sie vertreten. Es ist ein wirklich schöner Tag. Und sie haben auch wirklich etwas zu feiern. Am Ende übertreibt es ihr Vater auf die gewohnte Weise, als er ihr eine teure Uhr schenkt. Auch wenn sie sich freut, protestiert sie. Zumindest der Form halber. Er will sowieso nichts davon wissen. »Das war dein erster großer Fall. Du wirst als Strafverteidigerin noch genug Niederlagen kassieren. Wenn es schon mal Grund zur Freude gibt, kannst du das auch annehmen.«

Heute ist sie bereit, anzunehmen, dass er es in der Tiefe seines Herzens gut meint, und nimmt das Geschenk ebenfalls an. Fast steigt ihr dabei eine Träne in den Augenwinkel. Ihr Vater verhindert allzu viel Gefühl. »Übrigens, das wollte ich dir auch noch geben.« Er reicht ihr einen Briefumschlag. DIN A4. Braun. Schmucklos. Adressiert ist er per maschinengeschriebenem Aufkleber an »Rechtsanwältin Sophie Mahler«.

»Erst war ich verwundert, dass Post an dich bei uns abgegeben wird«, sinniert ihr Vater. »Aber dann ist mir eingefallen, dass dein sogenannter Chef von seiner Wohnung aus arbeitet. Wahrscheinlich steht da nicht mal dein Name auf dem Briefkasten.«

Sophie hört nur mit halbem Ohr hin. Sie öffnet vorsichtig den Umschlag. Es ist nicht mehr darin als ein ausgedrucktes Hochglanzfoto in Schwarz-Weiß und aus der Ferne aufgenommen. Trotzdem sind alle Details gut erkennbar. Unten rechts ist eine Datumsanzeige: 28.09., 2:15 Uhr. Die Aufnahme zeigt einen schwarzen Mercedes. Sophie kennt das Fahrzeug. Sie erkennt auch das Gesicht wieder. Am Steuer sitzt Ahmid Khatib. Von der Person auf dem Beifahrersitz sieht man nur den Hinterkopf. Diese Person beugt sich nach hinten und sagt etwas zu demjenigen, der auf der Rückbank sitzt. Sophies Hand zittert.

Es ist Pirlo.

LESEPROBE

INGO BOTT

PIRLO

FALSCHE ZEUGEN

Der zweite Band in dieser Reihe
erscheint im August 2022

1

CASINO.

2. November.

Pirlo dreht an seinen Haaren. Der Kerl geht ihm auf die Nerven. Und zwar gewaltig.

Die Gefahr, dass das jemandem auffällt, ist allerdings klein. Schmitz starrt auf den Pokertisch. Müller hält sich an einer Säule fest. Klement haben sie in einem Sessel abgelegt. Besonders stilvoll ist das alles nicht. Im Dortmunder Casino kommt es darauf aber auch nicht wirklich an. Zu seiner Zeit bei Ohmsen hat Pirlo mal mit einem Banker einen Abend in der Spielbank Baden-Baden verbracht. Dort gab es eine Krawattenpflicht. Hier gilt auch der Ballonseidenzweiteiler als Anzug.

Der Kerl lärmt und holt Pirlo aus seinen Suffgedanken zurück. Ob er will oder nicht: Er schaut hin. Genau wie alle anderen. Wozu auch Schmitz gehört. Der sich Fragen stellt.

»Faszinierend, oder?«

»Klar«, sagt Pirlo.

Er hat keine Ahnung, was Schmitz meint. Das spielt aber auch keine Rolle. Schmitz heiratet. Müller hat den Junggesellenabschied organisiert. In Dortmund. Es hätte naheliegendere Orte gegeben. Jedenfalls, wenn man Pirlo gefragt hätte. Hat aber keiner. Wahrscheinlich waren die anderen überrascht genug, dass er überhaupt aufgetaucht ist. Eigentlich war der Tag auch ganz in Ordnung. Fußballmuseum. Kreuzviertel. Stadion. Allmählich taumelt die Sache aus. Wenn Schmitz da noch was faszinierend finden will, soll es Pirlo recht sein. Dazu veranstalten sie das hier ja überhaupt nur.

»Was für ein spannendes kleines Arschloch«, murmelt Schmitz. Worauf Pirlo dann doch lachen muss. Das Studium ist zwar lange her. Schmitz und er sind sich in den wesentlichen Fragen aber immer noch einig.

»Warum lassen sie überhaupt zu, dass er sich hier so aufführt?«

Pirlo zuckt mit den Schultern. Er hat keinen Bock auf eine Antwort. Klar, der Dreikäsehoch führt sich hier auf wie die Axt im Wald. Er grölt. Er säuft. Er nervt. Aber er sieht eben auch aus wie einer von den Malikis. Mit denen man keinen Stress haben will. Nicht als Casino Dortmund. Und auch sonst nicht.

Dann fällt Pirlo doch noch eine Erklärung ein.

»Ist wahrscheinlich gut fürs Geschäft.«

Tatsächlich versenkt der Kerl in jeder Runde ein paar hundert Euro. Was ihm ebenso egal zu sein scheint wie der blonden Mittdreißigerin, die entrückt in die Hände klatscht, wenn sie ihm eine neue Rum-Cola holen darf. Schmitz nickt. Gut kann er es trotzdem nicht sein lassen. Hinter den Augen rumoren ein paar Liter Herrengedeck. Und die wollen ermitteln. Offensichtlich.

»Siehst du, was der da auf der Hand hat? Das ist doch auch eine Tätowierung!«, flüsterschreit Schmitz durch den Raum. Pirlos Blick tastet die Umgebung ab. Bisher hat keiner Notiz von ihnen genommen. Schmitz ist allerdings auch noch nicht fertig. Leider.

»Was meinst du«, rabuliert er, »gehört der kleine Sack zu einem *Clan*?«

Pirlo spart sich eine Antwort. Im Hintergrund schälen sich zwei massige Gestalten aus dem Halbdunkel. Das genügt als

Motivationsspritze, dem Abend hier ein flockiges Ende zu bereiten. Pirlo schnappt Schmitz am Kragen. Auf dem Weg raus tippt er Müller und Klement an. Kurz darauf sind sie draußen und atmen dampfend kalte Winterluft. Bei Schmitz befeuert das die Rauschkanone.

»Habt ihr das gesehen? Der Junge geht da drin allen auf die Nerven und kann trotzdem machen, was er will!« Er hakt seine Freunde unter. »Leute, in einem Clan müsste man sein. Machen, was du willst, und alle kuschen. Dein ganzes Leben ein einziger Spaziergang.«

»Meinst du wirklich, dass das so funktioniert?«, fragt Müller. Der Skeptiker. Immer schon.

»Klar!«, nickt Schmitz. Er dreht sich zu Pirlo. »Was denkst du, Toni?«

»Manche sagen so, manche sagen so.« Pirlo schaut in fragende Gesichter. Er setzt sein breitestes Lächeln auf.

»Wer hat noch Bock auf einen Stripclub?«

Alle Blicke gehen zu Schmitz. Der nickt. Grinst. Und kotzt ins Gebüsch. Womit das Thema mit den Clans durch ist. Wenigstens für diesen Abend. Zumindest denkt Pirlo das.

2

DOPPELADLER.

Ein paar Stunden später. Immer noch im Dunkeln.

Als Pirlo aufwacht, ist er überrascht, dass er überhaupt eingeschlafen ist. Wirklich mitbekommen hat er das nicht. So oder so: Lang kann es nicht gedauert haben. Draußen ist es immer noch dunkel. Außerdem hat er nach wie vor sein Hemd an. Immerhin ist er zu Hause. In Düsseldorf. Allein. In der Wohnung. Bei der es jetzt klingelt. Mühsam quält er sich zur Sprechanlage.

»Ja?«

»Bitte machen Sie auf!«

»Was wollen Sie?«

»Ich muss mit einem Anwalt sprechen.«

Pirlo zögert. Der Klingler klingt gestresst.

»Ich bin gerade nicht auf der Höhe meiner Form«, brummt Pirlo.

»Das ist mir egal. Lassen Sie mich rein!«. Es dauert einen Moment. »Bitte!«

Pirlo seufzt. Anwälte haben nicht so etwas wie einen hippokratischen Eid geleistet. Er muss hier nicht helfen. Trotzdem drückt er auf den Öffner. Wenn schon Anwalt, dann wenigstens richtig. Selbst wenn er es bereut. Jedenfalls jetzt gerade. Und eine Minute später erst recht. Vor ihm steht der Kerl. *Der* Kerl. Der Halbstarke aus dem Casino. Nur dass er jetzt nicht mehr großkotzig und selbstgefällig aussieht. Sondern richtig beschissen. Zumindest so lange, bis er schnallt, woher er Pirlo kennt.

»Alter, du warst doch auch im Casino!«, krakeelt er durch den nachtschlafenden Hausflur.

Pirlo verdreht die Augen. Dann zieht er den Kerl in die Wohnung und setzt ihn dort aufs Sofa. Er streicht die verpennten Haare aus dem Gesicht, zieht einen Stuhl in die Raummitte und setzt sich verkehrt herum darauf. Die Lehne gibt den Armen Halt. Das sieht nicht nur cool aus. Es ist auch überlebenswichtig. Der letzte Kurze ist keine drei Stunden her. Dann noch ein Absackerbier im Taxi mit Müller. In Pirlos Kopf metamorphost das alles langsam zu einem gewaltigen Kater. Pirlo fährt sich über die Augen. Erarbeitet sich durch den Nebel einen halbwegs klaren Blick auf seinen Besuch.

»Also?«

Der Kerl hat sich immer noch nicht im Griff. Panik und Aufregung tanzen Tango.

»Du warst auch im Casino! Und jetzt sehen wir uns hier. *Weird*, Alter!«

Der Blick flackert. Was am Koks liegen dürfte. Zumindest vermutet Pirlo das. Er lässt die Finger davon. Seine Brüder haben in Sachen Kokain eine kleine Meisterleistung hingelegt. Das reicht Pirlo als schlechte Erfahrung. Und dazu mussten sie es noch nicht mal nehmen.

Pirlo atmet durch. »Pass auf. Du hast eine Minute. Entweder kommst du klar und sagst, was du hier willst, oder du stehst wieder auf der Straße. Und dann kannst du klingeln, so viel wie du willst.«

Der Kerl drückt den Rücken durch. »Hey, ich bin Faruk Maliki.«

»Und?«

»Faruk Maliki, Mann! Sag nicht, du weißt nicht, wer ich bin!«

Pirlo sieht auf die Uhr. »Eine Minute ist rum, Faruk Maliki. Raus mit dir!«

»Das kannst du so nicht machen!«

Pirlo steht auf. Er stemmt mehr Gläser als Hanteln. Wenn er will, ist trotzdem Ruhe im Karton. Man kann von dieser Sache mit den Genen halten, was man will. Sie hat nicht nur Nachteile.

Maliki ist klar, dass es Zeit ist, das Gekaspere zu beenden. »Ich bin hier, weil ich einen Verteidiger brauche.« Plötzlich wirkt er so unsicher, wie er es ist.

»Ich brauche einen Verteidiger, weil die sagen werden, dass ich einen umgebracht habe. Aber ich war das nicht. Ich schwör.«

Pirlo legt die Stirn in Falten. Was keine gute Idee ist. Sofort ruft sich das Besäufnis in Erinnerung. Um der Übelkeit zuvorzukommen, schleppt er sich in die Küche und setzt einen Mokka auf. Als er zurückkommt, drückt er Maliki ein Glas mit dunkler Flüssigkeit in die Hand.

»Keinen Alkohol«, sagt der kleinlaut. »Bitte.«

»Das ist Cola. Trink das. Es hilft, dass du den Kopf freibekommst. Der Kaffee braucht noch.« Maliki trinkt. Die Hand mit der Tätowierung zittert. Das Motiv ist ein Doppeladler. Pirlo deutet darauf. »Faruk Maliki von der Maliki-Familie? *Tirana ne zemer?*«

Maliki nickt. Pirlo nimmt es zur Kenntnis. Er kann nicht besonders viel Albanisch. Für den Satz reicht es trotzdem. Tirana im Herzen. Das kennt man. Zumindest als Strafverteidiger.

»Also, was ist los?«

Maliki leert das Glas. »Vorhin war ich im Casino. Aber das weißt du, du warst ja auch da.«

»Sie«, sagt Pirlo.

»Was?«

»Sie. Du sagst nicht *Du warst da*, sondern *Sie waren da.*«

»Sie waren da?«

»Genau. Sie, Herr Dr. Pirlo.«

»Im Ernst?«

»Reiß dich zusammen. Konzentrier dich. Stell keine Fragen, deren Antwort du kennst. Erzähl weiter.«

Maliki nickt. »Sie wissen ja, dass ich da war. Ich glaube, Sie sind aber gegangen, bevor die Nazis gekommen sind.«

»Die Nazis?«

»Wir nennen die so.«

»Warum?«

»Weil sie Nazis sind.«

Pirlo grinst und seufzt gleichzeitig. Manchmal geht das. »Und was macht sie zu Nazis?«

»Immer wütend. Hass auf Ausländer. Bock auf Hitler. Nazis halt.«

Pirlo nickt. Für den Moment kann er das mal so stehen lassen. »Und dann?«

»Dann gab es Stress.«

»Warum?«

»Die haben sich auch an den Pokertisch gesetzt.«

Pirlo ahnt, was kommt. »Und dich fanden sie nicht so gut.«

Maliki sieht auf seine Hände. »Eher nicht.«

Pirlo holt den Kaffee. Vor dem Küchenfenster wird es langsam hell. Als er zurückkommt, wirkt Maliki grau. Was immer vorher drin war, findet langsam seinen Weg hinaus.

»Gab es Theater?«

Maliki nickt. »Eigentlich nicht viel. Sie haben aber keine Ruhe gegeben. Dann haben wir gesagt, dass wir uns auf dem Parkplatz treffen.«

»War das auch so gemeint?«

»Natürlich nicht«, antwortet Maliki so spontan wie ehrlich. »Aber es kam trotzdem so. Wir sind gegangen, die sind gegangen. Dann waren wir da. Fünf von uns. Ein paar von denen.«

»Ein paar?«

»Ja, auch so fünf. Vielleicht auch vier. Was weiß denn ich?«

»Weiter.«

»Die haben uns dann halt so provoziert. Sprüche gedrückt und so.«

»Und weiter?«

»Nichts und weiter! Ich schwör. Die so: Scheiß Albaner. Wir so: Scheiß Nazis. Die: Alle ins Gas. Wir: Ich fick deine Mutter. Nichts Schlimmes.«

»Was ist dann das Problem?«

»Rainer Waßmer ist tot.«

Pirlo runzelt wieder die Stirn. Diesmal sogar ganz ohne Gefahr. Waßmer ist tot. Das ist nicht gut. »Und du glaubst, dass man dir die Schuld gibt?«

»Ja, Mann.«

»Warum?«

»So was weiß man eben.« Pirlo wartet. Maliki seufzt. »Einer von den Nazis hat es uns gesteckt. Auf Telegram. Sie wissen schon. Wir haben unsere Kontakte. Ist ja normal. Der hat uns das jedenfalls gesagt. Aber nicht im Guten. Eher so: Rainer ist tot! Ihr habt ihn getötet! Es war der Junge! Wir machen euch fertig! So auf die Art eben.«

»Wie kommen sie darauf, dass du etwas damit zu tun hast?«

Maliki starrt auf seine Hände. Der Doppeladler zittert. »Auf dem Parkplatz hab ich halt gerufen, dass ich den umbringe und so. Dass ich den absteche. Aber das hab ich natürlich nicht so gemeint!«

»Nein?«

»Nein! Das sagt man eben so. Mann, Dr. Pirlo, das müssen Sie mir glauben.«

Pirlo trinkt seinen Kaffee aus. Dann steht er auf.

»Wo gehen Sie hin?«

»Ich muss jemanden anrufen.«

»Und was mach ich?«

»Kaffee trinken. Klarkommen. Ich bin gleich wieder da.«

LESEPROBE

Erscheint bei FISCHER Scherz

Hedderichstraße 114, 60596 Frankfurt am Main
ISBN 978-3-651-00114-5